Eva Geelen

Magie der Katzen

EVA GEELEN

MAGIE DER KATZEN

Sensor auf vier Pfoten
Teufelsbrut & Hexenvieh
Frauen & Katzen – ein Geheimbund

tosa

Wir waren bemüht, die Inhaber sämtlicher Urheberrechte ausfindig zu machen. Sollten wir unabsichtlich bestehende Rechte verletzt haben, so bitten wir die Betroffenen, sich mit dem Verlag in Verbindung zu setzen.

Alle Rechte vorbehalten
Umschlag von Kraxenberger KommunikationsHaus GmbH.
Alle Fotos von Thomas Wester, Stockholm
Copyright © 2000 by Tosa Verlag, Wien
Gesamtherstellung: Der Graph, Wien
Printed in Italy

„Für Paulchen Panther, den
unvergleichlichen ‚Kater
meines Lebens‘, für meinen
wilden Tiger-Paul, für den
weisen Othello und für Paolo,
den getigerten Boß des
Katzenvolks im Schloßpark
von Miramare – denen ich
Erfahrungen, Lebensfreude
und Liebe verdanke, wie sie
Menschen selten schenken
können. Und wenn, dann
nicht so tierisch selbstverständlich.“

Inhalt

Vorwort 13

Einleitung 27

Kapitel 1 53
Fünfunddreißig Millionen Jahre Vorsprung –
Oder: Wie die Katze vom Himmel kam 54

Kapitel 2 69
Darwin läßt grüßen – Nur die Besten überleben 70

Kapitel 3 83
Göttin Bastet und ihr Gefolge – Der Mythos Katze 84

Kapitel 4 101
Teufelsbrut und Hexenvieh – Dreimal schwarzer Kater 102

Kapitel 5 117
Katzenkult und Kultkatzen – Karrieren auf leisen Pfoten 118

Kapitel 6 131
Katzen und Frauen – Ein Geheimbund mit tieferem Sinn 132

Kapitel 7 145
Naturereignis Katze – Ein Sensor auf vier Pfoten 146

Inhalt

Kapitel 8 165
Das geheimnisvolle Wesen der Katze – Mieze auf dem Egotrip 166

Kapitel 9 195
Ein Schutzgeist mit Krallen 196

Kapitel 10 207
Die samtpfötige Heilerin 208

Kapitel 11 221
Katze und Baby – Ein riskantes Spiel? 222

Kapitel 12 231
Schmusetier und Krallenspur 232

Kapitel 13 243
Gehört die Katz' ins Bett? 244

Kapitel 14 251
Single mit Katze – Mit verschmusten Egozentrikern auf dem
Sofa 252

Kapitel 15 277
Mit dir möcht' ich alt werden – Katzen als Seniorengefährten 278

Kapitel 16 289
Einfach mit ihr reden – Das Geheimnis der Katzensprache 290

Kapitel 17 – Nachwort 295
„Hallo, Mensch!" 296

Quellenverzeichnis 299

Vorwort

Vorwort

Einfach magisch:
Die Katzen von
Miramare

Vitaler durch heilsame
Tierenergie

Es war im März 1999 im Park des Schlosses Miramare bei Triest, als ich mit den dort wildlebenden Katzen Erfahrungen machen konnte, die mich auf eindrucksvollste Weise von der Magie dieser Tiere und ihren einzigartigen Fähigkeiten überzeugten. Was ich hier mit dem Katzenvolk von Miramare erlebte, erwies sich für mich als heilsam im wahrsten Sinn des Wortes – ihnen verdanke ich den Ausweg aus einer schweren Depression und das Ende einer langwierigen Krankheitsphase. So unglaublich das auch fürs erste klingen mag, es ist eine Tatsache, daß ich durch diese Katzen innerhalb kürzester Zeit weitaus vitaler, psychisch intakter und deutlich gesünder wurde.

Und das kam so: Ich hatte gerade ein Herbst-Winter-Halbjahr hinter mich gebracht, in dem meine körperliche und psychische Gesundheit auf mehrfache Weise einigen Belastungsproben ausgesetzt war, die meine Gesamtverfassung langsam zur Überlebensfrage werden ließen. Während dieser monatelangen extremen Dauerbelastung, die mir bei sehr wenig Schlaf durchgehende Arbeitstage von 18 bis 20 Stunden abverlangte, wurde ich ständig krank und immer kränker. Das hatte im Spätherbst ganz harmlos mit den typischen Erkältungskrankheiten angefangen, aber auch Bronchitis und Angina sind kein Klacks, wenn man sich keinen Tag schonen kann und geistig wie körperlich unter großem Termindruck steht und einfach weitermachen muß. Nachdem ich keine Chance hatte, mich auszukurieren, kam eine Lungenentzündung dazu. Als ich mich dank einschlägiger „Pharma-Bomben" gerade wieder mühsam auf den Beinen halten konnte und mindestens zwei Wochen lang strikte Bettruhe verordnet bekam, mußte ich es leider bei drei Tagen bewenden lassen: Ich hatte im völligen Alleingang sofort zwei Haushalte aufzulösen und einen Auslands-Umzug zu schaffen, während ich gleichzeitig auf psychischer Ebene die Trennung von meiner Mutter bewältigen mußte, die nach jahrelanger häuslicher Betreuung durch mich nun unbedingt professionelle Dauerpflege brauchte. Das bedeutete für mich „ganz nebenbei" den Abschied von unserer bisherigen Lebensform am gemeinsamen Wohnort und zwangsläufig auch den gleichzeitigen Versuch, innerhalb weniger Monate eine neue berufliche Existenz aufzubauen. Dazu kamen noch einige emotionale Belastungen, die letztendlich auch das Ihre dazu beigetragen hatten, daß mir mein Immunsystem

Erschöpft und krank – und keine Chance, neue Energie zu tanken

Physisch und psychisch überfordert – das Immunsystem schlägt Alarm

Vorwort

die rote Karte zeigte – der psychische und physische Zusammenbruch war ja schon programmiert, eine Schimmelpilzvergiftung gab mir den Rest. Ich hatte nur mehr den Wunsch, tagelang durchzuschlafen, und am liebsten wollte ich überhaupt nicht mehr aufwachen. Ich suchte Hilfe bei einem Arzt, der die Hintergründe und Auslöser meines Zusammenbruchs einigermaßen kannte. Er diagnostizierte neben einigen körperlichen Folgen dieser Horrorzeit meine völlige Erschöpfung und eine Depression, „mit der ich normalerweise keinen Menschen auch nur einen Tag frei herumlaufen lassen dürfte" – versuchte er mich aufzuheitern. Letztlich empfahl er mir aber dringend „einen Klinikaufenthalt, eine Kur und anschließend mindestens drei Wochen Erholung am Meer". Daß ich in dieser Situation bestenfalls an einige Tage Erholung denken konnte, verschwieg ich ihm lieber.

Die Sehnsucht eines depressiven Menschen: Schlafen, schlafen und am liebsten nicht mehr aufwachen

Als ich gerade noch in den Umzugsarbeiten steckte, rief mich ein befreundeter Arzt an, dem ich erzählte, wie schlecht es mir gerade ging. Seine Antwort darauf war der erste Lichtblick in dieser Zeit. „Komm sofort her, wenn du fertig bist, ich werde versuchen, dich in eine bessere Verfassung zu bringen." Dieses „komm her" bedeutete für mich eine Fahrt ins österreichisch-italienische Grenzland, und dort war dann eine Woche in einem Kurbad (samt der naturheilkundlichen „Generalüberholung" durch diesen befreundeten Arzt) geplant. Dafür wollten wir uns in Treviso

Im absoluten Tief der erste Lichtblick

treffen, um uns näher darüber zu unterhalten, wie es weitergehen soll. Aber an der italienischen Grenze wartete an diesem Märztag nicht nur mein Bekannter auf mich, sondern auch ein Schneesturm und eisige Kälte. „Und dafür bin ich nun stundenlang durch ganz Österreich in Richtung Süden gefahren?!" beklagte ich mich, als ob der Ärmste den vielen Schnee persönlich hingeschaufelt hätte.

Alles, nur nicht mehr frieren!

Für diesen Winter war mein Bedarf an weißer Pracht, rutschigen Wegen und eiskalten Füßen endgültig gedeckt! Ich hatte schließlich gerade wochenlang die Wohnungsauflösungen und den Umzug frierend und durchnäßt zu überstehen versucht, während ich dabei ständig durch den Matsch und über die Schneehaufen vor der Haustür steigen mußte.

„Ich werde die paar Tage Erholung nicht zwischen zugeschneiten Fenstern und zugeschneiten Autos verbringen!"

Mein Bekannter war leicht frustriert und ratlos, bestand aber darauf, etwas für meine Gesundheit zu tun. „Danke, gern, aber nicht im Schnee! Ich will endlich wieder einmal Sonne, Palmen und Meer sehen, sonst werde ich überhaupt nicht mehr …!"

Der Sonne entgegen – um endlich wieder Lebensmut zu tanken

Wir einigten uns darauf, am nächsten Morgen einfach so lange in Richtung Süden zu fahren, bis es ein bißchen mehr nach Frühlingsbeginn aussehen würde. „Okay, du sollst deine Palmen zu sehen bekommen, wie wäre es mit der Gegend

Vorwort

Bella Italia wie auf der Ansichtskarte: Ein weißes Schloß am Meer und Sonne ... Sonne!

Er hatte mich schon im Visier – der König der Katzen

um Triest?" versuchte mich mein Begleiter bei Laune zu halten.

Wenige Stunden später sonnte ich mich in einem windgeschützten Eckchen auf der Terrasse des Schlosses Miramare. Da saß ich nun als glücklicher Winterflüchtling – über mir ein tiefblauer Himmel, vor mir die Adria, neben mir mein Freund, der Doktor, der mir die erste Euphorie ein bißchen trübte, indem er mich sachlich korrekt, aber stimmungstötend über die Folgen meines „selbstverschuldeten Raubbaues an meiner Gesundheit" zwangsinformierte. Er hatte ja irgendwie recht ... und es war ja auch gut gemeint. Ich kuschelte mich in die warme Jacke, schloß die Augen, atmete Meeresluft, lauschte dem Wellenschlag und beschloß wieder einmal, demnächst endlich nach Italien zu ziehen ... und schlief selig ein.

Geweckt wurde ich von einem unbehaglichen Kältegefühl, dicke Wolken waren aufgezogen, was auch in Norditalien bedeutet, daß es im März noch grimmig kalt sein kann. Ich blinzelte zum plötzlich verhangenen Himmel, sah mich nach meinem Bekannten um, der gerade von einem Spaziergang zurückkam und auf das Gebüsch schräg vor mir deutete. „Der muß sich in dich verliebt haben. Er hat dich schon beobachtet, bevor ich meine Runde durch den Park gelaufen bin." – „Bitte WER?" – „Na schau doch genauer hin – zwischen der kleinen Palme und dem Bambus ...!" Tatsächlich: Stolz wie ein Märchenprinz stieg er aus dem Dickicht und kam mit einer Selbstverständlichkeit auf mich zu, als hätte er auf nichts anderes gewartet als auf diesen Moment und mich. Vor mir stand der prächtigste Kater, den ich jemals gesehen hatte, und sah mich aus großen grünen Augen aufmerksam an. Ich hoffte, daß er sich streicheln lassen würde und nicht gleich wieder wegläuft. „Das kannst du vergessen", meinte der Doc, „die Katzen leben hier zu Hunderten wild im Miramare-Park und sind doch sicher viel zu scheu." Jetzt wollte ich es ihm und mir erst recht beweisen. Leise begann ich mit dem fremden Kater zu reden, lockte ihn vorsichtig an, erzählte ihm, wie wunderschön er doch ist und wie ich mich freuen würde ... „Brrr ...!" gurrte er und sah mich an, als wäre er seit Jahren meine Katze. Noch ein paar Schritte ... dann schmiegte er schon sein Köpfchen in meine Hand und fing laut zu schnurren an.

Es war Liebe auf den ersten Blick. Ich nannte den prächtigen Tigerkater „Paolo", und nach wenigen Versuchen hörte er bereits auf diesen Namen. Am liebsten wollte er einfach bei mir bleiben, er ließ sich auf der Schulter tragen, kuschelte und schmuste mit mir bei jeder Gelegenheit, fraß mir aus der Hand und hatte ganz offensichtlich beschlossen, für die Zeit meines Aufenthaltes meine Katze zu sein. Schweren Herzens mußte ich ihn abends zurücklassen, im Hotel an der Miramare-Bucht hatte auch die schönste Katze Eintrittsverbot. Beim Abendessen fand mein

Wunderschön und majestätisch. Was für ein Kater!

Wild, verwildert, aber nicht zu scheu

Der „König der Tiger" frißt mir aus der Hand ...!

Vorwort

Die Nähe und Zuwendung der Katzen – ein Vollbad in heilsamer Tier-Energie

Begleiter, daß ich mich in diesen wenigen Stunden ganz erstaunlich erholt hätte. „Ich habe ja noch gar nichts für deine Gesundheit getan – dann liegt es wohl am Meeresklima?" – „Auch – aber vor allem liegt es an der Katze und an ihrer stundenlangen körperlichen Nähe", erwiderte ich.

Jetzt war es Zeit für einen kleinen Rollentausch geworden, und ich erzählte dem Herrn Dr. med., was ich über heilsame Tier-Energie im allgemeinen und jene der Katzen im besonderen wußte. Es interessierte ihn zu meiner Überraschung auch als Arzt, und wir beschlossen, auch an den nächsten Tagen soviel Zeit wie möglich mit den Katzen des Miramare-Parks zu verbringen, denn tatsächlich lebten dort Hunderte Kater und Katzen in allen Fellfarben, Altersgruppen und mit den unterschiedlichsten Verhaltensweisen untereinander – und auch im Umgang mit den Besuchern. Tatsächlich gibt es dort viel weniger scheue Katzen, als man meinen könnte. Wenn ich mich im Laufe meiner wiederholten Aufenthalte nicht wesentlich „verzählt" habe, sind es nur rund ein Viertel aller dort wildlebenden Katzen, die einen größeren Abstand zu den Besuchern des Parks und der angrenzenden Bucht halten und die man wirklich als scheu und unzugänglich bezeichnen kann. Etwa ein weiteres Viertel sind nur über das „Bestechungsmittel" Futter anzulocken, sie schlingen hastig die Häppchen hinunter und bleiben dann mit vollem Bäuchlein noch eine Weile in der Nähe sitzen, putzen sich nach dem Fressen,

Die Unbestechlichkeit der Katzen hat Gültigkeit – aber nicht unter hungrigen Streunern!

schauen auch gelegentlich zum menschlichen Futterspender hin, aber Berührungen werden durch eilige Flucht verhindert. Bleibt also die zweite Hälfte der Katzen, die weitaus weniger scheu sind, sich nach einigen Besuchen ihre momentanen Bezugsmenschen merken, gelegentlich schon ein Stück des Weges entgegenkommen und demonstrativ auf Futter warten, aber auch menschliche Aufmerksamkeit und so manche Streicheleinheit bekommen möchten. Allerdings habe ich außer Paolo nur zwei weitere äußerst dominante und wunderschöne Kater und eine etwas ältere Katze getroffen, die von sich aus ganz gezielt auf einen Parkbesucher zusteuern und nichts auslassen, um seine Zuneigung zu gewinnen.

Katzen erwählen ihre Bezugsmenschen – und sei es nur für einen Tag

Selbstbewußt und unwiderstehlich

Paolo hatte es sich jedenfalls nach unserem ersten gemeinsamen Nachmittag angewöhnt, nicht mehr von meiner Seite zu weichen, sobald er mich entdeckte. Er schien mich schon an meinen Schritten zu erkennen, denn er raste schon von weitem aufgeregt auf mich zu, bevor ich seinen Namen rufen konnte. Ich wollte zu gern herausfinden, ob er überhaupt ein besonders kontaktfreudiges und verschmustes Tier war oder ob er es ganz besonders auf mich abgesehen hatte. Also bat ich beim ersten Aufenthalt meinen Begleiter, Paolo zu rufen und mit Futter anzulocken. Auf einige Namensrufe reagierte er mit flüchtigem Hinsehen, aber dann ging er wieder seiner Wege. Bei einem besonders verlockenden Futterangebot ließ er sich zwar „zum Essen einladen", aber trotzdem nicht streicheln. Während meiner späteren Besuche bat ich dann jeweils andere Parkbesucher oder Hotelgäste, die offensichtlich Katzenfreunde waren, mit mir meine einschlägigen Paolo-Tests zu wiederholen, und sämtliche Ergebnisse bestätigten, daß er sein spezielles „Katze-Mensch-Beziehungsspiel" ausschließlich mit mir versuchte.

„Du bist der Mensch meiner Wahl!"

Ich war so gerührt und hatte mich in diesen faszinierenden kleinen Tiger dermaßen verliebt, daß ich mir ernsthaft überlegte, ihn zu mir nach Hause zu holen. Ganz offensichtlich hing er an mir und wartete sehnsüchtig darauf, daß ich wiederkomme. Also lag es nahe, darüber nachzudenken, ob ich ihm die lange Reise nach Wien und dann diese völlig fremde Lebensform in einer Wohnung zumuten könnte. Und wer weiß schon, wie diese wildlebenden Katzen den Winter überstehen? Die Versuchung, ihn einfach mitzunehmen, wurde immer größer.

„Willst du mein Stubentiger werden?"

Als ich schon drauf und dran war, einen leichten Transportkäfig zu besorgen, wollte ich aber doch zuerst noch die Meinung eines Tierarztes einholen, den ich seit Jahren kannte und der nach eigener Aussage selbst „ein echter Katzaholic" ist. Er hörte sich meine Geschichte an und meinte, daß ich es ja versuchen könnte, wenn dieser Kater es so deutlich zeigt, wie gern er meine Katze sein möchte. Wenn er beim Anblick des Transportkorbes verrückt spielt oder gar nicht dazu zu bewegen ist, überhaupt hineinzugehen, müßte ich das ohnehin akzeptieren. Aber je mehr ich von Paolo erzählte, desto skeptischer wurde der Tierarzt. Er wollte eine ganz präzise Beschreibung meines „Triestiner Wunderkaters" hören. Wahrheitsgemäß schilderte ich sein ungewöhnlich prächtiges Äußeres: deutlich größer als alle Kater, die ich bisher gesehen habe, ein ganz besonders dichtes, glänzendes Fell in Hellgrau mit leichter Goldtönung und tiefschwarz getigert. Auffallend großer Kopf, klare grüne Augen, „King-size-Schnurrbart" in Weiß und dahinter so etwas Ähnliches wie eine kleine Backenmähne … „Na klar, ein getigertes Löwenbaby", ätzte der Tierarzt-Freund, und er war schwer davon zu überzeugen, daß Paolo tatsächlich ein ungewöhnlich bauschiges, längeres Fell zwischen Ohren und Maul trägt – mähnenähnlich eben. Und in den Ohren hat er längere weiße Büschelhaare …

Zu schön, um wahr zu sein …?

Der Gesichtsausdruck meines tierärztlichen Gegenübers gefiel mir nicht so recht – so müssen die Leute einst dem Baron Münchhausen gelauscht haben, wenn er ihnen seine Lügenabenteuer aufgetischt hatte. „Stop, meine Liebe, mir ist schon klar, daß du in diesen Kater total vernarrt bist. Aber bitte beschreibe ihn mir, wie er wirklich aussieht, sonst kann ich dir keinen Rat geben."

Ohrenbüschel wie ein Luchs und Krallen, die bedenklich stimmen

Er schüttelte nur mehr ungläubig den Kopf, als ich auf meiner bisherigen Beschreibung beharrte und noch den extrem kräftigen, langen, schwarz-

Vorwort

geringelten Schwanz mit tiefschwarzer Spitze erwähnte – und Paolos Riesenpfoten mit den schwarzen Sohlenflecken.

Das hört sich nach Wildkatze an!

„Das glaube ich dir erst, wenn du mir von diesem Fabelwesen ein paar Fotos bringst, denn deine Beschreibung hört sich verdächtig nach einer echten Wildkatze an, die hätte dann aber wieder keinen so langen Schwanz und kleinere Ohren! Steile Stirn?" Ja, die hat Paolo. „Schwarzer Aalstrich am Rücken? Heller Kehlfleck, stämmige Beine?" Ja, alles traf auf Paolo zu. „Du beschreibst mir hier eine Wildkatze, aber die nimmt dich nicht als Bezugsmensch an, schmust nicht mit dir und geht nicht fast bei Fuß! So etwas gibt es einfach nicht."

Verschmuste Wildkatzen? Das gibt es nicht!

Nach meinem nächsten Besuch in Triest legte ich diesem ungläubigen Thomas Fotos von Paolo auf den Tisch. „Lieber Himmel, das IST ja eine Wildkatze ... jedenfalls fast. Zumindest eine Kreuzung. Und DIESER Kater läßt sich von dir herumtragen und kommt auf Namensruf?" Nun war der Fachmann mit seinem Latein am Ende. „Dein Paolo ist das bildschöne Ergebnis einer sicher recht ungewöhnlichen Kreuzung – wobei garantiert eine Wildkatze mitgemischt hat. Aber dieses Tier ist auch kein Hafenstreuner, der Kater ist vermutlich aus den Bergen heruntergekommen, ihn kannst du niemals in einer Wohnung

Die Freiheit und das wilde Leben – und kein Talent zur Häuslichkeit

halten, laß deinen Traumkater bloß dort, wo er ist. Wenn sich dieser tolle Typ nicht durchschlagen kann und bestens über den Winter kommt, dann schafft es keine Katze dort."

24

Tja, ich wollte es ja wissen. Schweren Herzens akzeptierte ich die Tatsache, daß mein geliebter „Halbwildkater" bleiben mußte, wo er war. Was heißt hier „war"? Wo er ist. Denn ich bin sicher, daß Paolo bei meinem nächsten Besuch in der Miramare-Bucht wieder auf mich warten wird – irgendwo zwischen dem Bambus und den Palmen. Und ich werde wieder in das kleine romantische Hafenlokal gehen und eine Portion gegrillten Fisch bestellen, die ich dann – wie letztens – unter den ziemlich irritierten Blicken der anderen Gäste in einem mitgebrachten Stück Alufolie und danach in meiner Tasche verschwinden lasse, um Paolo mit einem De-Luxe-Kater-Diner zu verwöhnen.

Ein Abschied auf Zeit

Ciao Paolo – bis zum nächsten Mal!

Ach ja, die Hauptsache hier hätte ich nun beinahe vergessen: Bei meinem ersten Aufenthalt im März 1999 verbrachte ich viel Zeit mit Paolo und den anderen wildlebenden Katzen im Miramare-Park – mit und ohne freundschaftlich-ärztlicher Beobachtung, die aber dann auf der Rückfahrt zur Diagnose führte, daß ich mich ganz offensichtlich viel besser erholt hatte, als dies in dieser kurzen Zeit zu erwarten war. Drei Wochen später wiederholten wir den Triest-Aufenthalt samt „Katzen-Therapie", und mein anfänglich skeptischer Begleiter machte mich dann von selbst darauf aufmerksam, daß ich nach jedem Nachmittag mit den Katzen „wie neu" wirkte: „Psychisch stabil und entspannt, körperlich viel vitaler, insgesamt gesünder und belastbarer. Ich kann dir regel-

Die magische Heilkraft der Katze – ein Energieschub für erschöpfte Menschen

*Stimmungsaufheller
ohne Nebenwirkung*

recht dabei zusehen, wie du dich an der Energie dieser Katzen auftankst und immer mehr davon behalten kannst. Ich glaube, du brauchst meine Kurtherapie gar nicht mehr so dringend, wenn du nur öfter mit deinen Katzen zusammensein kannst. Du solltest dir unbedingt wieder einen Kater ins Haus nehmen!" meinte mein ärztlicher Begleiter.

Natürlich, das mache ich auch, sobald mein Leben wieder in ruhigeren Bahnen verläuft. Ich möchte kein weiteres Jahr ohne Katze leben.

Wir waren gleich wieder in Treviso angekommen, wo sich unsere Wege trennten. Das nächste Mal wollte ich allein zur Miramare-Bucht fahren, um meine ganze Zeit nur den Katzen widmen zu können – und um mich an ihrer wunderbaren Tier-Energie wieder „aufzuladen".

„Was machst du denn als nächstes?" fragte mein Bekannter zum Abschied. „Wieder ein Buch? Worüber denn diesmal?"

„Was für eine Frage nach dieser Erfahrung … natürlich ein Buch über Katzen! Über ihre Magie und Heilkraft für uns Menschen", hörte ich mich antworten. Aber was redete ich denn da? Es war mir einfach nur so in den Sinn gekommen … andererseits: Warum eigentlich nicht?

Einleitung

Einleitung

Katzen, Freunde eines einsamen Kindes

Seit ich mich erinnern kann, lebte ich mit Katzen zusammen, und welchen Stellenwert sie für mich hatten, beschreibt am treffendsten eine Bemerkung meines Großvaters, die ich in meiner Kindheit ziemlich oft zu hören bekam. „Das erste Wort der meisten Babys ist ‚Mama' - deines war ‚Katzi'!" Kein Wunder, die „Katzis" waren bis zum Beginn der Schulzeit meine einzigen – und von Anfang an geliebten – Spielgefährten. Wir lebten damals völlig abgeschieden in einem extrem entlegenen Winkel der Oststeiermark, und bis zum nächsten Haus, einem Bauernhof mit etwa gleichaltrigen Kindern, waren es immerhin 12 km, was zu Anfang der – dort völlig fahrzeuglosen – fünfziger Jahre für mich bedeutet hat: Kontakt zur Außenwelt und anderen Kindern gab es praktisch nicht, wenn man von gelegentlichen sonntäglichen Kirchgängen und zwei Dorffesten pro Jahr absieht. Ich bin also in einer heute kaum noch vorstellbaren Isolation aufgewachsen, und meine ersten sechs

Lebensjahre lang kannte ich nur diese winzige Idylle zwischen Waldrand, Obstgärten und Mühlbach – und mittendrin unser Haus, meine Großeltern, ich und die Katzen, die auf vielfältigste Weise meine Freunde, Verschworenen und Spielgefährten waren. Selbst in der einzigen Erinnerung an meinen Vater spielte meine erste Katze, Mimmi, eine wesentliche Rolle. Vater war einige Jahre nach Kriegsende todkrank aus der Gefangenschaft nach Hause gekommen, und als ich geboren wurde, lag er zwei Jahre lang im Krankenhaus der nächsten größeren Stadt. Vor seinem Tod hatte er darauf bestanden, noch einmal nach Hause zu kommen, um seine kleine Tochter zu sehen. Angeblich lebte Vater damals noch einige Tage bei uns, meine Kleinkind-Erinnerung hatte aber nur diesen einzigen Moment behalten, in dem er, auf vielen Kissen gestützt, auf einer Klappliege im Garten saß, um noch die erste Frühlingswärme zu genießen. Mit seinem rechten Arm hielt er mich an sich gedrückt, mit dem linken mein Tigerchen Mimmi. Er erzählte mir, daß er diesen Moment nie vergessen werde und daß ich später immer daran denken soll: „Und wenn du vielleicht einmal traurig bist, dann nimm am besten deine Katze in den Arm und streichle sie - wirst sehen, gleich geht es dir wieder gut. Und wenn ich jetzt bald fort muß, dann paßt ihr beide immer gut aufeinander auf – du und deine Mimmi – ja?“

Danach hatte ich meinen Vater nur noch einmal

Spielgefährten und verschworene Freunde

Vaters Vermächtnis – eine Katze als „Schutzengel“

Einleitung

für einen heimlichen, flüchtigen Augenblick gesehen. Zuvor hatten mir die Großeltern erzählt, Papa wäre wieder im Krankenhaus in der großen Stadt. Aber meine Mutter sah schon den ganzen Tag lang verweint aus, und sie hatte mir streng

Der verbotene Raum

verboten, in Vaters Zimmer zu gehen. Ich verstand das alles nicht, schließlich durfte ich bis dahin immer sein Zimmer betreten, obwohl er doch kaum jemals zu Hause gewesen ist. Außerdem gingen fremde Menschen aus und ein, und alle brachten Blumen mit. Sie waren sehr ernst und flüsterten nur mit meiner Mutter und den Großeltern. Und aus Papas Zimmer roch es fast wie zu Weihnachten, nach Kerzen und irgendwie geheimnisvoll und feierlich. Und warum war meine Mutter zu Hause? Sie war doch sonst immer nur sonntags bei uns, weil sie Lehrerin in einer Stadt war, zu der man stundenlang mit einem Bus fahren mußte – so hatte man mir jeden Sonntagabend ihren eiligen Abschied erklärt. Aber an diesem Tag im Mai 1950 war alles anders,

Ein Tag wie kein anderer zuvor

fremd und geheimnisvoll. Als wieder fremde Leute mit Blumen kamen und sich alle in der Wohnküche versammelt hatten, nützte ich mit klopfendem Herzen und sehr schlechtem Gewissen die Gelegenheit, um schnell an Vaters Zimmertür zu kommen und sie ganz leise zu öffnen. Ich verstand nicht, was ich nun sah – es war ein bißchen unheimlich, aber wunderschön. Papa lag regungslos schlafend auf einem schmalen, hohen Bett, war schön frisiert und hatte einen schwarzen Anzug an. In den Händen hielt er einen weißen Blumenstrauß, und auf beiden Seiten standen viele brennende Kerzen. Es roch wunderbar nach Blumen, und es war so still im Raum, daß ich meinen Vater nicht einmal atmen hörte. Doch – jetzt bewegte sich etwas im Kerzenschein zu Vaters Füßen: Es war Mimmi, sie saß unter einem riesigen Blumenstrauß und schien Papa beim Schlafen zuzusehen. „Dann ist ja alles gut, wenn Mimmi auf ihn aufpaßt", dachte ich und schlich wieder auf Zehenspitzen aus dem Zimmer.

Eine Katze hält Totenwache

Erst viel später begriff ich nach und nach, daß meine Katze bei Vater Totenwache hielt. Wie es damals am Land üblich war, lag er die zwei Tage bis zur Beerdigung aufgebahrt zu Hause.
Eine Erinnerung an zwei Momente mit meinem Vater. Die einzigen. Aber die Katze war immer dabei.
Auch später, als ich zum ersten Mal allein zur Schule ging. Mimmi begleitete mich immer bis zu dieser Wegkreuzung hinter den Obstgärten, wo eine kleine Kapelle mit einer Bank davor stand. Von dort hatte ich dann noch einen Weg zu gehen, für den ich etwa eine Stunde brauchte, wenn ich nicht trödelte. Aber nach der nächsten Kreuzung kamen dann schon andere Kinder aus verschiedenen Richtungen dazu, und die zweite halbe Wegstunde verging uns immer viel zu schnell, wir hatten uns eine Menge zu erzählen. Mittags auf dem Rückweg lief ich dann oft das

Samtpfötige Wegbegleiterin

letzte Stück bis zur Kapelle, weil ich Mimmi nicht zu lange warten lassen wollte, die häufig auf der Bank vor der Kapelle schlief, um mich dann wieder nach Hause zu begleiten.

Gegen Ende meines ersten Schuljahres geschah etwas Seltsames, das noch einmal mit Mimmi und meinem verstorbenen Vater zu tun hatte. In der wärmeren Jahreszeit hatte ich es mir angewöhnt, nach der Schule den kurzen Umweg über den Friedhof zu machen, um „Papa zu besuchen", wie ich es für mich nannte. Ich lief schnell zu seinem Grab, pflückte Löwenzahn, Gänseblümchen oder was mir sonst gerade unterwegs in die Finger kam, legte es auf den Grabstein und rannte dann schnell auf die Landstraße zurück, um die anderen Kinder wieder einzuholen.

An den letzten Tagen vor den Sommerferien hatten wir nur mehr zwei oder drei Unterrichtsstunden und konnten uns schon zwischen zehn und elf Uhr vormittags wieder auf den Heimweg machen. Das brachte mich auf die Idee, einmal ein bißchen zu trödeln und länger bei Vaters Grab zu bleiben. Ich pflückte einen Strauß Wiesenblumen und wollte einmal in aller Ruhe „mit Papa reden". Als ich hinkam, traute ich meinen Augen nicht: Mitten auf dem Grab lag zwischen zwei Blütenstauden meine Katze Mimmi auf der sonnendurchwärmten Erde und schlief fest. Dieser Moment war für mich weitaus unheimlicher und rätselhafter als Vaters Aufbahrung zu Hause vor vier Jahren. Wie kam meine Katze auf den

Tierische Friedhofsbesuche: Mimmis „schauriges Geheimnis"

Friedhof ins Dorf? Tat sie am Ende immer nur
so, als ob sie mich bis zur Kapelle begleiten
würde? Schlich sie vielleicht jeden Tag den ganzen weiten Weg von mehr als einer Stunde in
einem gewissen Abstand hinter mir her? Lag
Mimmi jeden Tag auf Vaters Grab? Welches
Geheimnis verband die Katze mit meinem toten
Vater? Je länger ich darüber grübelte, desto
unheimlicher erschien mir die Geschichte. Ich
packte meine Schultasche und lief mit einem gru-
seligen Gefühl davon. Ich begann mich ein bißchen vor Mimmi zu fürchten, die gleich hinter mir
hergelaufen kam. Ich hoffte, daß Großvater recht
damit hatte, als er mir erzählte, daß Katzen weite
Wege nur langsam zurücklegen könnten, weil sie
öfter rasten müßten. Ich lief den halben Schulweg
atemlos weiter, weil ich Mimmi unbedingt abhän-
gen wollte. Ich hatte mich immer mehr in die
Vorstellung hineingesteigert, daß meine bisher so
heißgeliebte Mimmi nur Vaters Totenkatze sei,
die immer noch ihm gehört und mich nur bewachen und bespitzeln sollte. Meine blühende
Kinderphantasie ließ daraus die wildesten
Gruselgeschichten spinnen, und bis ich ziemlich
verstört und atemlos nach Hause kam, konnte ich
mein „gespenstisches Katzengeheimnis" nicht
mehr für mich behalten. Ich erzählte Großvater
die ganze Geschichte – von Papas Vermächtnis,
als er wenige Tage vor seinem Tod zu mir sagte:
„Und wenn ich jetzt bald fort muß, dann paßt ihr
beide immer gut aufeinander auf – du und deine

Meine Spielgefährtin –
Vaters Totenkatze?

Mimmi – ja?" Und das tat sie ja nun wirklich, sie „verfolgte" mich sogar bis zum Friedhof! Oder war sie nur so eine liebe und gescheite Katze, die nun schon jahrelang Vaters letzten Wunsch erfüllte? Aber das war doch auch irgendwie unheimlich – oder? Schließlich gestand ich Großvater bei dieser Gelegenheit auch gleich noch, daß ich damals Papas Aufbahrung gesehen hatte – und wieder war Mimmi bei ihm gewesen. Mehr hatte mein kluger Großvater nicht gebraucht, um mir daraus einen pädagogisch sehr geschickt gewobenen Strick zu drehen. „Siehst du, Prinzessin, das kommt davon, wenn man etwas Verbotenes tut und nachher ein schlechtes Gewissen hat. Du bildest dir jetzt lauter unheimlichen Unsinn im Zusammenhang mit Mimmi ein, weil sie dich ja auch gesehen hat, als du zu Papas Bahre ins Zimmer geschlichen bist. Du weißt also, daß Mimmi das weiß. Und Mimmi weiß vielleicht, daß du gar nicht hineinkommen solltest. Und nun weiß jede von euch, daß die andere etwas weiß, was sie besser nicht wissen sollte. Du hast nur deshalb Angst vor Mimmi, weil du zu viele Geheimnisse hattest. Daran ist nichts gruselig." – „Und warum lag Mimmi auf Papas Grab?" – Großvater war niemals um eine Antwort verlegen. „Ich glaube, sie hat beobachtet, daß du in den letzten Tagen viel früher nach Hause gekommen bist. Sie wollte dir nur wieder entgegengehen. Aber weil Katzen keine Uhr lesen können, hat sie sich in der Zeit vertan, und des-

Heimlichkeiten, die mich das Fürchten gelehrt haben

Unter „kätzischer Kontrolle"

wegen war sie so früh dran, daß sie eben immer weiter und weiter ging. Und weil es bis ins Dorf für Katzen eigentlich viel zu weit ist, mußte sie sich erst einmal gründlich ausrasten. So ist sie eben auf Papas Grab kurz eingeschlafen." – Ich dachte scharf nach. Irgend etwas war mir an der Sache noch immer nicht ganz geheuer.

„Und woher kann die Mimmi wissen, wo Papas Grab ist?" Mein weiser Großvater lächelte und flüsterte mir ins Ohr: „Jetzt hast du gewonnen, Prinzessin. Nun kann ich nicht mehr anders, als dir ein ganz wichtiges Geheimnis zu verraten. Katzen können Dinge hören und sehen, die Menschen nicht mitbekommen. Sie wissen einfach manchmal mehr als wir. Katzen sind nämlich magisch, Prinzessin!"

Das Geheimnis meiner Katze: Sie wußte einfach mehr ...

Jetzt war mir schon wieder leichter ums Herz, Großvater hatte für alles immer so schöne Erklärungen. Ich hatte also keinen Grund mehr, mich vor Mimmi zu fürchten, sie wollte mich nur begleiten und beschützen.

Aber was um alles in der Welt heißt „magisch"? Ich hatte es noch nie leiden können, wenn ich ein Wort der Erwachsenen nicht verstand – ich fühlte mich dann immer ausgeschlossen. Also ging ich wieder zu meinem allwissenden Großvater, um nun auch noch herauszufinden, wer und was denn alles magisch sein könnte. Und läßt sich das vielleicht lernen? Großvater machte ein nachdenkliches Gesicht.

Wann ist eine Katze magisch?

„Magisch ist jemand, der viel mehr weiß als alle

Einleitung

anderen und damit sehr gut umgehen kann, Prinzessin. Manchmal ist er vielleicht nur klüger und schneller als andere. Aber sicher kennt er auch große Geheimnisse, versteht sie und macht das Beste daraus. Und er spricht nicht viel darüber, das schadet der Magie." Ich war fassungslos. „Und Katzen können das alles?" – „Na ja, vielleicht nicht alle. Aber deine Mimmi weiß schon eine Menge. Wie ich dich kenne, wirst du später einmal ganz bestimmt richtig magische Katzen kennenlernen und die allermagischste zu dir nach Hause mitnehmen."

Was Katzen alles können – einfach mysteriös!

Mein wunderbarer Großvater sollte recht behalten. Es dauerte allerdings noch gute zwanzig Jahre, bis ich die „vollkommenste aller magischen Katzen" kennenlernte – als solche empfand ich sie jedenfalls. Besser gesagt: ihn, und der Weg zu ihm führte über seinen Vater. Aber wie alles Wesentliche im Leben hatte das seine Vorgeschichte …

„Das Jahr der Katze meines Lebens"

Es war im Frühling des Jahres 1976 an einem traumhaft schönen Palmsonntag. Mein Mann und ich saßen auf dem Balkon unserer am Stadtrand gelegenen Wohnung und genossen den Ausblick auf die große Wiese mit den riesigen alten Bäumen. Es duftete so richtig berauschend nach Frühling, was alles in allem wohl der Anlaß dafür war, daß wir fanden, hier sei es zwar „für eine Stadtwohnung" wunderschön – aber wie phantastisch wäre es erst, jetzt so richtig auf dem Land zu leben. Ich wurde übermütig und schlug ihm eine nicht ganz ernstgemeinte Wette vor: „Wetten, daß ich in diesen paar Tagen bis Ostern das passende Haus in einer traumhaften Gegend für uns finde?" – „Das schaffst du nie – die Wette gilt" konterte mein Mann und vergaß wohl auch gleich die Angelegenheit.

Die gewonnene Wette und ein Weinberg

Aber wie das Leben spielt … am nächsten Tag mußte ich zum Zahnarzt, und weil das Wartezimmer vor den Feiertagen bis auf den letzten Stuhl besetzt war, beschloß ich durch die Innenstadt zu bummeln, bis ich dran kam. Ich war schon damals davon überzeugt, daß es keine Zufälle gibt – wie von Zauberhand gelenkt, steuerte ich auf ein Maklerbüro zu, und weil ich ziemlich sicher war, daß es ohnehin unmöglich ist, jetzt das Traumhaus in der Traumlandschaft zu finden, wollte ich eigentlich nur ein „Was-wäre-wenn"-Spielchen spielen und ging just for fun hinein. Ich erklärte dem Makler kurz und bündig: mindestens vier Zimmer, gut unterkellert, am besten nagelneu oder vollkommen neu saniert, Garage, großer Garten, geräumige Terrasse mit herrlichem Fernblick, absolut kein Gegenüber, Topausstattung, so daß man einfach nur einziehen konnte, ohne irgend etwas vom Handwerker zu brauchen, windgeschützte Südwestlage, möglichst auf 400–700 Meter Seehöhe und trotzdem weniger als eine halbe Stunde von der Stadtmitte entfernt. Ich rechnete fix mit einer Reaktion in der Preislage von „Und sonst geht es Ihnen gut …?!"

Gesucht: Traumhaus in Traumlandschaft – alles inklusive!

Einleitung

Der junge Mann sah mich an, als wäre ich gerade vom Himmel gefallen, zündete sich umständlich eine Zigarette an und fragte mich unübersehbar fassungslos, woher ich denn wüßte, daß er genau dieses Haus mit Garten anzubieten hätte. Schließlich hätte er es ja selbst erst heute am Morgen angeboten bekommen. Es könnte also noch gar nicht inseriert sein. Ich bat ihn um das Telefon, sagte augenblicklich meinen Zahnarzttermin ab, und eine halbe Stunde später besichtigte ich mit dem Makler genau dieses Haus, denn tatsächlich fuhr man von der Stadtmitte aus nur rund 20 Minuten auf diesen Weinberg, auf dem in windgeschützter Südwestlage auf halber Höhe dieses nagelneue Haus stand. Und vor der Einfahrt in den Garten saß ein unbeschreiblich schöner, großer schwarzer Kater, dessen seidiges Fell in der Sonne glitzerte und schimmerte, als wollte er es allen Nerzen zeigen, wer den prächtigsten Pelz trägt.

*Das gute Omen:
Ein wunderschöner
schwarzer Kater*

Zugegeben, ich hätte auch ohne diesen bildschönen „Glückskater" vor der Einfahrt das Haus haben wollen und am selben Abend noch meine diesbezügliche Wette gewonnen. Als ich am nächsten Tag wieder auf den Weinberg fuhr, um Mann und Sohn unser neues Haus zu zeigen, saß der schwarze Kater auf unserer zukünftigen Terrasse und putzte dort gemütlich sein Luxusfellchen. Als es ihm dort zu umtriebig wurde, stolzierte er davon. Ich sah ihn auf ein Haus zusteuern, das trotz angenehmer Distanz wohl zum Nachbargrundstück gehörte. Ich hatte fix vor, gleich nach dem Einzug die jungen Leute dort zu fragen, ob ich den wunderschönen Kater vielleicht „adoptieren" könnte – es sah beim ersten Eindruck nämlich nicht danach aus, als würde man sich im Nachbarhaus besonders viel aus Katzen machen. Als ich zwei Wochen später wirklich an der Tür stand, um nach dem schwarzen Kater zu fragen, meinte die junge Frau nur ganz selbstverständlich: „Ja … schade, da sind Sie jetzt ein paar Tage zu spät … mein Mann hat ihn samstags vom Dach geschossen, wir wollen keine Katzen mehr. Und irgendwo auf dem Dachboden müßten ohnehin noch ein paar Junge versteckt sein. Wenn die einmal auftauchen, falls sie überleben, können Sie sich ja eines nehmen. Wir lassen sie sicher nicht leben."

Mein Sohn brach gleich in Tränen aus, ich erst, nachdem ich die Tür hinter mir geschlossen hatte … so war es also hier in unserem neuen Paradies um die Katzen bestellt. Aber bald danach freundete sich mein kleiner Sohn mit der etwas älteren Nachbarstochter an – mehr „trotzdem" als „deswegen" – einerseits gefiel sie ihm ganz gut, andererseits konnte er sich über Besuche bei dem Mädchen am leichtesten den Zutritt auf Nachbars Dachboden verschaffen, wo es ja angeblich noch die Babykatzen unseres erschossenen Lieblings gab. Tatsächlich hörten es die Kinder bald kläglich vom Dachboden miauen, und mein Sohn bekam die Erlaubnis, die Kätzchen ausfin-

Ist dieser Kater noch zu haben?

Katzen leben auf dem Land – reine Glückssache!

Einleitung

dig zu machen. Aber ganz offensichtlich waren sie nach dem „Abschuß" des Vaters von der Katzenmutter dermaßen raffiniert versteckt worden, daß mein Junior erst nach einigen Versuchen fündig wurde. Bis es soweit war, lagen zwei der Babykatzen bereits tot im Stroh.

Das ärmste, häßlichste Kätzchen weit und breit

Eines lebte noch. Das war so arm, krank und häßlich, daß mein Sohn es entweder retten oder wenigstens gnädig einschläfern lassen wollte. Nun stand er also mit einem mausgroßen, jämmerlich schreienden, schwärzlichen Etwas, das fast kein Fell am kranken, verschmutzten Körperchen hatte, in der Tür. Wir mußten das arme Kätzchen schnell von seinen Schmerzen erlösen lassen, fand ich, bettete es so sanft wie möglich in ein weiches Handtuch, lief damit zum Auto und ließ es während der Fahrt zum Tierarzt bei mir am Körper liegen. Ich dachte: „Wenigstens hat es noch eine halbe Stunde Wärme und Geborgenheit erlebt." Aber mit jedem Kilometer wuchs meine unbändige Wut auf diese katzenfeindlichen Nachbarn, und bis ich vor dem Haus des Tierarztes aus dem Auto stieg, war ich ganz sicher: Dieser häßliche, todkranke Winzling wird jetzt nicht eingeschläfert, sondern die Katze meines Lebens – und eines Tages so traumhaft schön wie sein erschossener Vater werden. Der Tierarzt – ohnehin ein sehr liebevoller Kleintier-Doktor, sah mich nur an, als ob ich nicht alle Tassen im

Ich will, daß diese Katze lebt!

Schrank hätte, als ich energisch forderte: „Bitte auf gar keinen Fall einschläfern! Ich möchte um alles in der Welt, daß dieses Kätzchen eine Chance bekommt – bitte versuchen Sie wirklich alles!" Ich ging ihm unübersehbar auf die Nerven. „Junge Frau, was Sie da vorhaben, ist nicht Tierliebe, sondern Tierquälerei! Ich bin schließlich nicht Gott … es lebt doch kaum noch!" Ich bettelte und flehte, daß ich mich schon selbst dafür zu genieren begann, aber ich mußte dabei irgend etwas ausgestrahlt haben, das den Tierarzt berührte. Er sah mir lange in die Augen und sagte freundlich „Sie haben entweder einen ziemlichen Vogel oder ein goldenes Herz! Vermutlich beides – was? Passen Sie auf, wir versuchen es eine Woche lang. Ich weiß, daß sie mir dann auf Knien danken werden, wenn ich die arme Kreatur erlösen darf! Sie haben ja keine Ahnung, was Sie sich jetzt damit antun. Sie müssen jeden zweiten Tag mit ihm zu mir kommen, es braucht Injektionen. Sie müssen es am besten Tag und Nacht am Körper tragen, denn ohne Körperwärme, die das Mutterfell ersetzt, kann ohnehin nichts daraus werden. Sie wissen schon – in einem Tragetuch wie die Hippie-Mütter. Alle paar Stunden muß es abwechselnd eine Nährlösung und Tee bekommen – wie sie das in dieses Mäulchen hineinkriegen, ist mir ein Rätsel! Und außerdem wird es ununterbrochen schreien, wenn es nicht gerade vor Erschöpfung schläft. Stubenrein kriegen Sie es sowieso nicht … wollen Sie noch immer, daß es ‚um alles in der Welt‘ leben soll?" Ich wußte, daß mein Mann durchdre-

Tierliebe oder Tierquälerei – das war hier die Frage

Kein leichter Job, Mutterkatze zu spielen …

hen wird und auch sonst noch ein paar mittlere Katastrophen auf mich zukommen würden, dann hörte ich mich laut und deutlich „Ja!" sagen.

Die nächsten Tage und Nächte wurden noch viel schlimmer, als es mir der Tierarzt in den schwärzesten Farben ausgemalt hatte. Und jeden zweiten Tag stellte er mir vor Verabreichung der Injektion wieder die „Schicksalsfrage". Beim vierten Besuch hatte der Tierarzt ein eigenartig erstauntes Lächeln im Gesicht. „Ich glaube, wir haben es wirklich geschafft. Schönheit wird es aber sicher trotzdem keine, das muß ich Ihnen sagen. Daß der jemals ein vernünftiges Katzenfell bekommt, kann ich mir schwer vorstellen. Kopf kahl, Schwanz kahl, Bauch kahl ... und das bißchen schäbiger Flaum auf dem Rücken – na ja?!"

Abends „taufte" ich das häßlichste Kätzchen der Welt vollkommen überspannt „Paulchen Panther" und sagte ihm: „Wenn ich dich schon so nenne, dann hast du auch gefälligst ein prächtiger Mini-Panther zu werden."

In der nächsten Zeit sah es aber noch nicht danach aus. Noch wochenlang mußte das volle Pflegeprogramm durchgehalten werden, wofür ich mir unter anderem den Nagel am kleinen Finger meiner rechten Hand fast auf Krallenlänge wachsen ließ – er war das einzige Fütterzubehör, mit dem sich Paulchen erst die Nährlösung und später gewässerte Milch und die ersten winzigen, gekochten und pürierten Fleischmengen in Stecknadelkopfgröße zwischen

„Schönheit wird er keine – aber er lebt"

Ich taufe dich auf „Paulchen Panther"

die noch kaum vorhandenen Zähne schieben ließ. Als ich mir bei der Gartenarbeit Paulchens „Löffel" an meiner Hand abbrach, verweigerte er zwei Tage lang jede Nahrung, bis ich „brutal" zur Einwegspritze griff, die mir der Tierarzt für Notfälle mitgegeben hatte.

Katzenfüttern mit der Einwegspritze

Nach und nach sprießte das eine oder andere Härchen, während mein heißgeliebter, abgrundtief häßlicher kleiner Kater laufen, fressen und die Benützung des Katzenklos erlernte. Die Tierarztbesuche konnten eingestellt werden.

Um es kurz zu machen: Nach einigen Monaten hatte ich nicht den schäbigsten, sondern den schönsten schwarzen Kater, den man sich nur vorstellen kann. Außerdem war er schon clever, frech und originell wie sein „Namenspate", der (rosarote) Paulchen Panther. Und dann fing er langsam, aber sicher damit an, eine magische Katze zu werden: Er „meldete" frühzeitig aufziehende Gewitter, wußte schon immer mindestens 10 Minuten vorher, daß jemand gleich an der Haustüre klingeln wird, wobei er sich in den Eingangsbereich setzte und auf die Tür starrte, bis es tatsächlich klingelte – da war Verlaß auf den Paul. Und langsam entwickelte er sämtliche Eigenschaften und Gewohnheiten, die einen vierbeinigen Scheidungsgrund kennzeichnen. Er wollte selbstverständlich immer auf, an oder neben mir schlafen, und er ging bei verbal etwas lauter ausgetragenen Spannungen zwischen meinem Mann und mir zuweilen mit ausgefahrenen

Der schäbigste Kater der Welt auf dem Weg zum Black Beauty

Katzen-Paul spielt Scheidungsgrund

Einleitung

Verliebt und eifersüchtig – und ziemlich intrigant

Krallen und bösem Knurren auf den Herrn des Hauses los. Anschließend hat er sich dann gern demonstrativ im Stile einer Boa constrictor „um mich gewickelt" und mich süß angeschnurrt. Er ergriff also unübersehbar Partei und führte sich manchmal wie ein eifersüchtiger Liebhaber auf. Trotzdem lag es bestimmt nicht an ihm, daß diese Ehe fünf Jahre später auch beim besten Willen nicht mehr zu retten war. Mein Sohn und ich waren uns einig, daß wir so auf keinen Fall weiterleben konnten, wenn es auch die Trennung von meinem „Weinbergparadies" bedeutete. Zu meinem Kummer bekam Paulchen die diversen Phasen des nachfolgenden Aufbruchs ganz genau mit, und seine damit verbundene Angst war ihm deutlich anzumerken. Es war geplant, daß wir gleich nach der Scheidung nach Wien ziehen werden – aber was sollte dieses Tier, das einen ganzen Berghang, Wald und Wiesen als „Auslauf" gewöhnt war, in einer engen Stadtwohnung? Ich wollte Paul äußerst ungern, aber vernünftigerweise noch einige Monate beim Haus auf dem Weinberg lassen, bis ich eine passende Wohnung für meinen Sohn und mich gefunden hatte. Und dann hatte ich vor, ihn langsam an das Stadtleben zu gewöhnen. Ich gab einer sehr katzenfreundlichen Nachbarin monatlich „Futtergeld" für Paul und einen Grundvorrat seines Lieblingsfutters. Daß er dort viel Liebe und Aufmerksamkeit bekam, war gewiß – und ein paar Katzensprünge weiter lag ja sein bisheriges Zuhause, der Garten, die Terrasse und alles Drum und Dran standen ihm weiterhin offen. Als ich am Tag der Abreise schweren Herzens mein Auto packte und gerade einen Wäschekorb voll Kleidung auf den Rücksitz stellen wollte, saß Paul dort und maunzte fast tonlos, was seine allertraurigste Lautäußerung war. Sein schwarzes Katergesicht war von einem Ausdruck, den ich bis dahin nur an völlig verzweifelten Menschen gesehen hatte. Ich kann meine Empfindungen von damals nicht beschreiben, als ich Paulchen meinem Exmann in den Arm legen mußte, daß eine Abfahrt überhaupt möglich war. Kaum in Wien angekommen, gewöhnte ich mir an, alle zwei Wochen in die Südsteiermark zu fahren, um Paul zu besuchen, aber es wurde für die Katze wie auch für mich jedesmal unerträglicher. Nach einigen Monaten war er trotz bester Betreuung durch meinen Exmann und die Nachbarin kaum noch wiederzuerkennen: Ernst, unzugänglich und stur war er geworden – und das geschwätzige Plappermäulchen, das wie wenige Katzen zu „reden" verstand, war völlig verstummt. Er sprang mir zwar glücklich in den Arm, wenn ich ihn besuchte, aber seine Veränderung wirkte sich sogar schon auf unseren Kontakt aus. Wenn Katzen ein gebrochenes Herz haben können, dann hatte Paulchen damals eines. Als der Winter kam, hielt ich es nicht mehr aus: Ich packte meinen Paul ins Auto und brachte ihn in diese winzige erste Übergangswohnung nach Wien – sie mußte ihm wie ein

Zum Abschied: Auf dem Rücksitz der traurigste aller Kater

Wenn Katzen ein gebrochenes Herz haben können …

Einleitung

Paulchen Panthers Umzug in den „Menschen-Käfig"

Käfig vorgekommen sein, aber trotz aller Einschränkung war er bald wieder ganz der alte. Nur wenn ich die Wohnung verließ, bekam er sofort wieder diesen panischen Gesichtsausdruck wie bei meinem Abschied auf dem Weinberg. Ich erinnerte mich daran, wie deutlich wir uns früher verständigen konnten, und fing wieder an, sehr viel mit dem Kater zu „reden". Jedesmal beim Verlassen der Wohnung nahm ich mir die Zeit, ihn zu beschwichtigen: „Paul, ich habe zu tun. Du mußt jetzt bis abends allein bleiben. Ich komme ganz sicher zurück!" Anfangs sah er mich nur sehr aufmerksam an und zeigte immer weniger Angst. Nach etwa einer Woche kam die erste deutliche Reaktion. Ich sagte wieder meine „Ausgeh-Sätze", und er antwortete prompt mit seinem früher gebräuchlichen „Grrrut!", was etwa „In Ordnung!" bedeutete. Dann ringelte er sich friedlich auf „Katzenrollenformat" zusammen und schlief noch ein, bevor ich an der Tür war.

„Laß uns doch darüber reden, Paul!"

Auf diese Art versuchte ich eine Spielregel (unseres neuen, viel eingeschränkteren Zusammenseins) nach der anderen mit ihm zu „besprechen" – es klappte wunderbar. Paul beherrschte mit der Zeit ein höchst erstaunliches Lautvokabular, mit dem er die unterschiedlichsten Fragen stellen und Antworten geben konnte.

Und er wurde immer „magischer", je älter er wurde. Später fanden wir eine geräumige Altbauwohnung, in der Paul es liebte, ins Zimmer meines Sohnes zu stolzieren und sich dort gemeinsam mit ihm Musik anzuhören. Mein Sohn war nicht gerade ein besonderer Katzenfan, aber er kam gut mit Paulchen zurecht. Gelegentlich stand die Flügeltür zu Julians Zimmer offen, und er rief auf gut Glück: „Na, Paul, kommst du zu mir, und magst du wieder Musik hören?" Ich traute meinen Augen nicht: Unser musikalischer Kater saß mitten im Raum in idealem Abstand zu den Boxen und lauschte mit genießerischem Gesichtsausdruck der damaligen Lieblingsmusik meines Sohnes – den nicht eben „leicht verdaulichen" Songs des Peter Hammill. Damit hatte er natürlich bei Julian an Achtung gewonnen – wenn sich jemand seinem sehr speziellen Musikgeschmack anschließt, wird er sogar als Kater akzeptiert.

Ein bißchen Hausmusik gefällig – Herr Kater?

Einige Jahre später zog ich in eine Wohnung im Grünen, und mein Weinbergkater machte die Gärten und Alleen unsicher – und wurde immer kapriziöser. So hatte er zum Beispiel ein befremdliches „Hobby" entdeckt. Er kletterte auf möglichst hohe Bäume in Sichtweite meiner Wohnung, um dann in der obersten Astreihe zu hocken und den armen, verschreckten Kater zu spielen, der es nicht mehr schafft, auch wieder hinunterzuklettern. Er saß also stundenlang irgendwo hoch oben in einer Baumkrone und jaulte zum Erbarmen. Je mehr Leute rund um den Baum standen und ihn mit den süßesten Tönen zu locken versuchten, desto gräßlicher

Hört alle her, wie wichtig ich doch bin!

Einleitung

jaulte er oben weiter. Ich hatte von Anfang an den Verdacht, daß er seine Show abzieht – aber nach stundenlanger vergeblicher Mühe rief ich dann eben doch die Tierrettung an. Kaum waren die Männer gekommen und fuhren ihre Leitern aus, kletterte Paul schwungvoll und lässig auf der Rückseite des Baumes herunter, um dann noch die letzten beiden Meter zum Boden mit einem eleganten Absprung zu vollenden. Die Tierretter kannten das. „Aha, schon wieder eine Katze mit Mittelpunktkomplex!" grinste einer der jungen Männer. „Das machen viele. Sagen sie ihm lieber dreimal täglich, daß er die schönste Katze der Welt ist, dann können wir uns unseren Einsatz sparen!"

Vom Vergnügen, ein Kater mit Mittelpunktkomplex zu sein

Paul zog vor, beides offensichtlich zu genießen - spektakuläre Tierrettungseinsätze und meine regelmäßigen Beteuerungen, daß er „der schönste Kater der Welt" sei.

Kaum zu glauben, aber wahr: Paulchen liebte nicht nur verbale Schmeicheleien und Komplimente über alles, er bemerkte daran auch die feinsten Unterschiede, der Tonfall, die Wortfolge und der Inhalt mußten stimmen, wenn er das menschliche „Liebesgeflüster" so richtig genießen wollte.

Mein eitler Katzenstar ist wild auf Komplimente

Vernarrt, wie ich nun einmal in meinen magischen Super-Kater war, sagte ich immer wieder: „Paul, du bist der schönste Kater der Welt!" Das genoß er unglaublich, er schmiegte sich und schnurrte und war ganz aus dem Häuschen, was auch dafür galt, wenn ich ihn leicht abgewandelt zum „schönsten Kater im Haus" erklärte. Aber wenn ich ironisch nachgesetzt habe, „… der schönste Kater im Haus, weil ja kein anderer da ist …!", reagierte er augenblicklich darauf. Er sah mich finster und mißbilligend an und machte „Paaahhh!" – sein Katzenwort für Ärger und alles, was er „strafandrohend" meinte. Nicht einmal war das so – nein: immer. Ich habe diesen feinen Unterschied so manchem Besuch vorgeführt – mit der gleichen Reaktion von Paul, erst Entzücken, dann „Paaahhh!" Da stellt man sich natürlich schon die Frage, was dieses Tier noch alles begreifen konnte und „drauf hatte".

Jahr für Jahr entdeckte ich neue Eigenschaften und Talente an Paul, und ich habe jeden Tag unserer 18 gemeinsamen Jahre genossen.

In der Nacht vom 2. zum 3. März 1994 nahm er dann offensichtlich ganz bewußt von mir Abschied, der „Kater meines Lebens". Schon drei Wochen zuvor war Paulchen immer schwächer und kränklicher geworden, er konnte nur noch mühsam gehen und kaum noch selbständig fressen. Altersschwäche und akutes Nachlassen der Körperfunktionen – diagnostizierte der Tierarzt. Schmerzen? Kaum. Allerdings wurde mir nicht verschwiegen, daß Paul nur noch wenige Tage zu leben hätte – er würde friedlich an Altersschwäche einschlafen. Der Tierarzt und ich waren uns einig: Einschläfern kommt nicht in Frage. Also ging unser unvergeßliches Miteinander so zu

Paulchen Panther wußte, wie man seinen Menschen um die Pfote wickelt

Wunderbare Jahre für Tier und Mensch

Einleitung

Wie der Anfang, so das Ende …

Ende, wie es vor fast zwei Jahrzehnten auf dem südsteirischen Weinberg begonnen hatte: Ich trug Paul viele Stunden täglich wärmend am Körper, er schlief in meiner Umarmung, und das bißchen Futter, das er noch manchmal mochte, wurde wieder püriert und ihm per Fingerspitze eingeflößt – bis zu dieser Märznacht. Den ganzen Abend lang wollte er nur in meinem Arm liegen, und stundenlang sah er mich liebevoll an – es war ein einziges Abschiednehmen. Gegen 2 Uhr nachts weckte er mich mit seinem kaum noch hörbaren, angestrengten „Grrrhhh …!" Ich stand auf, trug ihn im Arm, redete ständig leise mit ihm und dankte ihm für all die Liebe, die ich von diesem wunderbaren Tier bekommen hatte. Dann

Ein Schnurren zum Abschied und eine letzte Nacht

fing er noch einmal richtig laut zu schnurren an, sah mir unbeschreiblich liebevoll in die Augen und ließ sein Köpfchen in meine Hand sinken. Ich hielt Paul im Arm, bis die Sonne aufgegangen war – viele Stunden lang. Am nächsten Nachmittag half mir mein Partner, Paul in einem nahe gelegenen Wald zu begraben. (Ich werde nie verstehen, wie man den geliebten Gefährten vieler Lebensjahre in einen Container der Tierkörperverwertung werfen kann, als würde es sich um einen Müllbeutel handeln. Hygienegesetze und Verordnungen hin und her – in diesem Zusammenhang ist mir so etwas unverständlich.) Ich war im Jahr danach noch oft an diesem Platz im Wald an der österreichisch-bayerischen Grenze. Irgendwann wollte ich es nicht mehr, weil es im Grunde sinnlos ist, an einem ganz bestimmten Ort zu trauern. Auch Menschen-Friedhöfe sind letztlich nur für die Angehörigen von Bedeutung.

Außerdem: Es gibt Erinnerungen und Gefühle, gegen die selbst der Tod machtlos ist.

Und es ist gleichgültig, ob man diese Empfindungen einem geliebten Menschen verdankt – oder einem geliebten Tier.

Erinnerungen an eine unvergeßliche magische Katze

Kapitel 1

Fünfunddreißig Millionen Jahre Vorsprung –
Oder:
Wie die Katze vom Himmel kam

Die erste Katze war ein Geschenk des Himmels. Ein magisches Wesen aus anderen Sphären, ein Engelsgeschöpf in Tiergestalt … mit einem Wort: Sie war, was echte Katzenfans schon immer – nun ja – zumindest heimlich dachten. Aber wußten Sie auch, daß die erste Katze der Welt ein prächtiger Kater war? Riesengroß und mit der Kraft eines Löwen ausgestattet. So steht es jedenfalls in der Legende „Wie Gott der Welt die Katze schenkte" zu lesen.

Es geschah im Jahre 1215 nach dem christlichen Kalender, rauhe Sitten herrschten, und selbst in der heiligen Stadt Rom ging es ziemlich unchristlich zu. Der Teufel regierte die Mächtigen, und die wiederum hatten leichtes Spiel bei Papst Innozenz III., der den Armen nahm, um den Reichen zu geben. Sorgenvoll blickte Gott zur Erde herunter, und was er sah, erregte seinen heiligen Zorn. Er befahl seinen Engeln, Harfe und Trompete zur Seite zu legen und sich um die irdischen Mißstände zu kümmern. Jedem Engel wurde eine bestimmte Region der Welt zugedacht, und weil das Land rund um die Ewige Stadt Gott besonders großen Kummer machte, entsandte er einen mutigen Himmelsboten in die italienischen Provinzen, der ein großes Herz für Mensch und Tier hatte und sich im Notfall auch derer Gestalt bedienen konnte. So wurde Engel Felis beauftragt, flugs nach Umbrien zu eilen, denn dort war die Hölle los. Satan persönlich schlich um das

Kapitel 1

Bergstädtchen Assisi und ließ keine teuflische List aus, um die Mönche von San Damiano in Versuchung zu führen. Ganz besonders hatte es der Satan aber auf Francesco, den Gründer des Klosters, abgesehen – er sollte auf Teufel komm raus daran gehindert werden, einst als heiliger Franziskus in Gottes Nähe ein Ehrenamt zu bekleiden. Am meisten ärgerte es den Satan, daß sich Franz von Assisi bemühte, die Sprache der Tiere zu erlernen. Jene der Vögel des Himmels beherrschte er schon, oft stimmte er gemeinsam mit ihnen den Sonnengesang an. Auch in der Sprache der Vierfüßigen machte er große Fortschritte, als der Satan beschloß, Franziskus in Gestalt eines Tieres zu demütigen. Er wollte Hufe, Hörner und Flammenschweif ablegen und sich in ein Reh verwandeln, um mit dem frommen Mann ins Gespräch zu kommen. Der sollte getäuscht, versucht und verhöhnt werden, damit ihn der Wahnsinn der Hölle umnachtet und die göttliche Kraft ihn verläßt. Doch gerade in jenem Moment, als der Teufel seine Hörner abwarf, um in das Fell eines harmlosen Rehs zu schlüpfen, kam Götterbote Felis durch die Abendwolken – angezogen vom Geläute der Glocken von San Damiano. „Herr im Himmel, hilf!" rief Felis. „Der Leibhaftige will uns Franziskus nehmen!" Daraufhin sandte Gott einen Zornesblitz, in dessen schrecklichem Licht Bruder Franz den Teufel erkennen konnte. Sein Wutgebrüll und Schwefelgestank störte in dieser Nacht noch lange die heilige Ruhe um San Damiano. Doch damit war es dem Satan nicht genug. Noch vor dem ersten Morgengrauen lockte er alle Mäuse und Ratten des umbrischen Landes an, um sie vor der Stadtmauer Assisis zu versammeln. „Ihr werdet nie mehr hungern müssen!" log er mit teuflischer List. Wenn es ihm schon nicht geglückt war, Franziskus in Tiergestalt zu narren, so wollte er diese zahllosen gierigen Tierchen über die kargen Vorräte des Klosters herfallen lassen. Er befahl den Nagern, auch den kleinsten Krümel Brot und das letzte Körnchen Saat zu vertilgen. Dann, so war es abzusehen, würde der Sonnengesang des Heiligmäßigen bald für immer verstummt sein –

in diesem harten Winter war ihm der Hungertod gewiß. Götterbote Felis aber hatte die Invasion der Nagetiere schnell entdeckt, als sie sich bei Anbruch des Tages San Damiano näherten. Wieder rief er zum Himmel und bot Gott um Hilfe. „Ich werde dich in ein stolzes Raubtier verwandeln, das dem Satan widerstehen und die Nager vertreiben kann. Doch du sollst auch von schöner Gestalt und voller Liebe sein, damit du Franziskus erfreust", beschloß der Herr und gönnte sich einen schöpferischen Moment, denn ein solches Raubtier hatte er bis zu jener Zeit noch nicht erschaffen. Doch die Sache duldete keinen Aufschub, Franziskus war in höchster Gefahr. Der Teufel hatte gelauscht, und sein Hohngelächter dröhnte schrecklich durch die Fluren um Assisi. Gottes Weisheit und des Engels Mitgefühl verbanden sich in diesem Augenblick zum Schutze Franziskus'. „Der Höllische wird nicht von ihm lassen wollen, lieber Felis. Es sei denn, du verzichtest auf deine Rückkehr, um in Gestalt des Raubtieres auf Bruder Franz zu achten." Felis nickte traurig, er hatte viel zu lernen gehabt, um ein Engel zu werden. Von nun an sollte er auf Erden bleiben und für ein Tier gehalten werden? „Du darfst dafür eine so einzigartige Gestalt annehmen, wie es auf Erden noch keine gibt", tröstete der Schöpfer den Engel. Dann ließ er ihn in einen kurzen, tiefen Schlaf sinken. Als die ersten Sonnenstrahlen die Pforte von San Damiano vergoldeten, erwachte Felis und betrachtete verwirrt seine neue Erscheinung. Keine Engelsschwingen mehr … dafür umhüllte ein silberschimmernder, seidiger Fellmantel seine ihm noch unbekannte Gestalt. Im Gesicht fühlte er strahlenförmige Barthaare wachsen, und am Ende seines Rückens trug er eine Schleppe. Nein! Er konnte sie bewegen und fühlen … es war ein prächtiger, biegsamer Schwanz. Hände? Füße? „Pfoten, lieber Felis!" tröstete ihn sein Schöpfer. „Sie können viel mehr als menschenähnliche Hände, und das wirst du brauchen, wenn du zu kämpfen hast." Felis fühlte an ihnen kleine, samtweiche Pölsterchen. „Damit soll ich kämpfen, Herr?" Er bewegte die

Kapitel 1

Pfoten und besah die Pölsterchen. „Spanne sie an", lächelte Gott dem tierischen Engel ermunternd zu. „In ihnen habe ich 18 nadelspitze Sichelmesser versteckt, die sollst du zücken, wann immer Gefahr droht. Mit ihrer Hilfe kannst du kämpfen, Nahrung beschaffen, in Windeseile den höchsten Baum erklettern, Franziskus verteidigen … versuche es!" Felis tat, wie ihm befohlen wurde und ließ die Sichelmesserchen ausfahren: ein–aus–ein–aus … eine exzellente Ausrüstung hatte ihm Gott für sein Erdendasein mitgegeben. „Nur für den Notfall, Felis, es sind kleine Waffen, vergiß es nicht! Übrigens – ich nenne sie Krallen." – Krallen …! Felis bewegte sich vorsichtig in seiner neuen Gestalt, fühlte sich ein, versuchte dies und das, kletterte geschickt auf den nächsten Baum, sprang weich federnd wieder zu Boden, fegte mit dem Schwanz dürres Laub von der Pforte – alles ging blitzschnell, und es fühlte sich wunderbar an.

„Herr im Himmel, wer bin ich denn nun wirklich geworden? Bin ich noch Engel, der nur aussieht wie ein geschmeidiges Tier?" Gott lächelte und sprach ihm Mut zu. „So ähnlich, lieber Felis, so ähnlich … ein magisches Wesen auf vier samtenen Pfoten, das man ab heute ‚Kater‘ nennen wird." – Kater! Das gefiel ihm, und Felis wollte es sagen, als er sich mit ungewohnter Stimme nur „Miau!" rufen hörte. In diesem Augenblick nahm Gott dem Engel in Raubtiergestalt die Erinnerung an seine Existenz als Götterbote, er nahm ihm die Zweifel und jegliche Angst. „Nun entlasse ich dich in dein neues Dasein, Kater Felis. Ich schuf dich als unvergleichliches Geschöpf, und du bist der erste deiner Art. Eines Tages wird es Menschen geben, die in dir ein vollkommenes Tier sehen mit einzigartigen Fähigkeiten – dein Geheimnis werden sie dennoch nicht ergründen können. Und nun kümmere dich um Franziskus und schlage den Teufel mit seiner Heerschar von Nagetieren in die Flucht!"

Gott zog sich zurück, und Kater Felis vergaß im selben Moment die Umstände seiner Verwandlung, als er plötzlich Ratten und Mäuse roch.

Sie mußten schon in seiner Nähe sein! Felis raste mit wilden Sprüngen fauchend auf die zahllosen kleinen Tiere zu, holte mit ausgefahrenen Krallen zu bedrohlichen Pfotenhieben aus, knurrte verwegen und schlug peitschend mit dem Schwanz um sich. Die Nager hetzten panisch in alle Himmelsrichtungen davon, und der Teufel heulte auf, als ihm Felis mit den Krallen ein schmerzliches Andenken verpaßte. Ehe der Leibhaftige mit grölendem Wut- und Wehgeschrei zur Hölle fuhr, biß ihm der Kater noch blitzschnell in die Kehrseite und verfolgte zufrieden den Rückzug der Feinde bis auf die letzte Maus.

Felis putzte rasch seine Pfoten und eilte besorgt zu Franziskus. Um dessen Kraft war es schlecht bestellt, kränklich und zitternd vor Kälte lag er auf seinem ärmlichen Strohbett. Gleich schmiegte sich Felis um die eisigkalten Füße, schnurrte beruhigend und weckte Franziskus schließlich mit einer zarten Berührung der Pfote.

Franz von Assisi betrachtete staunend das unbekannte Wesen und sah forschend in geheimnisvoll grüngolden schimmernde Augen. „Woher kommst du, schönes Geschöpf? Ich habe geträumt, du wärst von Gott gesandt und hättest mir das Leben gerettet ... aber du bist doch ... ein Tier?" Zärtlich streichelte Franziskus das seidig-silberne Fell und genoß seine Wärme. Kater Felis schloß halb seine Augen zu freundlichen Schlitzchen und schnurrte nur: „Wenn du meinst ...?!"

Die Jahre vergingen, in Rom regierte ein anderer Papst, der Franziskus und seinen Ordensbrüdern mehr Achtung und Hilfe schenkte, und in Umbrien erzählte man sich seltsame Geschichten über den heiligmäßigen Mann, der immer in Begleitung einer geheimnisvollen Tiergestalt gesehen wurde, die niemand kannte. Tatsächlich waren Mönch und Kater unzertrennlich. Jeder verstand des anderen Sprache, und sie machten einander viel Freude.

Man schrieb nach christlicher Zeitrechnung das Jahr 1226, als Felis eines Nachts die Nähe des Todes riechen konnte, während er wie immer, eng an Franziskus geschmiegt, das Lager teilte, um seinem

Kapitel 1

schwachen Körper Lebenswärme zu schenken. „Gehst du bald auf deine große Reise, Franziskus?" Er drückte voller Liebe das Tier an sich. „Bevor der erste Sonnenstrahl dein Fell wärmen kann", lächelte er und strich über das traurige Katergesicht. „Du darfst dir zum Abschied etwas wünschen." Felis bat, bei Gott ein Wort für ihn einzulegen: Er sehnte sich nach einem Wesen von seiner Art. Franziskus schloß die Augen. „Leb wohl, Kater …!"

Drei Tage und drei Nächte hielt er leise schnurrend zu Füßen des Heiligen die Totenwache, dann folgte er dem Trauerzug der Mönche von San Damiano. Jeden Tag streifte Felis um das schlichte Grab seines großen Freundes, und als es Sommer wurde, hielt er auf dem Erdhügel gerne Siesta, lag dösend in der Sonne und hing seinen Katerträumen nach. Als er eines Nachmittags dabei eingeschlafen war, wurde er von einem süßen Schnurrgesang geweckt. Felis fuhr hoch und traute seinen Augen nicht: Neben ihm saß … sein Ebenbild! Aber kleiner und zierlicher als er, und das schwarze Fellkleid duftete wunderbar und glänzte wie Seide. Nun sah ihn dieses Zauberwesen aufmerksam aus bernsteinfarbenen Augen an und berührte ihn zart mit der Pfote. „Träume ich noch immer?" maunzte Felis entzückt. „Bist du auch … ein Kater?" Die Schwarze räkelte sich kokett und gurrte in höchsten Tönen. „Meinst du, unser Schöpfer wollte, daß deine Art wieder mit dir ausstirbt? Ich bin doch eine Katze!" Eine Katze. Felis verstand überhaupt nichts mehr, aber das sollte sich noch am selben Tag ändern, als die beiden nach Sonnenuntergang durch die Fluren streiften. Von nun an lebte das Katzenpaar entsprechend seiner Art, und nicht nur in der Gegend von San Damiano und Assisi gab es übers Jahr schon eine große Verwandtschaft. Manche Katzen lebten wild und frei und blieben überall, wo es gerade Mäuse und Abenteuer gab. Andere Katzen schlossen Freundschaft mit Menschen und lebten mit ihnen für eine Schüssel Milch und freundliche Worte. Aber nur die wenigsten erkannten, daß sie von magischen Wesen umgeben waren, die sich nur so ver-

hielten, als wären sie kleine Raubtiere. Nur jene Menschen, die Katzen wirklich liebten, erkannten eines Tages in jeder Katze Felis wieder. Das war so, und so wird es immer bleiben.
Legenden haben es ja an sich, ein Körnchen Wahrheit in Symbolik zu verpacken, um das Ergebnis dann mit den Schnörkeln der Phantasie zu versehen. So wird ein simpler Inhalt eben immer phantastischer, je länger die Geschichte weitererzählt wird. Bei unserer frommen Legende vom Himmelsboten im Katzenfell verhält es sich aber genau umgekehrt: Die historisch belegte Geschichte der Katze ist weitaus spannender als sämtliche Fabeln und Legenden, die sich Menschen jemals zu diesem Thema einfallen ließen.

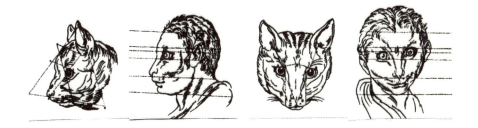

Allein das Zeitalter, in dem die Katze als Art zu existieren begonnen hat, ist eigentlich unvorstellbar: Vor 40 Millionen Jahren – womit sie uns Menschen gegenüber rund 35 Millionen Jahre Vorsprung hat – ein Zeitraum, der extremste Existenzerfahrungen bedeutet, die in den genetischen Anlagen der Katze ihre Spuren hinterlassen haben. Mag sein, daß auch daher ein Anteil ihres magischen Wesens kommt, ihrer unergründlich-geheimnisvollen Art, die sie selbst in engster Vertrautheit mit „ihrem" Menschen nie ganz verliert.
Es ist eine wissenschaftlich belegte Tatsache, daß die Evolution der Katze bereits auf höchstem Stand war, als der Frühmensch vor 500.000 Jahren erst einmal damit anfing, das Steinbeil zu schwingen und hinter Tieren herzuhetzen. So betrachtet waren wir heutigen

Kapitel 1

„Katzenhalter" noch ein grober Entwurf der Evolution im „Plan Mensch", als die Katze uns schon ihre vielmillionenjährige Erfahrung mit dem Erdendasein voraus hatte. Natürlich muß man bei einem solchen Vergleich in Sachen Evolution auch bedenken, daß sie „nur" ein Tier ist. Aber was für eines! Echte Katzaholics vertreten in diesem Zusammenhang ja gern die Theorie, daß es schon irgendwas mit ihrem 35millionenjährigen Vorsprung zu tun haben könnte, daß sie ihre Bezugsmenschen mit geradezu ironischen Blicken und einem „nachsichtigen Schmunzeln" bei allerlei Verrichtungen beobachtet ... jeder Katzenliebhaber kennt diesen Gesichtsausdruck seiner Mieze. Man möchte dann am liebsten sagen: „Ja, ist schon gut, du weißt es wohl wieder mal besser?!" Sicher ist, daß der wesenstypische Eigensinn und das unglaubliche Durchhaltevermögen der Katzen eine gute Mitgift von Mutter Natur war, um dieses Ausnahmetier fit in die nächsten 50 bis 60 Millionen Jahre starten zu lassen. Aber ... war nicht gerade erst von VIERZIG Millionen die Rede? Doch, es stimmt schon, seit diesem Zeitraum ist die Existenz der Urkatze bewiesen. Aber in Wirklichkeit hat die Geschichte der Katze bereits 50–60 Millionen Jahre früher begonnen, als im Eozän der Ururahn unserer Katzen lebte. Mit „Miacis" fing alles an. Er hatte noch wenig Ähnlichkeit mit dem, was man sich heute unter einer Katze vorstellt: Winzig, blitzschnell und wieselartig war er als kletterfixes Miniraubtier im Geäst der Urzeit unterwegs. Miacis lebte auf Bäumen, fraß Fleisch und dürfte schon seinerzeit so etwas ähnliches wie „Miau!" geschrien haben – jedenfalls läßt sich das aus seinem Namen folgern.

Ein wahres Urviech war dieser Miacis, der als Angehöriger der Kreodonten–Familie zu den allerersten Landraubtieren gehörte, die im Zeitraum von 50–60 Jahrmillionen vor Chr. durch die Urwälder huschten. Die eigentliche Urkatze war Miacis aber nur zur Hälfte: Entwicklungsgeschichtlich war dieser primitive Säuger nämlich noch Hund und Katze in Personalunion. Als sich die beiden trennten und unterschiedliche arttypische Wege gingen, starben wohl die Kreodonten aus, aber ein entfernter Verwandter von Miacis schaffte es doch, zu überleben: Die Zibetkatze kam auf Schleichwegen nach Asien und bis ins subtropische Afrika. Sie ist noch heute Miacis' nächste Verwandte aus der kätzischen Seitenlinie des Stammbaumes.

Daraus hat sich dann vor etwa vierzig Millionen Jahren die Urkatze Dinictis entwickelt. Eine Gruppe ihrer vierbeinigen Verwandten wanderte später wohl westwärts aus: Vor einigen Jahren sind in einer brasilianischen Höhle Schädelknochen dieser Tiere gefunden worden, die dort seit mehr als eineinhalb Millionen Jahren begraben waren.

Im Vergleich zu Miacis war Dinictis schon fast „eine richtige Katze": Ungefähr so groß wie ein Luchs, allerdings war sein Gehirn noch relativ klein. Viel wichtiger für seine weitere Existenz war aber sicher die äußerst kampftaugliche Ausrüstung seines Maules. Besonders scharfe Reißzähne in Übergröße gaben ihm die Chance, sich gegen die harten Überlebensbedingungen durchzubeißen.

Eine furchterregende Panne passierte der Evolution dann vor etwa 35 Millionen Jahren, als ein Katzen-Verwandter wohl eine Überdosis an Durchbeißvermögen abbekommen hatte: Der Säbelzahntiger war ein mißratener Sprößling der Hoplophoneus-Gruppe, die ebenfalls zur Familie der Katzen gehörte. Das Urvieh trug säbelartig gebogene Eckzähne von gut 15 Zentimetern Länge im blutrünstigen Maul, das es auch noch bis zu einem Winkel von 90 Grad aufreißen konnte, um aus beinahe ebenbürtigen Kampfgegnern bekömmliche Häppchen zu machen. Selbst dem gewichtigen Mammut konnte der Säbelzahntiger mit seinem Killergebiß eine durchaus begründete Todesangst einjagen. Als sich endlich herausstellte, daß es der Horrorkatze an Durchhaltevermögen und Renntauglichkeit mangelte, ging sicher ein erleichtertes Aufatmen durch das Steinzeitdickicht: Die Beutetiere waren flinker und cleverer geworden, also blieb das relativ schwerfällige, langsame Ungeheuer mit den Mordszähnen immer öfter hungrig auf der Strecke.

Kapitel 1

Bald blieb dem Säbelzahntiger nichts anderes mehr übrig, als ins Gras zu beißen: das Todesurteil für ein fleischfressendes Raubtier!

Der schnelle Dinictis schaffte den Spurt zum Etappenziel Arterhaltung dagegen auf der Überholspur. Er hatte die zoologische Basisgruppe der Katzen etabliert, als der Säbelzahntiger ausgestorben war.

Noch ein wenig Katzengeschichte im Zeitraffer gefällig?

Vor rund 5 Millionen Jahren hatte sich aus der Urkatzenfamilie der blutrünstigen Landraubtiere nach und nach eine ebenso schöne wie überlebenstüchtige Kleinkatze entwickelt: Mit der Nubischen Falbkatze (felus silvestris lybica) war die direkte Vorfahrin unserer Hauskatze existent. Sie hatte gelbliches oder silbergraues Fell und trug damit bereits die „Grundgarderobe" unserer Miezen an ihrem zier-lich–geschmeidigen Körper. Um ihren großen Verwandten zu begeg-nen, mußte die schöne „Mau" aber noch drei Millionen Jahre durch-halten. Dann erst waren Löwe, Tiger & Co. reif für ihren imposanten Auftritt in der Weltgeschichte.

In Jericho – eine der ältesten Städte der Welt – nahm die Falbkatze langsam Kontakt mit den Menschen auf. Angeblich soll es dort schon acht Jahrtausende vor Chr. Hauskatzen gegeben haben. Die näheren Umstände des ersten Kapitels der gemeinsamen Geschichte von Katze & Mensch sind allerdings unbekannt. Einziger Hinweis: Forscher haben bei Ausgrabungen in Jericho die Knochen von Menschen und Katzen in unmittelbarer Nähe voneinander gefunden.

Das nachweisbare Zusammenleben hat aber spätestens vor 5000 Jahren im alten Ägypten begonnen. In diesem Land der wohlhabenden Menschen und prall gefüllten Kornkammern wäre es mit dem Reichtum bald bergab gegangen, wenn „Göttin Katze" nicht energisch mit scharfen Krallen zugeschlagen hätte. Die beachtlichen Vorräte zogen natürlich Scharen von Mäusen und Ratten an, und die hätten sicher bald geschafft, die Basis des ägyptischen Wohllebens ganz emp-findlich zu reduzieren. Nachdem die samtpfötigen Jägerinnen ohnehin

um die Häuser streiften, kam man auf die kluge Idee, das erbarmungs-
lose Katz-und-Maus-Spiel zu nützen. Des einen Leid – des anderen
Freud: Der Mäusebestand war bald drastisch reduziert, der
Erntebestand dadurch aufgefüllt, der Lebensstandard von Kater und
Katze stieg enorm an: Adieu, knurrender Magen auf freier Wildbahn –
willkommen, süßes Leben mit vollem Bauch und komfortablen
Ruheplätzchen! Die Ägypter begriffen schnell, was sie an den eleganten Schädlingsbekämpfern im Seidenfell hatten und ließen nichts aus,
was das Katzenvolk zum endgültigen Einzug in ihre Häuser bewegen
konnte. Man las ihnen jeden Wunsch von den gelben Augen ab, und
weil Katzen sofort erkennen, wo sie das Sagen und ihre „Besitzer" im
Griff haben, nahmen die gegenseitigen Liebesbezeugungen fast kein
Ende. Oder besser gesagt: Sie gipfelten im Happy-End für die Katzen,
die dank ihrer enormen Verdienste um das allgemeine Wohlleben verehrt und verwöhnt und schließlich zu Göttern ernannt und angebetet
wurden. Wer Katzen kennt, weiß, wie locker und selbstverständlich sie
damit zurechtkommen, angehimmelt zu werden … das wird im alten
Ägypten nicht anders gewesen sein – so erfüllte jede Seite die
Erwartungen der anderen zur größten Zufriedenheit beider.
Ähnlich erstklassig war es auch um die Lebensqualität des Katzenvolks
in China bestellt, als Mao und Miu im achten Jahrhundert vor Chr. bei
den Menschen einzogen. Auch dort verteidigten sie die Feldfrüchte vor
gefräßigen Nagetieren und trugen damit wesentlich zur Erhaltung des
Wohlstandes der höheren Klassen bei. Ähnlich wie in Ägypten wurden
die Katzen dafür hoch geachtet, beschützt und verwöhnt – zumal sie
auch noch ihren wichtigen Nebenjob als „Schutzpersonal" der
Seidenraupenzüchter mit Bravour erledigten. Die Seidenraupen konnten sich unbehelligt entwickeln, während die Katzen auf leisen Pfoten
Wache schoben und alles vertilgten, was gerade Appetit auf Raupe
haben konnte. Die Begeisterung der Chinesen für die klugen
Miniraubtiere überschlug sich geradezu, als der Glaubenssatz verbrei-

Kapitel 1

tet wurde, daß die Katze ein höheres Wesen ist, in das der Mensch nach seinem Tode durch Gottes Gnade verwandelt werden könnte. Diese Mensch–Katze–Inkarnations–Theorie hatte vor etwa 2000 Jahren ihren Höhepunkt erreicht, viele Chinesen glaubten daran und verhielten sich entsprechend liebevoll den Katzen gegenüber. Man konnte schließlich nie so genau wissen, ob das anschmiegsame Kätzchen auf dem Seidenkissen nicht vielleicht doch der unlängst verstorbene Großvater war …?! Den Katzen konnte das nur recht sein.

Im elften Jahrhundert n. Chr. haben Kreuzritter bei ihrem Rückzug aus dem Orient Katzen in ihre Heimat mitgebracht. Die Kreuzritter hatten miterlebt, mit welcher Achtung und Zuneigung ihre mohammedanischen Feinde die Katzen ihres Landes behandeln, also hielten auch die europäischen Glaubenskämpfer sehr viel von diesen geheimnisvollen Tieren. Sie mußten wohl etwas ganz Besonderes sein, wenn sie im Orient soviel höher als andere Tiere im Kurs standen. Nachdem Katzen zu dieser Zeit hier noch selten waren, schienen sie den Kreuzfahrern außerdem noch von besonderem materiellen Wert zu sein. Damals kamen viele Katzen mit unterschiedlicher Fellfarbe aus den fernen Ländern im Südosten, was eine Erklärung dafür sein könnte, daß es die europäischen Miezen ganz besonders bunt treiben. Die Vielfalt der Fellfarben und „Musterungen" ist auf unserem Kontinent größer als in anderen Regionen der Welt, wenn man von speziellen Züchtungen in Asien und Amerika absieht.

Apropos Amerika! Als die legendäre „Mayflower", das erste Schiff mit englischen Einwanderern, im Jahr 1620 an der Küste von Massachusetts anlegte, reisten auch die ersten europäischen Hauskatzen in der Neuen Welt ein. Sie hatten harte Zeiten als Schiffskatzen durchgestanden und dürften ziemlich erleichtert gewesen sein, endlich wieder festen Boden unter den Pfoten zu haben. Vermutlich galt damals auch für die „Mayflower"-Katzen der gnadenlose Satz: Nur die Besten kommen durch, denn die englischen Importe auf vier Pfoten wurden als „kräftige Tiere mit glänzendem Kurzhaar, einem vollen Gesicht mit klaren, großen Augen und gerahmt von einem prächtigen Schnurrbarte" beschrieben. „Das Fell hat viele Farben, weiß, gelb, grau gestreift und schwarz. Es gibt auch Tiere, auf denen sämtliche Farben vereint sind. Manche haben weiße Füße, andere sehen auch possierlich aus, weil das Fell so gezeichnet ist, als würden sie Hauben oder einen Kragen tragen. Ihre Augen sind eindrucksvoller, als man es von Tieren sonst kennt, und sie haben eine grüne, gelbe, goldene oder kupferne Farbe. Das Sonderbarste aber scheint an diesen Tieren ihre Gabe zu sein, Gemüt zu zeigen. Beinahe wie der Mensch können sie sich kalt oder freundlich geben. Ihre Gesichter wechseln die Miene, wie dies doch nur Menschen vorbehalten ist. Man kann sie kaum zwingen, sie tun wie es ihnen gefällt, und ihr Gang ist von stolzem Gehabe. Hat man diese Tiere lange betrachtet, möchte man fast glauben, daß es keine Tiere sind. Sie können den Betrachter befangen stimmen und berührt. Welch seltsame Geschöpfe Gottes!" notierte Mr. Abraham Gillium im Jahre 1623 in seinen Aufzeichnungen über die erste Zeit der „Mayflower"-Ankömmlinge in Massachusetts. (Tja, die Magie der Katze …!)

Einige Jahrhunderte später wurde aus den Nachkommen der englischen Schiffskatzen die „American Shorthair"-Katze gezüchtet, die man dann als Rassetier wieder nach Europa gebracht hat.

Auch in Frankreich hatten die Katzen ein äußerst wechselvolles Schicksal zu bestehen. Ausgerechnet in diesem Land, in dem wohl auf die grausamste und abartigste Weise Katzen jahrhundertelang öffentlich zu Tode gequält wurden (z. B. als Volksbelustigung auf Kirchenfesten und Märkten!), genossen sie später plötzlich höchstes Ansehen: Seit der Französischen Revolution von 1789 galt die freiheitsliebende, unbestechliche Katze mit ihrer magischen Ausstrahlung als Symbol der Befreiung. Und Anno 2000? Laut Statistik leben allein in deutschen und österreichischen Haushalten rund 7 Millionen Katzen – die

Kapitel 1

Streuner und freilebenden Landkatzen nicht mitgerechnet. Auf der Rangliste der beliebtesten Haustiere haben sie nun also den Hund überholt. Rein zahlenmäßig ist Samtpfötchen auf Platz Nr. 1 gelandet und es sei den Katzen gegönnt – nach all den extremen Erfahrungen, die sie seit mindestens 7000 Jahren mit uns Menschen machen mußten.

Der Haustier-Darling der Gegenwart hat auf jeden Fall Zukunft – aber auch dann wird die geheimnisvolle Magie der Katze nie ganz mit Worten zu beschreiben oder durch Fakten zu belegen sein, denn offene Fragen über sie gibt es genug.

Kapitel 2

Darwin läßt grüßen – Nur die Besten überleben

Wissen Sie eigentlich, warum Katzen immer auf ihre Pfoten fallen, wenn sie aus größerer Höhe stürzen? Weil der Prophet Mohammed jeder Katze, die er sah, zärtlich über den Rücken streichelte. „Denn was der Prophet berührte, wird immer dem Himmel zugewandt bleiben", erzählt die Legende.

Tatsächlich liebte Mohammed die Katzen ganz besonders. „Muessa", seine Lieblingskatze, lag gern in seinem Arm und in die Falten des Gewandes geschmiegt. Einmal ließ Mohammed sogar seinen Ärmel abtrennen, auf dem Muessa gerade schlief. Er wollte sie nicht stören, als er zum Gebet ging.

Der Prophet forderte auch von den Gläubigen, daß sie mit Tieren aufmerksamer umgehen und lernen, sie als empfindsame Geschöpfe Gottes zu achten. Besonders zum Schutz der Katzen erließ Mohammed um das Jahr 600 n. Chr. ein Gesetz, vor dessen Mißachtung er warnte: „Wer ein Katzenleben auch nur gefährdet oder gar mit Gewalt beendet, hat strengste Strafen zu erwarten. Jede getötete Katze erhält im Sinne der göttlichen Gerechtigkeit die Macht, sich aus dem Jenseits am Täter zu rächen. Er soll die gleichen Qualen erleiden, die er dieser Katze zugefügt hat." Vor dieser „Katzenschutzverordnung" aus dem Munde des Propheten hatten die Anhänger des Islam natürlich gehörigen Respekt. Sicher werden im Lauf der Zeit viele Katzen davon

Kapitel 2

profitiert haben, zumal man ihnen ja auch in anderen Kulturkreisen und Zeiträumen geheimnisvolle Kräfte ähnlicher Art nachgesagt hat. So auch die gefürchtete Fähigkeit, es grausamen Menschen im Jenseits entsprechend heimzuzahlen – in Legenden kann man von Katzengerichten unter dem Vorsitz eines Oberen Katzengottes lesen, die über tierquälerische Vergehen auf Erden Buch führen, um den Menschen dann in der dritten Nacht nach seinem Tod dafür zu verurteilen. Dieser katzenfreundliche Aberglaube hatte aber sicher auch mit dem damaligen Wissensstand der Menschen zu tun, der kaum logische Erklärungen für die ungewöhnlichen Eigenschaften der Katzen zuließ. Man war der Meinung, daß Tiere nützlich und fügsam zu sein hatten, seelenlose Kreaturen, über deren Existenz der Mensch willkürlich entscheiden konnte. Die Katze paßte aber nicht in dieses Klischee, sie war anders als die übrigen domestizierten Tiere: Unnahbar und stolz, fähig zu einem Mienenspiel, das Aufregung und Gelassenheit, Zuneigung und Abscheu, Wut und Befriedigung – mit einem Wort Empfindungen „wie ein Mensch" – ausdrücken konnte. Allein schon dadurch wirkte die Katze geheimnisvoll und magisch auf die Menschen, denen sie „für ein normales Tier" zu eigenwillig war. Sie kam und ging, wann immer es ihr paßte. Wollten sich Menschen einer Katze nähern, bestimmte sie selbst, ob sie mit wilden Drohgebärden und Fauchen auf Distanz gehalten wurden – oder ob sie schmeichelnd entgegenkam. Natürlich mußten diese widersprüchlichen Verhaltensweisen die Phantasie der Menschen stimulieren und sie auf die Idee kommen lassen, der Katze übersinnliche Kräfte zu unterstellen: War sie nun ein mysteriöses Geschöpf mit Zauberkraft? Oder doch nur ein „etwas anderes", aber sterbliches Tier? In Zeiten, als der Aberglaube blühte, gingen die Menschen nicht gerade zimperlich damit um, wenn sie ein Geheimnis enträtseln wollten. Sie machten unzählige Proben aufs Exempel, um herauszufinden, ob die Katze tatsächlich „sieben Leben hat", und ließen es darauf ankommen: Da wurden Katzen von Türmen geworfen,

in Teichen und Flüssen ertränkt … und so mancher „Katzenschinder"
war sicher zu Tode erschrocken, als es dann doch danach aussah, daß
Übersinnliches im Spiel war. Es konnte doch nicht mit rechten Dingen
zugehen, wenn so eine ertränkte Katze plötzlich aus dem Ufergebüsch
kam, naß und verschreckt, aber immerhin lebendig! Und es mußte
Magie dahinterstecken, wenn sie nach einem Sturz aus großer Höhe
den Aufprall (sicher oft verletzt) überlebte und fauchend davon-
rannte.

Wie hätte man es früher auch anders erklären können, daß diese Tiere
häufig die extremsten Strapazen und Gefahren einigermaßen heil überstehen, während der Mensch in einer vergleichbaren Situation weder
körperlich noch psychisch intakt davongekommen wäre. Sollten es
diese kleinen Biester dem Menschen zeigen können, was eine optimale Konstitution ist und der „Krone der Schöpfung" im Notfall einiges
voraushaben? Man wollte sich doch nicht von einem Tier auf eigene
Empfindlichkeiten und Schwächen verweisen lassen. Es durfte erst gar
keine andere Erklärung für die besonderen Eigenschaften der Katze
gefunden werden – also mußte man ihr magische Talente unterstellen.
Man konnte schließlich nicht akzeptieren, daß es Tiere gibt, die sich
dem Menschen nicht unterwerfen und anpassen. Sie hatten nützlich zu
sein, was sonst?

Aber das Phänomen Katze gab den Menschen weiterhin Rätsel auf.
Kam man schon mit ihrer physischen „Unverwüstlichkeit" kaum
zurecht, so konnte ihr geheimnisvolles Wesen noch viel weniger verstanden werden. So wurde die sehr katzentypische Verhaltensweise,
daß sie Menschen ablenken, bluffen und in Verwirrspielchen ver-
wickeln kann, erst recht zum „Beweis für Magie". Schließlich kann man
sich doch nicht von einem Tier austricksen lassen und mit ansehen, daß
es mit den Menschen seine Späßchen treibt! Aber genau das ist es, was
Katzen tun, wenn sie sich in die Enge getrieben fühlen. Anstatt stillzu-
halten und sich geschlagen zu geben, versuchen sie es erst mit kleinen,

Kapitel 2

raffinierten Ablenkungsmanövern und blitzschnellen Reaktionen, um einer Bedrohung zu entkommen. Intelligente Katzen schaffen es meist mit unglaublicher Cleverneß, sich jedem Zwang zu entziehen und Gewalt erst gar nicht aufkommen zu lassen. Es ist nun mal nicht möglich, einer Katze etwas anzutun, wenn sie die Gefahr sofort erkennen und sich mit einem raschen Sprung außer Reichweite bringen kann – um sich anschließend aus sicherer Distanz für den Schreck oder Schmerz zu „rächen". Unglaublich? Aber wahr: Katzen sind durchaus dazu fähig, es einem Menschen heimzuzahlen, der ihnen irgend etwas antun wollte. Die Wahl der Mittel hängt von den speziellen Umständen ab, aber von wütenden Tatzenhieben (mit oder ohne ausgefahrenen Krallen) über sämtliche katzenübliche Drohgebärden (laut aufheulen, zähnefletschend fauchen) bis zum Überfall aus dem Hinterhalt ist alles möglich, auch noch etliche Stunden nach dem Vorfall, der die Katze wütend machte. Um ein Beispiel zu nennen: Ich kenne einen Kater, der es haßt, von seinen Leuten „mit Lärm belästigt" zu werden. Bei jedem Krach, der „Henrys" Unbehagen auslöst, baut er sich vor dem lauten Menschen (oder Gegenstand) auf, stützt sich mit den Hinterpfoten ab und trommelt mit den Vorderpfoten fest (und auch mal mit ausgefahrenen Krallen!) gegen den Lärmverursacher. Das Ganze läuft in einer Geschwindigkeit ab, daß Henry bis jetzt sämtlichen Abwehrreaktionen zuvorkam. Aber nicht genug: Für den Rest des Tages läßt er sich von niemandem im Haus anfassen, bis er nicht mit besonderen Leckerbissen und verbalen Schmeicheleien „versöhnlich gestimmt" wird. Was aber durchaus nicht heißt, daß er bei der ersten Annäherung nicht noch einmal „zuschlägt" – oder zumindest mit wütender Miene drohend knurrt. Manchmal zieht er dieses strafende Verhalten so lange durch, bis man ihm zur Versöhnung etwas erlaubt, was normalerweise verboten ist: im Bett schlafen, auf den Tisch springen und dort nach Belieben sitzen bleiben, ein Schälchen Sahne serviert bekommen … und wenn dann sämtliche „Bußen" getan sind und Henry sich als vergötterter Mittelpunkt der Familie fühlt, gibt er sich von einem Moment zum anderen wieder von seiner allerliebsten Seite. Das sind Verhaltensspielchen, die vermutlich jeder wahre Katzenliebhaber in diversen Varianten aus eigener Erfahrung kennt. Mit rätselhaften Fähigkeiten der Katze hat das natürlich nichts zu tun, aber sicher damit, daß sie ein besonders hochentwickeltes Tier mit einigen sehr tier–untypischen Wesenszügen ist. Die kleinen, kapriziösen Superstars in Gottes großem Tiergarten sind Individualisten und Multitalente, die von Mutter Natur ganz hervorragend für die Herausforderungen des Lebens ausgestattet sind.

Hatte Darwin doch recht?

Um die Mitte des 19. Jahrhunderts schockierte der englische Naturforscher Charles Robert Darwin die Welt mit seiner umstrittenen Selektionstheorie – der Lehre über die gemeinsame Abstammung aller Arten (inklusive Mensch), deren individuelle Fortschritte in der Evolution nur den Gesetzmäßigkeiten des Ausleseprinzips zu verdanken sind: „Der Beste überlebt." Daß Darwins These seither genauso oft mißbraucht wie mißverstanden worden ist, bestätigt gerade die Geschichte des vergangenen 20. Jahrhunderts, in dem die Selektionstheorie für zahllose Menschen und Tiere zum Todesurteil geworden ist.

In bezug auf die enorme Vitalität und das Durchhaltevermögen von Katzen läßt sich Darwins Lehre aber neu interpretieren: Nicht die besonders groben, blutrünstigen und brutalen Geschöpfe haben die größten Chancen zu überleben, sondern dem intelligenteren, anpassungsfähigen Tier mit den hervorragendsten Eigenschaften gehört die Zukunft. Andernfalls hätte doch die Katze aussterben müssen, und wir würden abends auf dem Sofa gemütlich einen Säbelzahntiger kraulen. So gesehen hatte Darwin doch recht!

Genug der grauen Theorie – haben Sie Lust auf aktuelles Beweismaterial für die unglaubliche Überlebensfähigkeit der Katze?

Kapitel 2

Wenn man Geschichten wie die nachfolgenden liest, könnte man ja fast schon wieder auf die Idee kommen, daß Katzen eben doch magische Wesen sind, denen (zumindest im Notfall) übersinnliche Energien zur Verfügung stehen – wenn es wirklich darauf ankommt.

Es gibt unzählige Berichte über Katzen, die unter extremsten Bedingungen noch einmal davongekommen sind, was sie vor allem ihrer einzigartigen Konstitution zu verdanken haben. (Womit sich das Kapitel 7 detailliert befaßt.)

Hier eine kleine Auswahl von Geschichten, die das Leben schrieb:

Im Sommer des Jahres 1988 vermißten die Mitarbeiter einer Autowerkstätte in Belgien ihr Betriebsmaskottchen „Poupouch". Der kleine übermütige Tigerkater tollte durch die Räume und war der erklärte Liebling der Belegschaft. Wenn er müde wurde, verkroch er sich gern in irgendwelche abgestellten Autos, was ihm einmal fast das Leben gekostet hätte. Poupouch hatte sich im Hohlraum unter dem Trittbrett eines LKWs versteckt, und als plötzlich der Schweißer in die Nähe kam, duckte er sich verschreckt ins hinterste Winkelchen und wurde unbemerkt eingeschweißt. Danach kam das Auto sofort zum Einsatz, und es dauerte ganze 13 Tage, bis der Fahrer in der Stille eines abgelegenen Rastplatzes Poupouchs verzweifeltes Maunzen hörte. Der tierliebende Mann befreite das völlig verstörte und abgemagerte Katerchen so schnell wie möglich und brachte es zur Werkstätte zurück. Poupouch wurde aufgepäppelt und zum Tierarzt gebracht, der feststellte: starker Flüssigkeitsmangel, ausgehungert, aber organisch völlig gesund.

Oslo, Winter 1991: Bei der Polizei bat eine aufgeregte alte Dame um Hilfe. Sie hatte abends ihren rotgetigerten Kater Tappy ins Haus holen wollen und fand ihn zu ihrem Entsetzen festgefroren auf der Gartenmauer kauernd und schreiend vor. Fast jeden Tag saß er dort stundenlang und beobachtete gebannt die vielen Krähen, aber diesmal hatte Tappy die Minusgrade wohl „unterschätzt". Als er von der Mauer

springen wollte, steckte seine Schwanzspitze in der mittlerweile hartge-
frorenen Eisschicht fest. Ein freundlicher Polizist kam mit und versuchte den tobenden Kater erst mit den Händen zu befreien – vergeblich. Also ließ er sich vom Frauchen einen Eimer mit lauwarmem
Wasser bringen. Mit einigen gezielten Güssen taute er den
Katzenschwanz aus der eisigen Umklammerung frei. Tappy soll aber
seit seinem Gefrierschock beim Anblick des Eimers jedesmal wütend
fauchen und Wasser in jeder Form meiden.
Im August 1993 war eine Katze bei Bauarbeiten in der kanadischen
Stadt Saskatoon sechs Tage lang lebendig begraben gewesen, bevor sie
am Morgen des siebten Tages zufällig befreit wurde. Das Kätzchen
hatte Glück: Ausgerechnet an dieser Stelle wurde für eine
Kabelverlegung noch einmal aufgegraben.
Ziemlich unfreiwillige Erfahrungen als blinder Passagier machte die
schwarzweiße Hauskatze einer Hafenkneipe in Detroit: Das trächtige
Weibchen sprang ahnungslos in eine Kiste mit Maschinenteilen, die
plötzlich zugenagelt und auf einen Frachter verladen wurde. Niemand
beachtete ihr Geschrei – so hatte sie 41 Tage lang ohne Futter, Wasser
und nur mit dem bißchen Luft, das durch Fugen in die Kiste kommen
konnte, um ihr Leben zu kämpfen. Und nicht nur um ihres! Als ihr
Gefängnis nach ganzen sechs Wochen in Ägypten geöffnet wurde, war
sie zwar völlig abgemagert und erschöpft, hatte aber auch noch vier
Junge geboren. Das haben ihre Retter als glückliches Omen betrachtet
und alle fünf Katzen als Schiffsmaskottchen behalten.
Der Überlebensrekord gelang allerdings im März 1991 der Katze
„Babra" in Hongkong. Sie stürzte vom Dach eines Hochhauses ganze
100 Meter in die Tiefe. Babra erlitt zwar leichte Abschürfungen an
Pfoten und Schnäuzchen, der Tierarzt stellte aber weder innere
Verletzungen noch Knochenbrüche fest, nachdem sie recht unsanft auf
einer Wellblechabdeckung landete und geborgen werden konnte.
Die Stories über die Überlebenskünstlerin Katze könnten beliebig fort-

Kapitel 2

gesetzt werden – aber kommen wir nochmals auf die Darwinsche These zurück, die im Zusammenhang mit Miezes Topkonstitution auf mehrfache Weise ihren speziellen Sinn bekommt. Unsere „Besten" überlebten ja nicht nur ihre rund 40 Millionen Jahre Evolution. Sie haben außerdem so einiges an körperlicher „Spezialausrüstung" zu bieten, wenn es darum geht, sich gegen Mensch und Tier erfolgreich durchzuschlagen. Besser gesagt: durchzubeißen, denn was die Katzen unter ihrem Schnurrbart verbergen, hat in früheren Zeiten bestimmt einiges zu ihrer Dämonisierung beigetragen.

Haben Sie Ihrer Katze schon einmal beim Gähnen zugeschaut? Dann ahnen Sie, warum Katzenfeinde sie als „Höllenvieh" beschimpften. Unsere lieben Samtpfoten tragen nämlich kleine Waffen im Maul, die jeder Teufelsmaske alle Ehre machen und den entsprechenden „Biß" verleihen könnten. Allein schon beim drohenden Fauchen und dazugehörigen Zähnefletschen ist die wahre Identität der schnurrenden Freunde unübersehbar: Raubtiere sind sie – und das wohlgeformte Katzengesicht dient als hübsche Tarnung für einen ebenso mörderischen wie ideal geformten Kiefer, um Beutetiere ruck, zuck zu erledigen. Man sieht es den kuscheligen Stubentigern ja kaum noch an, aber sie haben die Lizenz zum Töten. Hinter den winzigen Perlen der Schneidezähnchen drohen die dolchartig langen Fangzähne – und schon wird man daran erinnert, daß der berüchtigte Säbelzahntiger einst zur engeren Verwandtschaft gehört hat! Diese respektablen Eckzähne taugen für blutrünstige Aktionen aller Art, egal, ob gerade für Maus & Co. das letzte Stündchen schlägt – oder ob sich ein Mensch den Unmut der Katze zugezogen hat, was sie zu „einprägsamen" Warnungen animieren kann. Jeder Katzenfan kennt solche spannungsgeladenen Momente: Eigentlich wollte man seinem launischen Schnurrdiburr ja nur versöhnlich das Kinn kraulen – und schon hat man Bedarf an Wundtinktur und Fingerpflaster. Andererseits leisten diese kampftauglichen Hauer auch zärtliche Dienste in innerfamiliären

Angelegenheiten der Katze: Sie packt mit ihnen ganz vorsichtig das Nackenfell der Babys und kann sie so (völlig schmerzlos für die Kleinen) zu Plätzen tragen, wo ihnen Ruhe, Wärme und Sicherheit gewiß ist.

Hinter diesen vielseitig verwendbaren „Werkzeugen" leisten dann die Vorbackenzähne gute Dienste, wenn es darum geht, auf Dosen und Schälchen aus Menschenhand nicht angewiesen zu sein. Diese scharf-kantigen, dreieckigen Messerchen machen aus Beutetieren Vitalnahrung. Zumindest, wenn das Schätzchen mit dem Teufelszahn gelegentlich als Freigänger unterwegs sein kann. Bleibt die Katze aus-schließlich in der Wohnung, wird sie ihre mordtauglichen Beißerchen eben an Zimmerpflanzen und Einrichtung erproben – und gelegentlich an ihrem Bezugsmenschen. Autsch …!

Ihre Katze tut das nicht? Darauf sollten Sie sich besser nicht verlass-sen, wenn Sie Ihren Stubentiger provozieren. Miez und Maunz haben es einfach in den Genen, im Evolutionsgedächtnis und dadurch häufig auch im Sinn, mit plötzlichen Kampfgelüsten an ihre Raubtierart zu erinnern. Der Drang, sich wild entschlossen durchzubeißen, sitzt so tief, daß ihn die Katze nie gänzlich unterdrücken könnte. Es ist immer nur eine Frage der Zeit und des Aggressionsauslösers, wie oft und hef-tig sie ihre Zähne zeigt, schließlich sind sie Miezes naturgewollte Über-lebens-Versicherung.

Womit wir wieder beim Thema „Magie" angekommen wären: Zu ihrem üblen Ruf in früheren Zeiten, ein unberechenbares Biest mit mysteriösen Eigenschaften zu sein, hat sicher auch ihr besonderes Talent zur (tierischen) Gebärdensprache beigetragen. Auch die exzel-lenten Pantomimen-Auftritte der Katze gehören zum Repertoire ihrer Überlebensstrategie. Natürlich drücken viele andere Tiere auch ihre Absichten und Stimmungen durch eine entsprechende „Körperspra-che" aus, aber Katzen haben das Zeug zum Show-Star. Einerseits lie-ben sie die demonstrative Selbstdarstellung, wenn sie damit „ihren

Menschen" verblüffen oder bezaubern wollen, um gerade etwas Spezielles durchzusetzen. In solchen Situationen können Katzen zu Vollblutkomödianten werden und ein dermaßen „untierisches" Mienenspiel bieten, daß man darüber ins Grübeln kommen könnte: Mit welchem Lebewesen habe ich es hier eigentlich zu tun? Je intelligenter die Katze ist (und darin gibt es enorme Unterschiede!), desto mehr „hat sie drauf", um eine perfekte Show abzuziehen, womit sie immer etwas bei ihrem Gegenüber erreichen will. Da ist vom verliebt schmachtenden Gesichtsausdruck mit putzig hochgestellten Ohren über kumpeliges Zuzwinkern bis zum nachsichtig-ironischen „Grinsen" samt arrogantestem Blick „von oben herab" alles möglich. Das Ganze wird dann noch mit der entsprechenden Körperhaltung und Lautsprache perfektioniert, was dann ebenfalls vom süßen Gurren mit Augenaufschlag („Bitte, bitte, mach das doch für mich!") bis zum abfälligen „Pahhh!" reicht. Wer Katzen wirklich kennt, weiß, was hier gemeint ist, sie schaffen es mit ihrer trickreichen Performance immer wieder, genau das durchzusetzen, was man ihnen eigentlich verweigern wollte. In diesem Zusammenhang sei aber korrekterweise erwähnt: Diese speziellen Mitteilungs- und Beziehungsspielchen zu beherrschen, ist nicht jeder Katze angeboren – wohl aber die Basisveranlagung im Sinne Darwins: Ganz besonders gut gerüstet für diverse Überlebenskämpfe zu sein, wozu ja auch ein clever ausgespieltes Durchsetzungsvermögen gehört. Die eben geschilderte Top-Show abzuziehen ist eine andere Sache, die sich Katzen nur im engen (und liebevollen) Kontakt mit Menschen angewöhnen. Haben sie einmal mit einem besonders „dramatischen" Auftritt das erreicht, was sie wollten, wiederholen sie diese erfolgreichen Ausdrucks- und Verhaltensspielchen natürlich immer wieder, bis sie darin so geübt sind, daß früher oder später ein lückenloses Kommunikationsprogramm zwischen Tier und Mensch daraus werden kann. Aus eigener Erfahrung weiß ich, daß eine vielbeachtete und intelligente Katze nach wenigen Monaten „ihrem

Menschen" alles mitteilen (und verweigern!) kann, was sie braucht, um einerseits verwöhnt und andererseits in Ruhe gelassen zu werden – je nach Lust und Laune. Na, wenn das keine ideale Voraussetzung für ein langes, behagliches Katzenleben ist …?!

Um Arterhaltung unter möglichst erfreulichen Umständen geht es natürlich auch bei der außerhäuslichen Selbstbehauptung der Katzen. Auch wenn die Tiere unter sich sind und kein Mensch in der Nähe ist, von dem man gerade eine kleine Gefälligkeit brauchen könnte, genießen sie offensichtlich ihr katzentypisches Rollenspiel. Ich hatte einmal einen Kater, dem man schon bei den ersten Schritten in den Garten ansehen konnte, ob er heute als lüsterner Brautwerber oder machtorientierter Revierheld unterwegs sein wird: Kopfhaltung, Gesichtsausdruck und vor allem sein Gang war sofort auf eine dieser typischen Männchenrollen festgelegt. Aber zum „großen Auftritt" haben diese kleinen Burschen wohl alle Talent, wenn sie sich vor anderen Tieren als stolze, gefährliche Raubtiere aufspielen, die wild entschlossen um die Häuser streifen, um es auch größeren und stärkeren Gegnern so richtig zu zeigen, wer hier der Allergrößte ist. Daß diese tierische Macho-Show meistens von einem schauerlichen „Katergesang" untermalt wird, ist alles andere als ein Ohrenschmaus für den unfreiwilligen Zuhörer und zumindest nach Mitternacht eine harte Bewährungsprobe für echte Katzenliebe. Denn Katers Selbstbehauptungs-Song klingt, wie er gemeint ist: einfach grausig. Was nur mehr zu überbieten ist, wenn gleichzeitig mehrere Kater zum Kampf um Weibchen oder Reviergrenzen rüsten. Das hört sich dann wie ein Medley aus Nebelhorn, Klageweibergeheul, Babygeschrei und Donnergrollen an. Oder wie es unter „Katergesang" im Lexikon steht: „Der Drohgesang der Kater ertönt als auf- und abschwellendes hohes Miauen und tieferes Jaulen, unterbrochen von tiefgrollendem Knurren. Er signalisiert Zorn, Warnung und Durchsetzungsabsicht." Wer es jemals gehört hat, weiß, warum entnervend schlecht gespielte Schlager „Katzenmusik"

Kapitel 2

genannt werden. Trotzdem oder deswegen: Sogar akustisch haben sich die Katzen der Magie verdächtig gemacht. Im Mittelalter sagte man ihnen nach, sie hätten es mit ihren Heularien im Mondschein auf andere, unschuldige Tiere abgesehen, um sie zu ihren mysteriösen Katzentreffen mit teuflischen Absichten zu locken. In einer Anklageschrift „Gegen das Hexenwesen der Katzen" notierte ein George Giffard Anno 1588 in Essex: „Sie sammeln sich zum vollen Monde mit höllischem Gezeter. Dieses zwingt andere Kreaturen ohne sündige Art in ihren Bann. Schweine und Kühe kann es kaum in ihren Unterständen halten, und die Pferde scharren mit den Hufen, wenn die Katzen heulen. Dann fliegen Geister aus dunklen Orten hervor und geleiten die Wiesel, Kröten, Schlangen und mancherlei Geziefer vor die Katz'. Ein böser Geist erscheint in Gestalt der großen, gelben Falbkatze und unterrichtet folgend das Getier im Milchvergiften und Blutsaugen bei guten Geschöpfen, auf daß sie schwächlich werden und die Bösen sie besser regieren können. Das geschieht in der Nacht mit dem hellsten Mond, wenn die gelbe Katz dreimal miaut hat und die Getigerten das Geheul anheben." In mondhellen Nächten stimmen die Getigerten zwar noch immer ihr Geheul an, aber mittlerweile weiß man es besser: „Die kleine Nachtmusik von Wolly & Amadeé Katz" dient dem kätzischen Selbstbewußtsein und der Arterhaltung. Aber sicher schert sich so mancher Streunekater den Teufel darum, ob Mensch und Tier bei seinem Minnegesang schlafen können – er will nur eines: tierisch angeben und seiner Mieze imponieren. Alles in allem haben es unsere Katzen faustdick hinter den samtigen Ohren. Aber das ist es ja gerade, was wir an ihnen so reizvoll, liebenswert und faszinierend finden – daß sie eben nicht so einfach zu durchschauen und „tierisch langweilig" sind. Selbst im ausagieren ihres „Basic Instincts" zeigt die Katze soviel Vitalität, Cleverneß und Tier-Intelligenz, daß sie auch für die nächsten x-tausend Jahre das Zeug zum Überleben hat – und trotzdem immer ein wenig mysteriös bleiben wird.

Kapitel 3

Göttin Bastet und ihr Gefolge – Der Mythos Katze

Göttin Bastet und ihr Gefolge – Der Mythos Katze

Seit sich Menschen mit Katzen befassen, geben uns diese faszinierenden Tiere immer wieder Rätsel auf: Gerade noch sanft und verspielt, scheinen sie im nächsten Moment eine kleine Sphinx zu sein: unergründlich und stolz, klug und äußerst eigenwillig. Für manchen Katzenfreak wird sie zum vergötterten Geschöpf, das er regelrecht „anbetet" – wie es im Gedichtband „Briefe an meine Katze Musette" von Jean-Luc Lefebre zu lesen ist: „Oh, meine Göttin im seidigen Fell, laß mich in Deinen goldenen Augen die Antworten finden, wie sie mir Menschen niemals geben könnten …"

Womit der gute Mann gar nicht so allein dasteht – in der Geschichte des Katzenkults konnte man vor rund 3000 Jahren (und später) sogar Pharaonen, Propheten, Königen und Priestern begegnen, die sich mit heiligen Katzen umgaben und zu Katzengöttern beteten.

Ist es unvorstellbar für Sie, sich vor einer Katze ehrfürchtig zu verneigen, auf die Knie zu sinken und sie anzubeten? Dann hatten Sie aber Glück, nicht schon im Jahre 950 vor Chr. im alten Ägypten gelebt zu haben. Damals war ein Kniefall vor der Katze so selbstverständlich wie heute die Benützung der Fernbedienung. Es gehörte zu den vertrautesten Ritualen der Bevölkerung Ägyptens, den Vorfahren unserer Stubentiger voll Ehrfurcht und Liebe zu begegnen und sie bei gnädiger Laune zu halten, schließlich war die Katze heilig und fungierte als

Kapitel 3

Vermittlerin zu den ranghöchsten Gottheiten Bastet und Ra, die ja selbst in Katzengestalt ihres göttlichen Amtes walteten. Der Sonnengott Ra – so hieß es – war „in der prächtigen Gestalt der großen, gefleckten Katze zur Erde gekommen, um am Fuße des heiligen Baumes von Heliopolis die Apophis-Schlange zu töten, in deren schrecklicher Erscheinung sich der Gott der Finsternis und des Verderbens auf Erden umtrieb".

Die alten Ägypter glaubten daran, daß jeder ihrer Götter für unterschiedliche Bereiche und Anliegen des irdischen Lebens zuständig war und eine entsprechende Tiergestalt annahm, um zur Erde zu kommen und hier für Gerechtigkeit zu sorgen. Aus diesem Glauben entstand auch die Vorstellung von einer Rangordnung der Gottheiten, die man aus heutigem Verständnis fast mit einer „Beliebtheitsskala" vergleichen könnte. An deren Spitze stand zweifellos die Katzengöttin Bastet (auch Pascht, Bubastis und Ubastet genannt) – „die geliebte Gefährtin des Sonnengottes Ra", mit dem Körper einer Frau und dem Kopf einer Katze.

Bastet war – ursprünglich als Mondgöttin verehrt – für die typisch weiblichen Lebensbereiche der damaligen ägyptischen Kultur zuständig. Sie war die hilfreiche Göttin der Frauen, die ihnen zu größerer Lebensfreude und Fruchtbarkeit verhelfen sollte. Wer zu Bastet gebetet hat, durfte auf eine leichte Geburt und auf gesunde, liebenswerte Kinder hoffen. Bastet wurde nicht wie andere Götter respektvoll gefürchtet, zu ihr kamen die Menschen voll Vertrauen und Begeisterung, ihr widmete man liebevolle Rituale, und sie war häufig die zentrale Gestalt ägyptischer Legenden.

Phiops I., ägyptischer Pharao der 6. Dynastie, ließ zu Ehren der Katzengöttin Bastet in Bubastis,

Dendera und Heliopolis große Tempel errichten, in denen bereits unzählige Katzen wohlbehütet lebten, als der Pharao im Jahre 2267 vor Chr. verstarb.

Das Zentrum des Bastet–Kults war aber die nach ihr benannte Stadt Aboo–Pascht („die Stadt der Pascht"), wo sich die Anbetung der Katzengöttin bis in die früheste Vorzeit zurückverfolgen läßt. Die Verehrung der Katze als ihr Symboltier hatte in der Bevölkerung einen sehr hohen religiösen Stellenwert. Wenn ein heiliges Tier starb, waren alle Angehörigen dieses Hauses in tiefer Trauer, und man rasierte sich als äußeres Zeichen dafür die Augenbrauen ab.

Die Rituale bei Katzenbegräbnissen standen den Totenfeiern für Menschen nicht nach – eher im Gegenteil. Die „Mau" war in jedem ägyptischen Haus von höchstem Wert und hatte den Menschen heilig zu sein. Wenn zum Beispiel ein Feuer ausbrach, mußte zuallererst die Katze gerettet werden.

Wenn das wohlbehütete und im wahrsten Sinn des Wortes vergötterte Tier dann irgendwann eines natürlichen Todes starb, wurde der Katzenkörper sorgfältig einbalsamiert und feierlich auf dem Katzenfriedhof beigesetzt. Selbstverständlich erhielt die Katze kleine Wertgegenstände und ihr Lieblingsspielzeug als Grabbeigabe. Man hätte es unter keinen Umständen gewagt, einen Katzenleichnam einfach irgendwo zu verscharren.

Samtpfötchen hatte es im alten Ägypten aber auch schon zu Lebzeiten so gut, wie es sich die meisten Menschen für ihre eigene Existenz oft nur wünschen konnten. Die „Mau" mußte sich nicht wie unsere Miezen mit einem schlichten Katzenkörbchen begnügen, wenn es um „eigenes Mobiliar" ging: Die heilige Katze wohnte innerhalb des Hauses in einem komfortabel ausgelegten, prächtig geschmückten Schrein. Sicher hat sie es in diesem Luxuskatzenhöhlchen sehr genossen, von der ganzen Familie nach allen Regeln der Kunst verwöhnt zu werden. Man hat der Mau buchstäblich jeden Wunsch von den gelb-

Kapitel 3

grünen Augen abgelesen. Wenn Besucher kamen, wurden nicht dem Gastgeber, sondern der Hauskatze die mitgebrachten Geschenke überreicht – um nur ein typisches Beispiel für ihren Stellenwert in einer Familie zu nennen.

Wenn einer Katze auch nur ein Härchen gekrümmt wurde, brach in ihrem Umfeld Panik aus, und man hatte um sein eigenes Leben zu bangen: Auf die Tötung einer Katze stand in jedem Fall die Todesstrafe, auch dann, wenn es sich um Fahrlässigkeit oder einen Unfall gehandelt hatte und der arme Sünder nicht überzeugend genug beweisen konnte, daß keine böse Absicht im Spiel war. Zur näheren Klärung der Umstände kam es dann oft gar nicht mehr, wenn eine Katze getötet wurde – der Verdächtige wurde meistens gleich auf offener Straße gelyncht. Das war damals Grund genug für jeden Ägypter, auf der Stelle regungslos stehenzubleiben, wenn er von weitem eine verletzte oder gar tote Katze sah. Es blieb ihm ohnehin nur noch die Möglichkeit, aus sicherer Entfernung lautstark und gestenreich seine Unschuld zu beteuern. Wenn er Glück hatte, konnten es einige Leute bestätigen, daß er gerade erst im Begriff war, sich dem Unglücksort zu nähern. Reichte die Distanz zur toten Katze aus und hatte der Verdächtige einen guten Ruf, wurden die näheren Umstände des Vorfalles geklärt. Aber nur dann hatte der gute Mann noch einmal eine Chance gehabt, unbehelligt – und vor allem lebendig – davonzukommen. Im Zweifelsfall stand aber das Leben der göttlichen Mau über dem Wert eines Menschenlebens – wofür es (im folgenden) eine durchaus einleuchtende Erklärung gibt.

Man ging in der Vergötterung der Katze so weit, daß man auch andere Tiere beschützte und verehrte, die von der heiligen Mau ebenfalls „beschützt" – was heißt: nicht gejagt und gefressen – wurden. Die Ägypter betrachteten es als Hinweis ihres angebeteten Kulttieres, daß sie ebenfalls alle Geschöpfe zu respektieren hatten, für deren Leben Göttin Katze ihren Jagdtrieb beherrschte. Davon konnte besonders die

Spitzmaus profitieren, weder damals noch heute galt sie der Katze als besonderer Appetithappen, folglich blieben die Spitzmäuse sogar von den heiligen Krallen der Tempelkatzen verschont und galten somit als verehrungswürdig.

Eigentlich müßte es wahre „Katzenanbeter" auch heute noch magisch in die Landschaft des östlichen Nildeltas ziehen, hier war das absolute Kultzentrum der Katzengötter und ihres samtpfötigen Gefolges. Als Pharao Sheshonk hier um das Jahr 950 v. Chr. seine Metropole der Macht errichtete, wurde die Stadt Bubastis (oder auch „Aboo-Pascht" – die Stadt der Pascht) zum Mittelpunkt des Bastet-Kults, der bald in ganz Ägypten Verbreitung fand. Im prächtig errichteten Bastet-Tempel lebten unzählige Katzen, schmiegten sich an die mehrere Meter hohe, sonnendurchwärmte Steingestalt ihrer Göttin und ließen sich von den eigens dafür ausgebildeten Katzenpflegern verwöhnen. Diese Pfleger genossen hohes Ansehen, es galt als große Ehre für einen jungen Mann, im Tempelbezirk diesen sehr gut bezahlten Beruf ausüben zu dürfen. Sie hatten keine andere Aufgabe, als dem hier lebenden Katzenvolk ein wahrhaft göttliches Dasein zu bieten, die Tiere vor jeder Belästigung zu schützen und ihnen alle Wünsche von den Augen abzulesen. Aber damit nicht genug: Hier amtierten auch Katzenpriester von allerhöchstem Ansehen, die in streng abgeschiedenen Bereichen des Tempelbezirks lebten, nicht heiraten durften und nur mit wenigen, ausgesuchten Personen in Kontakt kamen. Das mag ja eine ziemliche Ähnlichkeit mit einem zölibatären Klosterleben haben, trotzdem wollte so mancher junge Ägypter aus angesehener Familie nur zu gern Katzenpriester werden – als solcher hatte er gute Chancen, zum Regierungsmitglied aufzusteigen.

Den heiligen Tempelkatzen wurden die unglaublichsten Opfergaben dargebracht, von Köstlichkeiten zum Fressen und wertvollem Spielzeug bis zu höchst originellen Geschenken wie Kinderhaar. Um bei Göttin Bastet erfolgreich ein Anliegen vorzutragen, kamen manche

Ägypter auf die sonderbarsten Ideen: Man schnitt den eigenen Kindern das Kopfhaar ab, brachte es in den Tempelbezirk und ließ dort die Löckchen der Kleinen mit purem Silber aufwiegen. Der genaue Gegenwert dieses Silbers diente dann zum Füttern der heiligen Katzen.

Also falls Sie demnächst eine Wallfahrt zum Zentrum des Katzenkults planen: Vergessen Sie nicht, die passende „Opfergabe" für die schnurrenden Nachfahrinnen der Bastet–Töchter mitzubringen. Und sollten Sie Probleme damit haben, das Mekka der Katzenanbeter im heutigen Ägypten zu orten: Großraum östliches Nildelta, nicht weit vom pelusischen Nilarm entfernt. Wenn Sie die großen Erhebungen von Tel Basta erreicht haben, sind Sie mit großer Wahrscheinlichkeit am richtigen Ort. Hier könnte eine spendable Fütterung der streunenden Katzen nicht nur Freude machen und leere Mägen füllen, sondern vielleicht sogar zum glücksbringenden Ritual im Sinne Bastets werden – wer weiß? Schließlich tun Sie damit Gutes auf heiligem Boden – die Erhebungen von Tel Basta markieren ja noch heute die Lage des einstigen Kultzentrums.

Bevor wir uns den göttlichen Miezen an anderen Orten und in späteren Zeiträumen zuwenden – wie wäre es mit einem kleinen Zwischenstopp im Bereich der Realität? Daß der Katzenkult in Ägypten (und nicht nur dort) zur Religionsform im Sinne der jeweiligen Herrscher geworden ist, hatte nämlich durchaus wirtschaftlich-nüchterne Überlegungen zur Grundlage. Das Land am Nil war reich, doch dieser Reichtum bestand größtenteils aus gutgefüllten Kornspeichern, die für die herrschende Oberschicht nicht nur sicheren Wohlstand bedeuteten, sondern auch ein sattes, zufriedenes Volk, das in guten Zeiten natürlich wenig Grund zu Aufruhr und Gewalt hatte. Diese stabile Basis der allgemeinen Zufriedenheit kam aber ganz empfindlich ins Schwanken, als mehr und mehr Mäuse und Ratten in die Siedlungen einfielen, die Speicher stürmten und die solide Grundlage des ägyptischen Wohllebens gierig anknabberten. Fürs erste sah es ganz danach aus, daß die Kornschätze des Landes einfach weggefressen werden, während man es mit sinnlosen Hetzjagden auf die Nagetiere versuchte: Huschten die einen hinaus, schlüpfte schon das nächste Mäuseheer durch alles, was sich irgendwie öffnen ließ. Da kamen die hungrigen, cleveren Katzen gerade noch recht, um sich die zahllosen Nager zu krallen und dadurch die wirtschaftliche Basis des Landes zu retten. Als sie irgendwann mit runden Bäuchen nach Katzenart weiterstreunen wollten, versuchte man die tüchtige Raubtiertruppe natürlich zum Verweilen zu bewegen. Man hat es sicher auch mit Gewalt probiert, Katzen gefangen und einzusperren versucht – aber wer Katzen kennt, weiß, wie solche „zwingenden Maßnahmen" früher oder später ausgehen: Irgendwann schaffen sie ja doch, lautlos zu verschwinden, da mag die Mauer noch so hoch und der Türspalt noch so schmal sein. Und wozu Menschen bereit sein können, wenn wütende Katzen so laut und entnervend wie nur möglich jaulen, weiß man ja aus eigener Erfahrung … auch im alten Ägypten wollte man wohl wieder einmal ungestört schlafen können und ließ die zänkisch lärmenden Miezen ins Freie. Mit der harten Tour war bei Katzen ohnehin kaum etwas zu erreichen, also versuchte man es mit der sanften. Wie viele Schalen Milch, wohligweiche Schlafplätzchen und schmeichelnde Worte die Leute am Nil Anno dazumal investieren mußten, ist weder historisch belegt, noch den rührenden Legenden zu entnehmen. Tatsache ist aber, daß es den Katzen im damaligen Ägypten sehr gutgegangen sein muß, damit sie gern noch ein Weilchen freiwillig bei den Menschen blieben und vor den Kornspeichern mit gezückter Kralle Wache schoben. Das konnte natürlich auch den Beratern des Pharaos Sheshonk nicht entgangen sein, und so wurde konsequent gefolgert: Wo es Katzen gut geht, geht es den Mäusen schlecht – also geht es dort den Menschen wieder gut, weil ihnen Nahrung und Vermögen erhalten bleibt. Es mußten also einleuchtende Argumente gefunden werden, die dem Volk

Kapitel 3

klarmachten: Schont und pflegt die Katzen, sonst müssen wir bald den Gürtel enger schnallen! Nachdem aber Katzenliebe schwerlich zum Gesetz gemacht werden konnte, wurde eiligst am Katzenkult getüftelt, Göttin Bastet als Personifizierung des weiblichen Prinzips noch mehr in den Mittelpunkt der Verehrung gestellt, nachdem die (ursprünglich konträren) beiden Katzengöttinnen Sachmet (die Furchtbare) und Bastet (die Freundliche) zur höchstrangigen Personalunion verschmolzen wurden. Die überaus beliebte katzenköpfige Göttin wurde auf vielen Amuletten abgebildet, die dann bei sich trug, wer immer es sich leisten konnte. Zugleich wurde aus der wohlstandserhaltenden Mäusejägerin rasch ein anbetungswürdiges Wesen: „Der Ägypter setzte großes Vertrauen in das Vermögen einer lebenden Katze, ihn vor allem Bösen beschützen zu können, gleichgültig, ob es natürlicher oder übernatürlicher Art war. Doch wenn er nicht das Glück hatte, eines dieser Tiere zu besitzen, so suchte er in den Besitz eines dieser Tieramulette zu gelangen, suchte Zuflucht in der Zauberei, in Zaubersprüchen oder wirkungsvollen Worten und in der Anrufung der Götter. Da jeder beliebige Dämon ihn in seinem ungeschützten Zustand belästigen oder schädigen konnte, betete er zu Ra, der in der Gestalt der Katze den bösen Apep vernichtet hatte, um die dunklen Geister abzuwehren, und er unterrichtete die Gottheit über die Missetaten des Bösen." Mit einem Wort: Am allerbesten war es, eine lebende Katze in der Nähe zu haben, die vor allen bösen Geistern schützen und die Familie vor leergefressenen Vorratskammern bewahren konnte. Also sollte die katzenköpfige Göttin ihre prächtigen Tempel haben und ihr schnurrendes Gefolge als anbetungswürdige, unvergleichlich wertvolle Wesen verehrt werden.

Für Ägyptens Katzen waren goldene Zeiten angebrochen. Obergott Ra, Göttin Bastet und die vielen satt gefüllten Kornkammern des Landes konnten dem Volk reichlich Motivation vermitteln: Niemand hätte es fortan gewagt, einer Katze auch nur ein Schnurrbarthärchen zu krümmen. Schließlich waren die Hüterinnen des Landesvermögens nur an einem Ort zu halten, der ihnen auch wirklich behagte – Katzen sind nun einmal so und werden damals nicht anders gewesen sein, ihre Eigenwilligkeit ist ja sprichwörtlich. Würden Tiere Karriere machen können, hätten es die Katzen also schon vor nahezu 3000 Jahren geschafft, ganz nach oben zu kommen. Hätte man sie andernfalls zu gottähnlich höheren Wesen erklärt, um sie am Weiterstreunen zu hindern?

Die heilige Mau wurde von ihren Katzenpflegern umsorgt und vom Volk ehrfürchtig verwöhnt. Die Legende erzählt, daß das Ausnahmetier sogar künstlerisches Talent besaß und Bilder malen konnte. (Tatsächlich wurden in Aperia am Nil erst 1990 die Überreste von zwei Katzen gefunden, die zwischen ihren Vorderpfoten sorgfältig gerollte Papyrusblätter hielten, auf denen die Wissenschaftler noch die Abdrücke der Katzenpfoten feststellen konnten. Außerdem fand man Bilder aus altägyptischer Zeit, die Katzen darstellten, wie sie mit erhobener Pfote vor einer Wand stehen und darauf Bilder malen.) Tatsächlich war die Katze aber selbst auf Bildern und Amuletten verewigt und im ägyptischen Leben allgegenwärtig: Junge Ehefrauen trugen Amulette um den Hals, die eine Katzenmutter darstellten, umgeben von ihren jungen Kätzchen. Die Anzahl der abgebildeten Jungtiere sollte dem eigenen Kinderwunsch der Frau entsprechen, so würde mit Bastets und der (magischen) Katzen Hilfe der jungen Ehe ein mehrköpfiger Kindersegen gewiß sein. Amulette mit eingraviertem Katzenauge trug man, um ein langes Leben mit geistiger und körperlicher Gesundheit zu erbitten.

In vielen Bereichen des Katzengötter-Kultes entstanden immer wieder neue Legenden, die einander teilweise ergänzen, aber auch widersprechen. Manche verlegen die Wurzeln der Bastet-Verehrung nach Nubien: Tefnut, die ägyptische Göttin mit dem Beinamen „Die äthiopische Katze", zog von Nubien später nach Ägypten, behauptet eine

Kapitel 3

populäre Legende. Interessant daran ist das mögliche Körnchen Wahrheit: Die ursprüngliche Heimat unserer heutigen Hauskatzen ist mit großer Wahrscheinlichkeit tatsächlich Nubien gewesen.

Zurück nach Bubastis! In Bastets Tempelstadt wurde einmal jährlich ein mehrtägiges Fest zu Ehren der Katzengöttin und ihrer heiligen Lieblingstiere ausgerichtet. Unübersehbare Menschenmassen strömten zum Tempelbezirk, viele brachten ihre im letzten Jahr verstorbene mumifizierte Hauskatze mit, um sie auf dem heiligen Boden des großen Katzenfriedhofs bestatten zu lassen. An diesen Festtagen wurde noch mehr als sonst auf jede Kleinigkeit geachtet, die der Katzenehre irgendwie abträglich sein mochte – eine abfällige Bemerkung über Katzen oder eine rohe Geste konnte schlimme Folgen haben, was manchen Ägypter vermutlich zum „Katzenallergiker" werden ließ: Wer mit den Samtpfötchen auf Kriegsfuß stand und sich dabei erwischen ließ, wurde sofort den Priestern gemeldet. Um die Katzengöttin wieder zu versöhnen und ihr schnurrendes Gefolge am Ort zu halten, entschied man sich im Zweifelsfall auch für ein Menschenopfer. Es soll nicht viele Jahre gegeben haben, in denen keines fällig war … und die sterblichen Überreste der Katzenfeinde letztendlich an die unzähligen Tempelmiezen verfüttert wurden. Kein Wunder also, daß die Bereitwilligkeit, dem Katzenkult bedingungslos anzuhängen und die heiligen Haustiere erstklassig zu umsorgen, ziemlich rasch zur lebenserhaltenden Selbstverständlichkeit wurde. Wer wollte schon gern als Katzenfutter auf den Tempelstufen enden?

Wer mit dem Katzenkult seine Probleme hatte, mußte im alten Ägypten gut überlegen, wohin er sich zurückziehen könnte. Um Dendera, etwa 60 km nördlich von Luxor am linken Nilufer gelegen, sollte er auf jeden Fall einen großen Bogen machen: Hier war ein weiteres Zentrum des Katzenkultes entstanden. Heliopolis – ebenfalls eine Hochburg der Katzenverehrung – hatte überdies eine ganz besondere Attraktion zu bieten: eine große Katzenstatue, deren Augen je nach Sonneneinstrahlung ihre Pupillen erweitern oder verengen konnte. Beinahe so phänomenal, wie es sich bei Miezekatzes naturgegebener Blendenautomatik im wirklichen Leben verhält. Und das fast 3000 Jahre vor den ersten wissenschaftlichen Ergebnissen der Katzenforschung!

Die Ägypter ließen nichts unversucht, um ihre göttlichen Katzen im Land zu behalten, was ebenso mühsam wie vergeblich werden sollte. Mau & Co. wurden nach Europa geschmuggelt und schlichen sich auf leisen Pfötchen in die Herzen und Behausungen der Griechen, Römer und Germanen ein, nachdem sie schon in Japan und China für Menschenglück und Mäusetod zuständig waren.

Irgendwann haben die Menschen in allen katzenfreundlichen Ländern ihre speziellen Legenden zu erzählen begonnen, in denen sie es darauf anlegten, daß dieses magische Tier zu ihrem „kulturellen Eigentum" werden sollte: Ihre Götter erschufen die Katze, in ihren Metropolen wurde sie zuallererst gesichtet.

Dazu fiel selbstverständlich auch den alten Griechen die passende Legende ein: Artemis, die griechische Mond- und Naturgöttin, erschuf die Katze, um ihrem schönen Bruder Apoll eines auszuwischen – aus Rache. Die hatte er sich verdient, indem dieser Götterschönling den Löwen kreierte, um mit seinem vollmähnigen Mega-Kater die Schwester zu erschrecken.

Dafür war Artemis in anderer Sache viel weniger schreckhaft. Beim Kampf der Giganten gegen die Götter des Olymps soll sie sich als Superspionin ihren Lorbeerkranz verdient haben. Dreimal dürfen Sie raten, in welcher kühnen Tarnung die Göttliche so erfolgreich verdeckt ermittelt hat. Na? Richtig: in Gestalt einer Katze! Wen soll es da noch wundern, daß in spätklassischer Zeit Artemis und Bastet liebevoll vereint gemeinsam ins Katzenfell stiegen. Oder so ähnlich … jedenfalls fand man in der berühmten Artemis-Grotte bei Beni-Hassan-el-Amar auch Bildnisse der Bastet und viele Katzengräber à la Bubastis. Apropos … auch die altägyptische Göttin Isis soll sich ja eiligst in eine

Kapitel 3

Katze verwandelt haben, als sie auf der Flucht vor den Mördern ihres Göttergatten Osiris war. Klar, daß sie in diesem äußerst bewährten Outfit die Killerhorde austricksen konnte – so ganz nach Katzenart. Weshalb die Ägypter auch noch ein göttliches Argument mehr zur Verfügung hatten, wenn es darum ging, den Katzenkult hochzuhalten. Daß der Prophet Mohammed ein ganz besonders liebevoller Katzenfreund war, ist schon an anderer Stelle vermerkt. Auch, daß er seiner geliebten Katze Muessa wegen sein Gewand zerschnitt, um Kätzchens Schlaf nicht zu stören. Mohammed sei Dank war die Katze im Orient auch in der Folge ein hochgeschätztes Tier. In vielen Derwischklöstern hält man Katzen gut und gerne, und eine islamische Legende erzählt, daß Heilige auf Erden gelegentlich in der schönen Gestalt einer tiefschwarzen Katze unterwegs sein sollen.
Wie kamen Miez und Maunz nach Indien? Vor über 3000 Jahren bewunderte man sie dort in alten Sanskritschriften und aus ähnlichen Gründen wie in Ägypten: Katzen her – Mäuse weg – Wohlstand gesichert! Zudem wurden in indischen Tempeln weiße Katzen als heiligmäßige Symbolwesen des Mondes verehrt. Nicht nur der Legende nach sollen die Siamkatzen von ihnen abstammen.

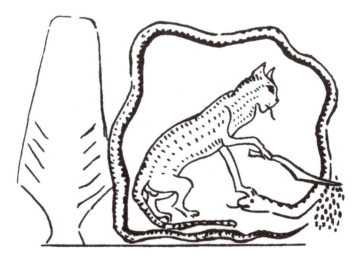

Göttin Bastet und ihr Gefolge – Der Mythos Katze

Im China des 8. Jahrhunderts vor Chr. sind die Katzen ebenfalls ver-
ehrt worden – hauptsächlich wohl, weil sie sich um die Erhaltung der
Seidenraupenzucht verdient gemacht haben. Wie üblich: Krallen-
bewaffnet im Kampf gegen die Mäuse. Der Legende nach sollen die
Chinesen die Tageszeit aus den Augen ihrer Katzen abgelesen haben:
Am Mittag waren die Pupillen enge Schlitzchen, je mehr „sich der Tag
mit der Dämmerung vermählte, desto dunkler die Augen der Mao".
Keine Magie – nur eine Frage des Lichteinfalls …!
In China glaubte man früher auch an Zauberkatzen, deren bloße
Anwesenheit genügen konnte, um Ratten und Mäuse in die Flucht zu
schlagen. Später züchteten Chinesen in Kinechownan sogar ihre
„Zauberkatzen", von denen sie allen Ernstes meinten, daß sie auch die
Mathematik beherrschen würden. Auch hier waren die Katzen vergötterte Geschöpfe – zwar Tiere, aber eben himmlische. Man nahm es im
alten China mit der Katzenverehrung auch deshalb recht genau, weil
man im Sinne der Reinkarnationslehre daran glaubte, daß man jederzeit
selbst wieder in der zierlichen Gestalt der Hauskatze wiedergeboren
werden könnte. Und so war es niemals ganz auszuschließen, daß es sich
in Wirklichkeit um einen kürzlich verstorbenen Angehörigen handeln
könnte, wenn eine Katze mit einer Maus im Mäulchen vor der Tür
stand. Also ging man dementsprechend zuvorkommend mit allen diesen geheimnisumwitterten Zauberkatzen um: Man kann ja nie wissen …! In diesem Sinne hat man sogar den Bildern der Katze einiges
an magischer Wirkung zugetraut: Man hängte zum Schutz der
Maulbeerbaumplantagen zauberkräftige Katzenporträts zwischen das
Geäst.
Auch in Japan glaubte man an Zauberkatzen, aber nachdem die
geheimnisvoll–magischen Geschöpfe auf vier Pfoten ziemlich teuer
waren, mußten sich arme Japaner mit einfachen Katzenpuppen aus
Stroh oder Lehm zufriedengeben. Nur die Reichen konnten sich die
kostbaren Katzen leisten und waren natürlich sehr darauf bedacht, daß

Kapitel 3

das teure Zaubertierchen nicht mit einem Satz aus dem Haus verschwand. Ein Pech für die teuren Angebeteten – sie durften nur an Leinen gehen und wurden ständig eingesperrt und aufmerksamt gehütet. Erst im Jahr 1602 schlug für die japanische Katze endlich die Stunde der Freiheit – und zwar auf kaiserlichen Befehl: Vor den entsetzten Augen des versammelten Hofstaates soll es eine Maus gewagt haben, den Ohrring der Kaiserin zu verschleppen, bis jemand geistesgegenwärtig ein Messer zückte und kurz entschlossen die Katzenleine zerschnitt. Nach diesem Vorfall hat man dann zum Erstaunen aller Anwesenden festgestellt, daß Katzen auch ohne Leine bei Menschen und in Häusern bleiben, wenn es ihnen dort gut geht.

Der heilige Kater „Sinh" soll (nach einer Legende des Khmer–Volkes) der Ahnherr aller Birmakatzen gewesen sein. Während eines Angriffs von siamesischen Kriegern starb der Hohepriester der Khmer beim Gebet an einem Herzanfall. Sinh, sein weißer Kater, sprang im nächsten Augenblick von seinem Platz und legte sich auf den toten Herrn, um ihn zu beschützen. Im selben Moment geschah ein Wunder: Der weiße Kater erhielt die saphirblauen Augen einer Göttin, sein Fell färbte sich goldfarben, während die Beine dunkler wurden, nur seine Pfoten blieben weiß wie Schnee. Durch Kater Sinhs magischen Blick fühlten sich die Kämpfer des Khmer unbesiegbar und konnten dem Angriff der Feinde tatsächlich standhalten. Der heilige Kater Sinh starb am siebenten Tag nach dem Sieg über die siamesischen Krieger und nahm die Seele seines verstorbenen Herrn, des Hohepriesters, mit ins Paradies.

Es scheint so, als wären die Katzengötter rund um den Erdball gereist, um überall ihren magischen Götterkatzen den Auftrag zu geben, Menschen dabei zu helfen, ein wenig menschlicher zu werden. Zumindest wenn man den Legenden der alten Kulturen glauben will und darin nach dem vielzitierten Körnchen Wahrheit sucht, läßt sich so manche Erklärung für das Phänomen Katze finden. Aber auch jenseits der Mythen und Legenden hinterlassen unsere „Zauberkatzen" im Alltag der Gegenwart immer wieder kleine, rätselhafte Pfotenspuren, die irgendwie auf ganz geheimnisvolle Weise zu Bereichen des Lebens führen, die „nicht ganz von dieser Welt" sind. Auf dem Pariser Tierfriedhof von Asniéres auf der Seine–Insel Ravageurs gibt es unzählige Haustiergrabsteine mit sonderbaren, rührenden und auch berührenden Inschriften. Zu letzteren zählt wohl eine aus zwei knappen Sätzen, die ein paar harte Burschen eingravieren ließen, denn Seeleute sind nun mal keine Mimosen. Auf dem kleinen Marmorstein für die Schiffskatze Pom–Pom steht schlicht: „Als alle Menschen schliefen, wachte Pom–Pom und rettete unser Schiff. Wir werden dich nie vergessen! Die dankbare Besatzung der Résistance." Keine Zauberkatze und keine heilige Mau – bloß irgendeine stinknormale 6-Pfund-Mieze, der eine Schiffscrew Mann für Mann das Überleben verdankt. Aus dieser einfachen wahren Geschichte hätte man in früherer Zeit und anderen Religionen sicher eine wunderbare Legende gestrickt. Im Christentum wäre das natürlich undenkbar, die Lehre der Amtskirche hat doch den Tieren ganz allgemein die Seele abgesprochen. Mit welcher Berechtigung eigentlich?!

Zum versöhnlichen Schluß: Rabbi Jochanan, der Anführer der Friedenspartei im Jüdisch–Römischen Krieg des Jahres 70 nach Chr., vermerkte: „Wenn das Gesetz den Kindern Israels nicht gegeben wäre, so hätten wir den Anstand von der Katze lernen können." Und vieles andere mehr … zwischen damals und heute, Bubastis und irgendwo.

Kapitel 4

Teufelsbrut und Hexenvieh – Dreimal schwarzer Kater

Was riskiert schon eine Katze im Jahr 2000, wenn sie nachts auf Streifzug geht? Höchstens eine Schrecksekunde, wenn ein Auto daherrast – oder wenn ein frecher Kater ungebeten zu nahe kommt. In beiden Fällen reicht ein flinker Satz zur Seite, vielleicht noch ein Tatzenhieb für den Macho im getigerten Catsuit, der allen Katzendamen des Viertels ans Fellchen will. Aber dann ist wieder alles friedlich, und schon schleicht die schwarze Minou völlig unbehelligt durch die Vollmondnacht.

Das war nicht immer so, die wechselvolle Geschichte der Katze-Mensch-Beziehung wurde jahrhundertelang mit Blut geschrieben – mit Katzenblut. Für das schwärzeste Kapitel zeichnen wir verantwortlich, und wir haben Glück, daß uns die Rache der Katzen erspart bleibt: Ihre Ururahnen standen in hellen Mondnächten mindestens mit einer Pfote auf dem Scheiterhaufen. Der nachteilige Umstand, ein schwarzes Fell zu tragen, konnte die Lebenserwartung einer Katze im Mittelalter auf ein Minimum reduzieren. Entdeckte Streifzüge durch eine Walpurgisnacht gingen fast immer tödlich aus, und wenn im Mittelalter eine Katze „nur" mit einem brutalen Prügelhieb erschlagen wurde, hatte sie noch Glück im Unglück: Zumindest war es ein rascher Tod. Aber speziell den schwarzen Katzen konnte ein päpstlicher Erlaß zum qualvollsten Verhängnis werden.

Kapitel 4

Hatte doch die Inquisition der Katholischen Kirche peinlich genau zu vollziehen, was Papst Innozenz VIII. befohlen hatte: „Die Katzen sind Geschöpfe und Gestalten des Satans. Allen voran die schwarzen Katzen können nie genug leiden!"

Zu ihrem Unglück sind Katzen besonders zählebige Tiere und somit die idealen Opfer für den päpstlichen Befehl gewesen. Unzählige Katzen erlitten unendliche Qualen, tagelang an Türen, Kreuze und Bäume genagelt, bis irgendwann ein gnädiger Tod dem Grauen ein Ende setzte. Jahrhundertelang wurden „Hexen" wie Katzen (oft gemeinsam!) so grausam wie nur irgend möglich „im Namen Gottes" gefoltert und umgebracht.

Als dieses finstere Kapitel der Katzengeschichte endlich Vergangenheit war, hörten die Menschen trotzdem nicht damit auf, an Katzen Grausamkeit zu üben, wie sie nur in den untersten Schubladen des Aberglaubens zu finden waren.

In einer böhmischen Dorfgemeinde schrieb man immerhin schon das Jahr 1863, als die Männer wochenlang hinter einer schwarzen Katze her waren – bewaffnet mit Mistgabeln, Stricken und einem Dreschflegel. Was hatte die Katze angestellt? Ganz einfach, sie tat, was Katzen seit über 40 Millionen Jahren tun – sie streifte gern in der Abenddämmerung und nachts durch „ihr Revier". Ihr Pech, daß es sich dabei um das Gelände des Dorffriedhofes gehandelt hat – Frauchen lebte nur wenige Schritte vom Friedhofstor entfernt. Katze Minka mochte es, wenn die Grabsteine an Sommertagen die Wärme gespeichert hielten, bis sie es sich in der Dämmerung auf ihnen gemütlich machen konnte. Katzen lieben warme Steine wie warme Kachelöfen, um sich hinzulegen und ein wenig zu dösen. Eine Tatsache, die das Mindestmaß an Hausverstand dieser Leute aus dem Böhmerwald damals wohl überfordert hatte. Sie sahen nur „schwarze Katze" und „Friedhof" – das konnte doch nur mit dem Teufel zugehen! Dummerweise spazierte die Katze der Witwe Marianna auch noch recht gern bis zum Seiteneingang der kleinen Kapelle weiter. Dort gab es doch auch so herrlich sonnenwärmespeichernde hellgraue Steinstufen. Ein idealer Rastplatz mit Blick über die angrenzende Wiese voller Mäuschen. Ein Friedhof, ein paar Steinstufen … ein Katzenparadies. Irrtum! Es war „geheiligter Boden", und sie war eine schwarze Katze. Mehr hatte Minka nicht gebraucht, um sich ihr „Todesurteil" zu verdienen.

Dem wichtigtuerischen Schulmeister fiel ein, daß er irgendwo gelesen hatte, daß Katzen, die es zu Kirchen und Friedhöfen zieht, keine braven Haustiere und Mäusefänger sind. Besonders schwarze wie Minka standen unter Verdacht, ein „Hexenvieh" zu sein, das nichts anderes im Sinn haben konnte, als heilige Orte zu entweihen. Was dem Schulmeister dabei entfallen war: Seine „fromme" Lektüre war nicht gerade aktuellen Datums – sie stammte aus der Zeit, in welcher Katzen eben als „Teufelsbraten und Hexenvieh" bezeichnet wurden. Mag sein, daß sein Geisteszustand bedenklich war – seine Phantasie funktionierte allemal. Jedenfalls reichte sie für einschlägige Bemerkungen im Dorfkrug aus. Der Schulmeister gefiel sich nach ein paar Bieren in der Rolle des Verleumders und Anklägers in Personalunion. Er schilderte den Männern am Stammtisch, daß die schwarze Katz' der Witwe Marianna nach Sonnenuntergang immer „einen flammig–buschigen Wedel" anstatt eines Katzenschwanzes trägt. Und das sie „Schatten an die Kirchenmauer wirft, schwarz wie der Leibhaftige und hoch wie ein Kalb!" Was er nicht erzählte: Daß er vor Jahren vergeblich hinter der hübschen Tochter dieser Witwe Marianna her war – bis sie einen jungen Bauern im Nachbarort geheiratet hatte. Daß die alte Marianna ihrer Tochter nicht ein bißchen mehr Herz für den Schulmeister abzwingen konnte, hatte er ihr nie verzeihen wollen. Nun sollte sie und ihr rabenschwarzes Mistvieh dafür büßen. Die Gelegenheit war günstig, die Zuhörer am Biertisch fühlten sich als rechtschaffene Leute, die dem geschilderten Spuk ein Ende machen wollten. Es wird schon

Kapitel 4

irgend etwas dran sein, wenn es in Büchern steht – und sicher ist sicher, man weiß ja nie …! Und außerdem: So ein Schulmeister weiß eben mehr. Und ein anderer Mann am Biertisch war ein entfernter Verwandter der Witwe. Der wußte ebenfalls etwas Unheimliches zu erzählen. Am Kirchweihfest hätte die Alte eine Andeutung gemacht, daß sie sich um ihre Katze sorgen müsse. Früher wäre die Minka nie über Nacht fort gewesen … aber in diesem Sommer käme sie oft erst am Morgen nach Haus. Und das, nachdem sie schon über sieben Jahre alt war – kein gutes Zeichen! Die Frauen am Kirchweihfest tuschelten, steckten die Köpfe zusammen. Jeder in dieser Gegend des Böhmerwaldes kannte die alten Geschichten, in denen man immer gemahnt wurde, nur jüngere Katzen beim Haus zu behalten. Seit Generationen wurde das so weitererzählt: Junge Katzen waren gute Mäusefängerinnen, freundliche, nützliche Viecher eben. Doch einer Katze mit sieben Jahren konnte man nicht mehr trauen. Es hieß, daß sie ab dem siebenten Jahr gefährlich werden für Mensch und Tier am Hof. Katzen, die sieben Winter überleben konnten, mußten übernatürliche Kräfte haben. Und sollten Katzen sogar neun Jahre oder älter werden, ginge das ohnehin nie mit rechten Dingen zu – sie hätten längst ihr dämonisches Wesen entwickelt, und der Teufel würde in alte Katzen einfahren können. Besonders in die schwarzen, die hätten überhaupt leichter Umgang mit bösen Geistern und Hexen gehabt. Die Leute im Böhmerwalddorf wußten es noch von den Großeltern: Alte Katzen mußten weg! Wer es nicht übers Herz brachte, sie umzubringen, der sollte sie wenigstens in den Wald verscheuchen. Wenn eine alte Katze auch nur ums Haus schlich, sollten die kleinen Kinder zu ihrem Schutz eingeschlossen werden. Und wenn so eine alte, schwarze Katze durch den Garten ging, hatte man Angst, das Gemüse zu verzehren. Immer wieder hieß es, daß man davon leichter krank wird oder gar in jungen Jahren sterben könnte, weil man nie sicher war, ob die schwarze Katz' nur am Gemüsebeet vorbeiging – oder ob sie das Grünzeug gar mit dem Schwanz gestreift hat und drüberstrich. Wenn das so war, durfte das Gemüse nicht gegessen werden, es hätte giftig sein können. Und wenn eine alte schwarze Katze gar im Kuhstall übernachtet hatte, mußte am nächsten Tag die Milch weggeschüttet werden. Weil solche Milch krank machen könnte, besonders kleine Kinder, da war man ziemlich sicher.

So redeten die Frauen am Kirchweihfest, und der Marianna wurde davon ganz ängstlich zumute. Sie bereute längst ihre Bemerkung über die Minka, die sie doch so gern gehabt hatte die ganze Zeit lang. Sie wollte ihre schwarze Katze nicht fortjagen nach ihrem siebenten Jahr. Aber das unselige Gerede schlug böse Wellen. Die Männer hörten die Frauen tratschen, und einer hatte jetzt beim Wirt alles weitergesagt – dem Schulmeister kam das natürlich gerade recht. Nach dem letzten Bier an diesem Abend hatte die arme Minka schon „Glutaugen" gehabt, als sie wieder einmal vom Friedhof kam. Und eine Woche später hat jemand im Wirtshaus erzählt, daß man den Teufelsbraten in der Nacht um die Kirche schleichen gehört hätte. Aber eben nicht wirklich schleichen, nein, es hätte geklappert, wenn sie ihre vier Pfoten aufgesetzt hat – ganz so, als wären Hufe dran gewesen! Kein Zweifel, die Minka war ein Hexenvieh! Sie mußte erschlagen werden, bevor sie noch mehr Unheil anrichten könnte.

Die Magd im Wirtshaus hatte gelauscht. Ihr tat die Witwe Marianna leid und die Katze ja irgendwie auch. Aber Angst hatte sie trotzdem. Als ihr tags danach die Witwe über den Weg kam, flüsterte sie ihr doch eine Warnung zu. Die Marianna kannte die alten Geschichten über schwarze Katzen gut genug, um Minka heimlich tief in den Wald zu tragen. Sie auszusetzen hat ihr fast das Herz gebrochen, aber es war ihr immer noch lieber, als wenn man die Katze ans Türkreuz genagelt hätte.

Nachts schreckte die Witwe ein Geräusch aus dem Schlaf. Am Fenster saß Minka. Im Schutz der Dunkelheit hat sie die Katze hereingelassen,

Kapitel 4

und fortan hielt sie ihre Minka versteckt in der Schlafstube, damit die Leute glauben sollten, sie wäre weggeblieben. Aber draußen war es Sommer und Vollmond, und die Schwarze hielt es nicht länger aus in ihrem engen Versteck. Sie zwängte sich durch einen Türspalt und rannte in die Nacht hinaus, wie es jede Katze getan hätte. Dem Nachbarn war das nicht entgangen, er hat den schwarzen Schatten vorbeiflitzen gesehen. Bald danach waren die Männer, angeführt vom Schulmeister, auf der Pirsch, um das „Teufelsvieh" zu erledigen. Mit Mistgabeln, Dreschflegeln und Stricken ... aber die Minka haben sie nicht erwischt. Die Männer führten sich auf, als wären sie dem leibhaftigen Satan auf der Spur. Weil sie die Katze nicht kriegen konnten, hat sich ihre Wut gegen die alte Marianna gerichtet. Es wurde kaum darüber geredet, aber eines Morgens fand man sie mit einer Wunde am Kopf und Striemen an den Händen vor ihrem Häuschen liegen – halb bewußtlos und übel zugerichtet. Jemand nahm die Marianna zu sich nach Hause, man hat sie ein bißchen aufgepäppelt, und als sie tagelang kein einziges Wort gesagt und nur zur Zimmerdecke gestarrt hat, holte man den Pfarrer. Sie hätte gebeichtet, hieß es. Langsam ist sie wieder auf die Beine gekommen und irgendwann zurück in ihr Haus. Gesprochen hat sie mit niemandem mehr – bis auf ein einziges Mal, nachdem noch einmal der Pfarrer bei ihr war. Und danach die Nachbarsfrau. Die erzählte dann weiter, daß die alte Marianna mit starrem Blick vor sich hin geleiert hätte, als würde sie den Rosenkranz beten oder ein Gedicht aufsagen, ein eingelerntes: „Wie ich damals vorm Haus gelegen bin, das war so ... vorher, am Abend, war mir, als hätte ich die Katz' gesehen. Ich hab' ja geglaubt, sie ist tot. Es hat mir keine Ruhe gelassen, da bin ich ihr nachgegangen. Ja, die Minka war's, ich hab sie gesehen am Waldrand. Dort hat sie im Mondlicht mit anderen schwarzen Katzen getanzt. Ganz wild im Kreis sind sie gesprungen. Ich hab' sie prügeln wollen, damit ihr der Teufel aus dem Leib fährt. Dann sind die Katzen alle über mich hergefallen und haben mich so zugerichtet ... wie ihr mich gefunden habt." Bald nach diesem „Geständnis" ist die Witwe Marianna gestorben. Und bald nach ihrer Beerdigung wurde im Dorfkrug erzählt, daß man die Teufelskatze am Grab der Alten gesehen hat. Groß wie ein Kalb und mit glühenden Augen hätte sie auf dem Grabhügel gehockt und mit ihren Pranken auf das Holzkreuz eingeschlagen. Dann wäre sie mit Flammen am Schwanz über den Friedhof hinweggerast und hätte sich stinkend in den Nachtnebeln aufgelöst.

Niemand wagte sich an das Grab der alten Marianna, das langsam vom Unkraut überwuchert wurde. Mußte jemand daran vorbeigehen, hatte man immer gesehen, daß sich diese Person dreimal bekreuzigte und auf Abstand blieb, so gut es eben geht. Kinder und kränkliche Leute durften überhaupt nie in die Nähe des Grabes kommen. Man weiß ja nie …!

Im selben böhmischen Ort soll es dann immer wieder mal vorgekommen sein, daß sich kleine Kinder an Katzenhaaren verschluckt haben. Manche sind sogar erstickt – heißt es. Deswegen gab es dort nie mehr schwarze Katzen. Wenn einmal eine gekommen ist, hat man sie sofort erschlagen oder ertränkt, verschnürt in einem Sack. Nur junge Katzen mit hellem Fell hält man sich dort für die Mäusejagd. Und kaum eine konnte viel älter als ein, zwei Jahre werden – höchstens drei, dann hat man sie vorsichtshalber erschlagen und die Geschichte von der Witwe Marianna und ihrem Teufelsvieh erzählt.

Das ging dort im Böhmerwald noch lange so weiter. Erst die Notzeit des Ersten Weltkrieges setzte diesem mittelalterlichen Hexen-Katzen-Irrsinn ein Ende. Plötzlich hatten die Leute dort andere Sorgen: die um das eigene Leben.

Der Aberglaube mit Todesfolgen für Katzen scheint allerdings noch immer nicht ganz „von gestern" zu sein. Auch nach 1900 hielt man es noch in vielen Regionen Europas für ratsam, kleine Kinder mit Katzen nicht allein zu lassen. Mittlerweile hält man vielleicht auch schwarze

Kapitel 4

Katzen für … Katzen und keine unheimlichen Plagen mit höllischen Eigenschaften. Die unsinnige Meinung, daß man an eingeatmeten oder verschluckten Katzenhaaren ernsthaft krank werden könnte, hält sich aber durchaus noch in manchem idyllischen Ort auf dem Land – einfach so. Die Großmutter hat es ja auch so gesagt …! Und ehe das Enkerl in Gefahr kommen könnte, bringt man lieber doch die Katze zum Einschläfern beim Tierarzt vorbei. Oder wirft sie von einer Brücke. Oder auf der Autobahn aus dem Wagenfenster. Oder man verpackt die Katze zusammen mit einem mittelschweren Stein zu einem gut verschnürten Paket und fährt zum nächsten Baggersee …!

Sie würden so etwas niemals tun? Sind Sie sicher? Wollen wir es hoffen – im Namen aller Katzen, die ihr Todesurteil vom eigenen Bezugsmenschen vollstreckt bekommen haben. Im Jahr 1998 sollen das allein im schönen kleinen Österreich immerhin an die 7000 Katzen schmerzlichst am eigenen Leib erfahren haben – wie eine gut recherchierte Erhebung einer seriösen Tierschutzorganisation beweist. Fakten? Daten? Details?

Die freundliche Stimme am Telefon hat leicht verzweifelt um Diskretion gebeten. Sie gehörte einer Tierärztin, die zwei freie Abende pro Woche dort unentgeltlich und hoch motiviert in das Überleben all der Katzen investiert, die gerade von einem Menschen halb erschlagen, fast erstickt oder einfach verstümmelt wurden.

Und sie hat es langsam satt, daß sie dafür auch noch ständig am Telefon beschimpft wird, die Autoreifen aufgeschlitzt bekommt – und so weiter. „Aufgeschlitzt wie so manche Katze, die man mir auf den Behandlungstisch legt: ein verzweifeltes Bündel Fell und Blut, das meistens kaum noch schreien kann. Nur aus den Augen spricht dann oft so viel Angst, Schmerz und … Unverständnis, daß man ihnen so etwas antun konnte. Menschen, die Katzen quälen und verstümmeln, sind keinen Deut besser als die schwachsinnigen Henkersknechte vor 500 Jahren, sie sind bloß ihre 1:1-Entsprechung zur Jahrhundertwende.

Heute wird eben nur heutiger zu Tode gequält – ich kann keinen Unterschied sehen! – Was mich an meiner Arbeit für die Tiere so oft verzweifeln läßt, ist die Erkenntnis, daß viele Menschen im Lauf der letzten tausend Jahre nichts kapiert haben. Und offensichtlich auch nichts dazugelernt, was den Umgang mit Tieren angeht, die mit und für uns leben wollen – sonst nichts." Die Tierärztin muß unser Gespräch beenden. Es hat nur ein paar Minuten gedauert, kaum länger. Aber lange genug für die vier Katzen, die in diesem bißchen Zeit zu ihr gebracht wurden. Eine fiel aus einem Hochhausfenster. Aber die drei anderen sind von Menschen mißhandelt worden. Mit brennenden Zigaretten die kleine Tigerkatze. Mit einer Schere der große schwarze Kater, wie mir danach ein Medizinstudent erzählt hat, der auch gelegentlich dort mithilft. „Man kann es gar nicht fassen, daß Menschen in unserer Zeit so etwas tun. Wie im finstersten Mittelalter!" meint er noch.

Danach liest sich ja der jahrhundertalte „fromme Ratschlag" aus dem Schwäbischen noch harmlos: „Bei Nacht soll man auf keine Katze Steine werfen. Sonst ergibt es sich gern, daß urplötzlich eine Menge von Thätern und Unholden den Menschen umstellt, und ihn dann nicht mehr von der Stelle läßt. Man erkenne die falschen Katzen bey Zeiten an ihren sehr langen und dicken Schweifen."

Noch ein kleiner Rückblick ins 18. Jahrhundert gefällig?

Bitte: Ein kleines Schauermärchen, das – sicher unbeabsichtigt – sogar einen „tierschützerischen" Nebeneffekt hatte. „Soll eine Katz bei Nacht erschlagen werden, aber sie ist nur verwundet worden und kann davon, dann muß am nächsten Tag ein Mensch die selben Wunden tragen." Diese Vorstellung dürfte zumindest einigen Katzen das Leben gerettet haben.

Steigen wir doch noch einmal in unsere imaginäre Zeitmaschine …!

Wir landen … um die Mitte des 16. Jahrhunderts im heutigen Vorpommern auf dem Weg zu einer Mühle. Es ist Herbst, und abends

Kapitel 4

wird es früher dunkel. Der Müllergeselle Johanns wird auf den Hof geschickt, um Holz ins Haus zu tragen …

„Der hatte eben die Scheiter vom Holzstoß nehmen wollen, da hat er eine schwarze Katz' drauf sitzen gesehen. Die legte ihre Pfoten auf das obere Scheit, so daß er keines nehmen konnte.

‚Halte deine Pfoten weg!' rief er dem Katzenvieh. Aber das wollte nicht hören und ließ die Tatzen am Scheit. Da hieb der Johanns mit dem scharfen Beile zu und hat die eine Pfote abgeschlagen. Im nämlichen Augenblicke war die Katze fort, und anstelle der Pfote lag ein Weiberfinger auf dem Boden. Dem war ein Trauring aufgesteckt, und ein Name stand darauf eingeritzt. Das war der Name Margarethe, wie die Müllerin geheißen hat. Die selbige hat dem Gesellen Johanns schon lange begierige Blicke zugeworfen, wie es sich keiner Frau von Anstande geziemet hätte."

Kein Zweifel – die Müllerin war eine Hexe, die sich begehrlich in die schmiegsame Katzengestalt verwandelt hatte, um das arme, anständige Mannsbild Johanns zur Sünde zu verführen. Das Hexenweib hatte sich also des Katzenkörpers bedienen wollen, um sich den Mann zu nehmen.

Umgekehrt war es auch dasselbe – wie man auf einer Illustration zu Ulrich Molitors „Von den Unholden oder Hexen" (Anno 1489) ganz deutlich sehen kann: Drei unübersehbar potente nackte Teufel und drei ebenso splitternackte „Hexenweiber" (welche sicher vielen Männerträumen sehr entsprachen) huldigten einem Kater. Die erste Hexe, jung und ziemlich knackig, mit sittsam strengem Häubchen am Kopf und in devoter Hockposition unter dem Kater. Die zweite Hexe fällt mit verführerischen Kurven auf – und mit ihrer einzigen „Bekleidung", einer Katzenmaske vor dem Gesicht. Die dritte Hexe posiert mit ziemlich „offenem Schritt", schweren Brüsten und langer, wallender Haarpracht. Die sechs Gestalten tragen auf ihren Schultern eine flache Bahre, auf der ein menschengroßer, „teuflisch" grinsender Kater lümmelt. Die Ohren und Schnurrhaare sind in genüßlicher „Ich-bin-für-alle-Schandtaten-offen"-Stellung positioniert nach vorne gerichtet. Über den Rand der Bahre hängt sein gewaltig langer Schwanz, den die kauernde Hexe Nummer 1 lächelnd mit der rechten Hand berührt, während ihre linke für umnebelnde Düfte sorgt, die aus einem großen Räuchergefäß zum Kater hochdampfen. Damit an eindeutigen Zweideutigkeiten auch wirklich gar nichts ausgelassen wird, betapst die langmähnige Hexe ihre Vorderfrau (die mit der Katzenmaske) am Po, während die beiden vorderen Teufel auch noch in riesengroße, phallusähnliche Hörner blasen. An diesem Softporno aus dem stockfinsteren Mittelalter wurde kein Haarstrich vergessen, der diverse Lustmolchträume aus der untersten Schublade bestens bedienen könnte. Das Werk entstand vermutlich zur Erbauung (und Entspannung) jener ehrenwerten Herren, die sich im Namen des Allerheiligsten an den nackten, gefolterten Körpern und Todesschreien der „Hexen" und ihren geschundenen Katzen begeilten.

Vergib ihnen, denn sie wissen nicht, was sie tun!

Ein wenig mehr Glück erfuhr eine „Ausnahme–Hexe", die (in Begleitung ihrer Katzen) um Haaresbreite an ihrem Scheiterhaufen vorbeikam. Es war um das Jahr 1620, als die damals schon 73jährige „Leonberger Hexe" Katharina im letzten Moment doch nicht in die Flammen geschickt wurde – ein Wunder beinah. Sie hatte auch eines nötig nach ihrem elenden Leben: Nach sieben Kindern und zwanzigjähriger Ehe lief ihr der Mann davon. Weil sie streitsüchtig gewesen sein soll und geschwätzig obendrein. Und weil sie sich mit Kräutern und Salben und Gebeten um „Notfälle" bei Mensch und Tier

Kapitel 4

gekümmert hat. Als der Mann weg und die sieben Kinder aus dem Ärgsten raus waren, mußte sie vom Quacksalbern und „Besprechen" (Gesundbeten) leben – was hieß: Es war nur eine Frage der Zeit, daß sie als Hexe in Verruf kam. Einer ihrer Söhne genierte sich wohl ganz besonders für die Mutter – er wollte sie an den Pranger bringen. Daß sie noch einmal samt Salben und Katzen davonkam, verdankte sie dem Umstand, daß der liebe Herr Sohn knapp davor ins Gras beißen mußte. Ein kleiner Aufschub ... dann wurde sie einiger „Kunstfehler" bezichtigt und wegen Giftmischerei und häufigem Umgang mit schwarzen Katzen vor den Richter geschleppt. Halb Leonberg bezeugte, daß durch ihre Anwesenheit Vieh verreckte, dem Fleischer das Bein schmerzte, die Pfarrerstochter von schwarzen Vögeln umzingelt und auf dem Schloßplatz „von einem heftigen Stoße umgeworfen" wurde. Als die erwachsenen Kinder mitbekommen hatten, daß ihre Mutter folgerichtig demnächst auf dem Scheiterhaufen enden müßte, kriegten sie es doch mit der Angst und versteckten sie erst einmal in sicherer Entfernung von Leonberg. Als sie später doch zurückkam, war sie sofort wieder angeklagt. Ein krankes Rind und die selbstverständlich „beweisbare" Verhexung des Schulmeisters waren diesmal angesagt. Der Vollstreckung des Todesurteils durch Verbrennen (samt Kräutern, Gift und Katzen) kam noch im allerletzten Moment die vehemente Hilfe eines ihrer Söhne zuvor. Er beeidete alles, was es zu beeiden gab, reichte Bittgesuche ein, und vor allem warf er seinen hochrühmlichen Namen gewichtig in Justitias Waagschale. Letzteres wird wohl am meisten geholfen haben, das Leben der Mutter zu retten, denn der Sohn dieser Hexe Katharina war kein Geringerer als der berühmte Gelehrte und Astronom Johannes Kepler. Im April des Jahres 1622 holte man sie aus dem Kerkerloch – gerade noch früh genug, daß sie „in Freiheit eines natürlichen Todes sterben" konnte. Nach wenigen Monaten übrigens – was in Anbetracht der damaligen „Haftbedingungen" ohnehin schon an ein Wunder grenzte. Die Katzen der „Hexe von Leonberg" kamen in diesem historisch belegten Kampf gegen den Blutrausch in Gottes Namen allerdings nicht mehr in den Genuß der Begnadigung.

Wie denn auch? Die primitiven Henkersknechte, die sich grölend an den Todesqualen zahlloser Katzen weideten, befanden sich schließlich in bester Gesellschaft. Nicht nur der schon erwähnte Papst Innozenz VIII. war ein fanatischer Katzenhasser, der im Jahr 1484 verkündete, „daß Katzen heidnische Tiere sind, die mit dem Teufel im Bunde stehen". Er befahl der Inquisition sogar, nach Katzenfreunden zu fahnden und sie erbarmungslos zu verfolgen. Man dürfte diesen Befehl des Papstes mit so überzeugenden Methoden ausgeführt haben, daß sogar Ritter des Tempelordens unter Folterqualen gestanden haben, sie hätten den Satan in der Gestalt einer schwarzen Katze gesehen und angebetet. Was blieb ihnen unter diesen Umständen auch anderes übrig?

Bald war es vielerorts in Europa eine beliebte „Attraktion" auf Volksfesten und zur Kirchweih, Katzen zum Spaß der jaulenden Menge vor aller Augen zu Tode zu quälen. Man warf die Katzen in verschlossenen Körben oder mit Stricken gefesselt von den Stadttürmen in die Flüsse oder in lodernde Feuer. Man „verheizte" die lebenden Tiere auf Kirchenplätzen ins Johannisfeuer. Und ab dem Jahr 1560 war es dem französischen König Karl IX. höchstpersönlich „ein berauschendes Vergnügen", mindestens zehn lebende Katzen auf jedem Fest in die Flammen zu schleudern.

Im Elsaß hat man unzählige von ihnen ins Osterfeuer geworfen, in Metz ließ man die Katzen aufgehängt oder auf Stangen gespießt (!) über den Osterfeuern langsam bei lebendigem Leib rösten – und die Leute betranken sich bei diesem Anblick höchst amüsiert und brüllten vor Vergnügen.

Nach solchen grauenvollen Volksbelustigungen wurden dann die verkohlten Knochen der Katzen eingesammelt und als Glücksbringer (!)

Kapitel 4

verschenkt. So geschehen in Paris und vielen anderen „Kulturmetropolen" Europas.

Die Blutspur der geschundenen Katzen zieht sich bis in unsere Gegenwart. Oder meinen Sie, daß einer Katze, die in den Schraubstock eines Versuchslabors genagelt, ihrem schrecklichen Tod entgegenleidet, die wissenschaftlichen Ergebnisse vielleicht die Qual erleichtern? Klar, Katzen sind ja fürs Versuchslabor bestens geeignet: Sind sie doch die zähesten, widerstandsfähigsten, sensibelsten und klügsten Opfer der Wissenschaft, die man sich nur vorstellen kann. Jedesmal, wenn ich Berichte über Tierversuche lese und das entsprechende Bildmaterial zu sehen bekomme, wünsche ich mir im Namen aller Tiere (natürlich nicht nur der Katzen), daß den Folterknechten im weißen Kittel genau das widerfährt, was Mohammed verbreiten ließ: „Der Täter soll die gleichen Qualen erleiden, die er dieser Katze zugefügt hat." Das Thema Tierversuch hätte sich sofort von selbst erledigt.

Kapitel 5

Katzenkult und Kultkatzen – Karrieren auf leisen Pfoten

Katzenkult und Kultkatzen – Karrieren auf leisen Pfoten

Im Verlauf der Lebensgeschichte vieler Menschen haben Katzen nicht nur einen besonderen Stellenwert, sondern auch in entscheidenden Momenten oft „ihre Pfoten im Spiel" gehabt. So manche Biographie wäre ganz anders ausgefallen, wäre da nicht diese Katze gewesen, die „ihren Menschen" immer im richtigen Augenblick beschäftigt, abgelenkt, inspiriert oder getröstet hat – von den Lebensrettern in Katzengestalt ganz zu schweigen.

Sir Harold Wilson, der ehemalige britische Premierminister, nahm seinen Kater „Nemo" in den Amtssitz in der Downing Street mit und legte großen Wert darauf, daß er auf offiziellen Familienfotos mitposierte. Auf die Frage von Journalisten, wie der Kater zu diesem außergewöhnlichen Stellenwert im Leben des Staatsmannes komme, meinte er nur vielsagend: „Ohne Nemo hätte ich manches in diesen Jahren anders gemacht. Es waren aber gerade diese Dinge, die mich dahin brachten, wo ich jetzt bin."

Menschen, die keinen Draht zu Katzen haben, werden solche Äußerungen kaum verstehen und sie bestenfalls für schrullig halten. Zudem hat sicher dieser schwer erklärbare, mysteriöse Einfluß von Katzen auf ihre Bezugspersonen auch dazu beigetragen, daß ihnen immer wieder tieruntypische und nahezu magische Eigenschaften nachgesagt wurden. Immerhin: Welches „ganz normale Tier" ist schon in der Lage, in

Kapitel 5

ein Menschenschicksal einzugreifen? Aber es gibt dafür genügend Beispiele aus der Vergangenheit und Gegenwart, daß Katzen durchaus das Zeug dazu haben, Geschichte und Geschichten zu machen. Viele davon sind so unglaublich und berührend, daß sie ausreichenden Stoff für zahlreiche tragische und amüsante Stories zu bieten haben – für Romane, Filme, Poesie, aber auch für wissenschaftliche Publikationen und Sensationsberichte. Besonders auf Grund ihres oft unerklärlichen Verhaltens in Extremsituationen sorgten Katzen häufig für Schlagzeilen, was so manches schlaue Miniraubtier über Nacht zum vierbeinigen Medienstar werden ließ. Mag der historische Katzenkult mittlerweile auch hauptsächlich zum Stoff für Legenden aus längst vergangener Zeit geworden sein – viele Katzen der Gegenwart und jüngeren Vergangenheit haben ganz zu Recht den Status eines Kulttieres. Manche verdanken ihn einer kätzischen „Heldentat" oder einem ganz erstaunlichen Talent, andere sind dadurch zur Kultkatze geworden, daß sie als besonders charismatische Tiere aufgefallen sind. Und dann gibt es noch die „Glamour–Stars" unter den Katzen, die von den Medien zu Kultgeschöpfen hochgejubelt wurden, weil sie eben besonders süß aussehen und außerdem das Haustier eines Prominenten sind – wie „Socks", der Kater der Clintons und seit 1993 tierischer Superstar im Weißen Haus. Der „prominenteste Kater der Welt" darf keinen Katzensprung außer Sichtweite des Wachpersonals riskieren, und eine eigene Sekretärin ist rund um die Uhr mit seiner Fanpost beschäftigt, die mit Socks' Pfotenabdruck „unterzeichnet" wird.

Selbstverständlich kann man Socks per Internet besuchen, und seine Autogrammkarten mit Originalpfotenabdruck haben unter Fans und Sammlern einen höheren Marktwert als der Namenszug von Madonna oder Leonardo DiCaprio. Ob der Kultkater der Nation von diesem ganzen Rummel um seine 6-Pfund–Person nicht längst die putzige schwarz-weiße Schnauze gestrichen voll hat?

Dagegen hatten es die vergötterten Katzen des französischen Dichters Charles Baudelaire weitaus beschaulicher. Nach eigener Aussage bezog der Poet die Inspiration für seine Arbeit „aus der Beobachtung ihrer Anmut und Schönheit" und revanchierte sich mit Hymnen auf seine Lieblingstiere. „Die Chinesen lesen die Zeit aus den Augen einer Katze. Der Dichter liest in ihnen die Ewigkeit."

Ein knappes Jahrhundert später erklärte der französische Filmregisseur und Schriftsteller Jean Cocteau seine Katze zur „Königin meiner Phantasie, deren Charme ich ausgeliefert bin". Er legte ihr ein Halsband mit der Inschrift an: „Cocteau gehört mir."

Dagegen schaffte es „Arthur", der berühmte englische TV-Kater durch seine unglaubliche Geschicklichkeit und Cleverneß, zum Liebling des britischen Fernsehpublikums zu werden. Man konnte ihn häufig live dabei beobachten, wie er vor laufender Kamera in rasantem Tempo seine rechte Vorderpfote zum Löffel formte, um damit wie ein Mensch zu essen – oder wie er mit anderen Pfoten- und Krallenstellungen diverse Werkzeuge nachahmte, um sie dann auch entsprechend zu gebrauchen. Angeblich soll Arthur nie dressiert worden sein (was bei Katzen auch äußerst schwierig und häufig völlig unmöglich ist), sondern eine enorme Beobachtungsgabe und große Lust am Nachahmen gehabt haben.

Überhaupt schienen einige englische Kultkatzen über ein besonderes „handwerkliches Talent" zu verfügen. Im 19. Jahrhundert wurde „Williamina", die geliebte Samtpfote des Schriftstellers Charles Dickens, nicht nur in seinem literarischen Werk als „The Masters Cat"

Kapitel 5

verewigt, sie verdiente sich ihren Kultstatus auch „eigenhändig": Wenn
Dickens nachts zu lange am Schreibtisch saß und Williamina fand, daß
es an der Zeit wäre, endlich schlafen zu gehen, sprang sie hoch und
löschte mit raschen, gezielten Pfotenhieben die Kerzen aus. Wer das
nun für ein typisches kleines Katzenmärchen hält, irrt sich. Dickens'
Lieblingskatze war nur genauso geschickt wie mein häufig erwähnter
„tierischer Lebensgefährte" Paulchen Panther, der es in seinen letzten
Lebensjahren ebenfalls ganz energisch und treffsicher auf
Kerzenflammen abgesehen hatte. Wenn sie unruhig flackernd geknistert haben, ging er in nächste Nähe und beobachtete sie mit erregt
geweiteten Augen, dann stieß er sein typisches, warnendes „Mack!" aus,
setzte eine dramatische Miene auf und tigerte unruhig zwischen der
brennenden Kerze und mir hin und her. Wenn ich nicht sofort auf sein
Warnverhalten reagierte, ging er wie Dickens' Katze eigenpfötig an die
Löscharbeit, obwohl er Feuer in jeder Form haßte und selbst aus größerer Distanz immer mit wütendem Fauchen darauf reagierte. Es muß
ihn größte Überwindung gekostet haben, die Flämmchen auszuschlagen, denn er ging mehrmals hin und rasch wieder weg, um letztendlich
doch entschlossen hochzuspringen und fauchend mit weit ausholender
Pfote zuzuschlagen. Ich muß gestehen, daß ich es immer wieder darauf
ankommen ließ, weil mir Paulchens Löschaktionen einfach zu gut
gefielen. Außerdem war ich neugierig, ob er – wie meistens – sein ganzes Selbstdarstellungsprogramm durchspielte: Kaum war die Flamme
gelöscht, fauchte er noch mehrmals zischend dem abziehenden Rauch
nach, dann kam er zu mir, um mich wütend anzufauchen und anschließend mit beleidigter Miene demonstrativ die Pfote zu lecken, was hieß:
„Wegen dir habe ich mir schon wieder die Tatze verbrennen
müssen!"
Übrigens bestätigt auch Gisela Bulla, Katzenexpertin und Autorin hervorragender Sachbücher, aus eigener Erfahrung, daß ihr Halbsiamkater
„Angel" mit der Pfote Kerzen löschte, obwohl doch allgemein bekannt

ist, daß Katzen das Feuer fürchten. Wenn sie es trotzdem riskieren, sich „die Pfoten zu verbrennen", müssen sie also einen guten Grund dafür haben – vermutlich, um ihren Lieblingsmenschen zu beschützen. Sicher hat sich aber weder Angel noch Paulchen Panther jemals die Tatze versengt, dafür schlagen Katzen viel zu schnell und energisch zu. Und sie würden ihre originellen Löschaktionen bestimmt nie wiederholen, wenn sie dabei schmerzliche Erfahrungen gemacht hätten – dafür lege ich meine Hand ins Feuer!

Zurück nach England, wo sich ein weiterer prominenter Staatsmann, Sir Winston Churchill, ganz offiziell zum Katzenkult bekannte. Der britische Regierungschef und Nobelpreisträger nannte seinen berühmten schwarzen Kater „Lord Nelson" nicht nur nach dem legendären Admiral, Churchill speiste auch mit Vorliebe in seiner Gesellschaft. Kater Nelson hatte einen eigenen Platz am Familientisch, und niemand hätte es gewagt, diesen Sessel einem Menschen anzubieten. Es kam übrigens nicht von ungefähr, daß Sir Winstons Kater auf den ruhmreichen Namen des Viscounts Horatio Nelson hörte, der ja selbst als besonders katzophile Persönlichkeit in die Geschichte einging: Als er sich zwischen einem Leben mit seiner ersten Frau oder dem mit seiner Katze entscheiden sollte, trennte er sich von der Angetrauten und bevorzugte die Gesellschaft seiner vierbeinigen Freundin. Zudem stand die Schiffskatze auf seinem Admiralsschiff unter der persönlichen Obhut des hohen Herrn. Wenn das kein konsequent gelebter Katzenkult ist …?!

Als Sir Winston Churchill 1965 starb, ging sein herrschaftlicher Wohnsitz Chartwell in das staatliche Eigentum Englands über, dies allerdings nur unter der testamentarisch festgelegten Bedingung, daß „Lord Nelsons" letzter Nachfolger „Kater Jock" auf dem Anwesen weiterhin sein lebenslanges Wohnrecht behält. Darüber hinaus hatte Churchill in seinem Letzten Willen verfügt, daß nach dem Tod seines Katers Jock ein weiterer Kater einziehen soll, der Jock möglichst ähnlich zu sein hatte. Als Jock I. im Jahr 1976 sein luxuriöses Katzenleben auf Chartwell durch Altersschwäche beendet hatte, trat Kater Jock II. die Nachfolge an. Als er nach 16 wunderbaren Katzenjahren im Dezember 1991 die grünen Augen für immer schloß, bekamen die zuständigen Leute des National Trusts ein echtes Problem: Keiner der gemeldeten Kater war dem Liebling Churchills so ähnlich, daß er dem komplizierten, testamentarisch festgelegten Auswahlverfahren standhielt. Das britische Denkmalamt hatte also monatelang Katzen auf ihre Nachfolgetauglichkeit zu testen. Im Juli 1992 hat es dann endlich geklappt, Kater Jock III. wurde gewählt, er entsprach in Aussehen und Eigenschaften noch am ehesten den Vorgaben Churchills. Die Sache hatte nur einen Haken: Der dritte Jock war noch keine zwei Monate alt und dementsprechend wild-verspielt. Also mußte er erst einmal in der Wohnung des Museumswärters die nötigen Manieren lernen, worunter verstanden wird, daß er nicht ständig an den wertvollen Polstermöbeln seine Krallen schärft und darauf verzichten kann, die Vorhänge hochzuklettern – immerhin ist Chartwell in ein Museum umgewandelt worden, in dem die zahlreichen Besucher die „Untaten" von Jock III. mitbekommen würden.

Vor fast 400 Jahren wurde ein Kater in London durch seine treue Liebe zur Kultfigur, die später in zahlreichen Geschichten verewigt worden ist. Sir Henry Wriothesley fiel wegen seiner Beteiligung am Aufstand gegen Königin Elizabeth I. in Ungnade, worauf er 1601 verurteilt und in den Tower geworfen wurde. Sein Kater konnte die Trennung vom geliebten Herrn nicht ertragen, er machte sich auf den Weg und kam nach einigen Tagen zum Tower, wohin ihn sein sechster Sinn letztlich geführt hatte. Nun stand er vor den Toren des sichersten Gefängnisses von London und hatte nach menschlichem Ermessen nicht die geringste Chance, zum Grafen zu kommen. Aber was niemand für möglich gehalten hätte, schaffte das magische Geschöpf Katze: Glaubhaften Aufzeichnungen zufolge „ortete" der Kater die Gefängniszelle seines

Herrn, erkletterte sämtliche Mauern, Brüstungen und Dächer, die die beiden noch trennte, um schließlich vor seiner Zellentür anzukommen. Dort ließen ihn die Wächter natürlich nicht ein, also maunzte der verjagte Kater immer wieder laut aus sicherer Entfernung. Sir Wriothesley antwortete ihm mit Lockrufen, wenn die Wachen gerade weggegangen waren. Mensch und Kater „redeten" so lange miteinander, bis im Tower ein kleines Wunder geschah: Das treue Tier entdeckte – wohl über akustische Wahrnehmung –, daß ein Kamin zur Zelle führte. Der Kater überwand sämtliche Hindernisse und kletterte durch den Kaminschacht zu seinem Menschen. Wie formulierte es der Philosoph und Historiker Hippolyte Taine? „Ich habe die Philosophen und die Katzen studiert. Doch die Weisheit der Katzen ist letztlich um ein Weites größer." Als Hymne an seine Katzen schrieb Taine übrigens 12 Sonette, die keinen Zweifel darüber aufkommen lassen, daß der Gelehrte Katzen für absolute Ausnahmegeschöpfe hielt.

Ähnliches notierte auch Mark Twain: „Wenn der Mensch mit der Katze gekreuzt werden könnte, würde der Mensch verbessert, die Katze aber verschlechtert." Der amerikanische Schriftsteller war ebenfalls für seine große Liebe zu den Katzen bekannt. Unter seinen elf Katzen war der Kater „Sour Mash" der absolute Liebling des Literaten, der ihn in seinem Buch „Durch dick und dünn" unter dem Namen „Tom Quartz" verewigt hat.

Man könnte jetzt meinen, daß vor allem Literaten und Politiker einen besonderen Sinn für die Magie der Katze haben und sie im Rahmen der eigenen Popularität zum Kultgeschöpf machen. Tatsächlich ist auch der englische Premierminister John Major ein wahrer Katzaholic und in seinen schwarzweißgefleckten Kater „Humphrey" so vernarrt gewesen, daß er ihm regelmäßig ein tierärztliches Untersuchungsprogramm verordnet hat – aus Angst, den Kater frühzeitig zu verlieren. Bei dieser Gelegenheit stellte der Tierarzt ein Nierenleiden fest, worauf der Premierminister auf eine ausgewogene Diäternährung für seinen

Kapitel 5

Liebling wert legte. Im Sekretariat John Majors mußte ein Aushang verfaßt werden, in dem das Personal detailliert über Kater Humphreys Diätprobleme informiert wurde, damit niemand auf die Idee kam, ihn mit verbotenen Häppchen zu füttern – was im November 1993 natürlich mit Vergnügen von der Boulevardpresse ausgeschlachtet wurde. „Humphrey, der ehemalige Streuner, hatte großes Glück, von Premier Majors adoptiert zu werden, der ihn täglich hätschelt und tätschelt und seinem Pussykater selbstverständlich alle Privilegien eines Regierungsangestellten angedeihen läßt – inklusive unserer stattlichen Gesundheitsvorsorge, das versteht sich von selbst."

Nur die „eiserne Lady" Margaret Thatcher war eine unrühmliche Ausnahme in Sachen Katzenkult – sie machte sich im April 1987 äußerst unbeliebt, als sie den ältesten Mitbewohner der noblen Adresse Downing Street 10 in die Rente schickte, weil er nicht mehr zur vollen Leistung seines Jobs in der Lage war. Die Rede ist von einer weiteren Kultkatze der englischen Medien. Der prächtige Tigerkater „Wilberforce" lebte seit 14 Jahren in der Downing Street und wurde von immerhin vier englischen Regierungschefs geliebt und gestreichelt. Wilberforce galt als berühmtester Kater Englands und bekam jährlich Hunderte Fanbriefe und Glückwunschkärtchen zu Weihnachten. Aber er war eben nicht nur als vierpfötige Kultfigur, sondern auch als Mäusekiller engagiert, und nach Ansicht Margaret Thatchers sollte auch ein Kater in Rente geschickt werden, wenn er zu alt für seine volle Leistung wird. Eine jüngere Katze bekam seinen Job, und der allseits vergötterte Stubentiger wurde in ein „Altenheim für Katzen" aufs Land gebracht. Als Wilberforce im Mai 1988 in diesem Katzenaltenheim starb, wurde das von der Yellow press gründlichst ausgeschlachtet: Der Kultkater der Briten sei an gebrochenem Herzen gestorben, er hatte Sehnsucht nach der Downing Street und so manchen Ausbruchsversuch aus dem Tierheim hinter sich gebracht, bis er eines Tages in den Hungerstreik trat, das Fressen verweigerte und nur mehr mit depressiver Miene durch die Gänge schlich. Die Londoner Presse versäumte es nicht, Wilberforce einen gebührenden Nachruf zu widmen: „Der schönste und stolzeste Tigerkater Englands diente den Regierungschefs Heath, Wilson, Callaghan und letztlich der eisernen Lady – er machte ihnen seit 1973 jeden Tag ihres Amtes angenehmer und vergnüglicher. Man hätte diesem prächtigen Geschöpf also ohne weiteres das Gnadenbrot in der Downing Street gönnen können!" Darauf bemühte sich ein Pressesprecher von Lady Thatcher um Wiedergutmachung. „Die Premierministerin sei vom Ableben des Maskottchens der Nation betroffen, und das letzte Lebensjahr auf dem Lande sei keiner Verbannung, sondern einem Erholungsaufenthalt gleichzusetzen. Wilberforce hinterläßt in der Downing Street eine Lücke, die keine andere Katze in dieser Art je wieder ausfüllen wird." „Wenn ich nochmals auf die Welt kommen sollte, dann bitte als Katze in einem kultivierten englischen Haus – nirgendwo sonst bekommt man mehr Beachtung und Annehmlichkeiten!" pflegte mein wunderbarer Großvater, ein Kosmopolit und begeisterter Katzenliebhaber, zu sagen, und er dürfte damit recht behalten haben – am „kultigsten" geht es tatsächlich unter britischen Katzenfans zu. Für Kater „Oscar", den besonderen Liebling des 1991 verstorbenen „Queen"-Sängers Freddie Mercury wurde sogar ein Hellseher engagiert, um abzuklären, wo es das Tier nach dem Tod des Herrchens am besten hätte. Freddie Mercurys Exfreundin Mary Austin erbte mit der Millionenvilla des Popstars auch seine sechs Katzen. Aber Darling „Oscar" schien sich mit der exzentrischen Lady nicht besonders gut zu verstehen, er verließ sein luxuriöses Zuhause, um bei Nachbar Jo Mundy einzuziehen. Mary Austin wollte sich aber für alle Fälle an Mercurys Testament halten und forderte den Kater zurück, doch Oscar und sein neues Herrchen Jo blieben unzertrennlich, weswegen das Medium Mark Wilding engagiert wurde, um mit Freddie Mercurys Geist in Kontakt zu treten. Er sollte den Streit um Kater Oscar aus dem Jenseits schlichten. Man hielt meh-

Kapitel 5

rere Channeling–Sitzungen ab, bis sich das prominente Herrchen aus höheren Sphären angeblich zu Wort meldete: „Mary soll nachgeben, mein Oscar fühlt sich bei Jo einfach wohler, ich möchte, daß er dort bleibt. Hauptsache ist doch, dem Kater geht es gut!"

Ist Ihnen diese Form von Katzenkult vielleicht doch zu „abgehoben"? Auch die seriöse Forschung interessiert sich für außersinnliche Wahrnehmungen im Zusammenhang mit Katzen. In der Veröffentlichung „PSI bei Tieren" wurde 1979 der Fall einer Perserkatze geschildert, die bei einer Nachbarin in Pflege kam, als Frauchen eine Reise buchte und einige Wochen lang unterwegs sein wollte. Nach der üblichen Umstellung hatte sich die Katze gut einge- wöhnt und fühlte sich bei ihrer „Pflegemutter" sichtlich wohl, als sie nach exakt einem Monat plötzlich verstört wirkte, unruhig durchs Haus streifte und nichts mehr fressen wollte. Am zweiten Tag ihres ungewöhnlichen Verhaltens fing sie gegen Mittag laut zu heulen an. Nachträglich konnte präzise festgestellt werden, daß die Besitzerin der Katze exakt in dieser Stunde auf ihrer Reise an einem Herzanfall gestorben war.

Es folgen ähnliche gut recherchierte Berichte über die übersinnlichen Fähigkeiten von Katzen. Auch eine Siamkatze aus Frankfurt am Main wurde während einer längeren Reise ihrer Besitzer bei Freunden unter- gebracht und fühlte sich dort gleich zu Hause – bis zu dem Tag, an dem sie ihre Gastgeber aufgeregt anjaulte, fauchte und schließlich nicht mehr zu halten war: Mit wild gesträubtem Fell sprang sie aus dem Fenster, später wurde sie vor dem Haus ihrer Leute wiedergefunden, das sie regelrecht „bewachte". Nachträglich ist festgestellt worden, daß dieses Paar zu diesem Zeitpunkt tödlich verunglückte, als die Katze in Rage geriet und um jeden Preis nach Hause kommen wollte.

In der Lombardei wurde der Fall des Bauernmädchens Clementina und ihrer Katze dokumentiert: Das Mädchen litt an Epilepsie, und Katze Mina bewachte ihr Frauchen rund um die Uhr, sie wich praktisch nie von ihrer Seite. Kurz vor jedem Anfall lief die Katze zu Clementinas Eltern und verhielt sich so auffällig, daß es sofort als warnender Hinweis verstanden wurde. Als Clementina schließlich nach einigen Jahren starb, ging die kleine treue Mina zum Friedhof, legte sich auf das Grab ihrer Herrin und harrte dort aus, bis man sie selbst tot vorgefunden hat. Eigentlich fällt einem gerade zu diesen Tieren ein, daß sie die wahren „Kultkatzen" unserer Zeit sein sollten. Von „ganz normalen" Tier-Mensch–Beziehungen kann in den geschilderten Fällen wirklich keine Rede sein.

Über das außergewöhnliche Geschöpf Katze schrieb Thomas S. Eliot in den vierziger Jahren sein legendäres „Old Possums Katzenbuch", den Klassiker der Katzenliteratur schlechthin. Seine Texte sind später zur Basis und Vorgabe für das Musical „Cats" geworden, was aber nur ein Hinweis auf den zeitlosen Zauber seines Werkes sein soll. Thomas S. Eliot war vom magischen Wesen der Katzen dermaßen fasziniert, daß er die Meinung vertreten hat, jeder Samtpfote stünden drei Namen zu: einer für den Hausgebrauch, einer für die nähere Benennung ihrer besonderen Eigenschaften und ein magischer Geheimname, der für Menschen unaussprechlich bleibt und den nur Katzen kennen und verstehen sollten. Aber damit nicht genug …! Die durchaus seriöse und angesehene britische Gesellschaft für Nicht-Primaten-Kunst präsentierte im Jahr 1994 kreative Katzen und ihre Werke im Bildband „Warum Katzen malen". Bei Auktionen haben die (tatsächlich von Katzen gemalten!) Bilder so hohe Preise erzielt, daß so mancher professionelle Maler davon nur träumen kann. Damit ist die Katzalogie (= die Wissenschaft von den Erkenntnissen über Anlagen, Eigenschaften, Talenten und Besonderheiten der Katze) aber noch lange nicht am Ende ihrer Weisheit angelangt, was die künstlerische Ader so mancher Katzen betrifft.

Also bleiben Sie ganz locker, wenn Sie Ihre Katze plötzlich tanzen sehen oder dabei ertappen, wie sie gerade mit genießerischer Miene

Kapitel 5

Musik hört. Aber darauf kommen wir noch später ausführlich zurück. Hier fürs erste nur ein kleiner Tip: Falls Sie mit einer besonders intelligenten und aufgeweckten Katze leben, klappen Sie lieber den Deckel des Malkastens Ihrer Kinder zu, bevor Sie das Haus verlassen und Schnurrdiburr sich unbeobachtet seinen geheimen Vorlieben widmen kann ... es wäre sonst nicht ganz auszuschließen, daß Sie Ihren hellen Teppich demnächst zur Kunstauktion nach London bringen müßten. Vielleicht hat ja gerade Ihr tierisches Familienmitglied das Zeug zur prominenten Kultkatze ...?

Kapitel 6

Katzen und Frauen – Ein Geheimbund mit tieferem Sinn

Katzen und Frauen – Ein Geheimbund mit tieferem Sinn

In der Katze sehe ich die Frau mit ihrer ewig beweglichen, sensiblen Seele", notierte um die Mitte des 18. Jahrhunderts Giacomo Casanova, der legendäre Verführer, der sicher eine Menge über weibliche Empfindungen wußte und zeitlebens vom unergründlichen Wesen der Katzen fasziniert war. Das zentrale Thema seines abenteuerlichen Lebens waren die Frauen, aber auch die Sucht danach, Geheimnisse zu ergründen und scheinbar Unerklärliches zu begreifen. Kein Wunder also, daß ihn gerade Katzen magisch angezogen haben.

Es gibt natürlich auch genug aktuellere Beispiele dafür, daß Männer, die ständig auf der Suche nach Herausforderungen sind und an Frauen das (für sie) Wesensfremde, Unergründliche lieben, auch eine besondere Schwäche für Katzen haben.

Die psychologischen Erkenntnisse des 20. Jahrhunderts haben immer wieder – in unterschiedlichsten Zusammenhängen – gewisse Parallelen zwischen typisch weiblichen Eigenschaften und Verhaltensmustern und jenen der Katzen festgestellt.

Lassen Sie uns noch einmal einen kurzen Umweg in die Vergangenheit machen: In unserem Kulturkreis galt doch die Katze jahrhundertelang als „falsches", hinterlistiges Tier mit geradezu dämonischem Wesen, was aber hauptsächlich der damaligen frauenverächtlichen Einstellung der Männer angelastet werden muß. Was immer sich die „Herren der

Kapitel 6

Schöpfung" nicht rational erklären konnten, weil es ihnen anders, zu wesensfremd oder nicht nachvollziehbar erschien, machte ihnen angst. Aber genau das war es ja, was sich Männer früher am allerwenigsten eingestehen konnten und was absolut nicht mit ihrem Selbstverständnis zu vereinbaren war: Sie hatten doch den Frauen überlegen zu sein, stärker, möglichst unangreifbar – Männer hatten sich vor nichts und niemanden zu fürchten – das erwarteten sie von einander und von sich selbst natürlich auch, obwohl die Realität sicher anders aussah. Aber das paßte ja nicht ins Weltbild und mußte somit verleugnet werden, wenn man sich schon mit Angst herumzuschlagen hatte, dann aber bitte mit einer möglichst „männlichen" Variante: vor Existenznöten, Krankheit, Kriegsgefahr – vor höherer Gewalt eben, gegen die auch ein gestandenes Mannsbild nichts ausrichten könnte. Aber auf keinen Fall hätte man Ängste eingestanden, die aus dem Bereich der seelischen Befindlichkeiten und emotionalen Verunsicherungen kamen, wie die unterschwellige Furcht und das entsprechende Mißtrauen vor allem typisch Weiblichen und damit auch vor der geheimnisvollen, spielerisch-koketten Katze, die doch als archetypisches Symbolwesen für das Feminine, für die Persönlichkeit der Frau schlechthin galt. Man hat den Katzen Fraueneigenschaften und den Frauen Katzeneigenschaften nachgesagt, was auch im alltäglichen Sprachgebrauch ganz deutliche Spuren hinterlassen hat. Im Englischen ist „Pussy" so allgemein gebräuchlich, daß es schon mehr die Bezeichnung für eine Katze ist als ein Katzenname – wie eben im Deutschen „Mieze" oder Miezekatze. Andererseits ist Pussy nicht nur auf den Britischen Inseln ein recht geläufiges Vulgärwort für das weibliche Geschlecht, und die deutsche „Mieze" (für Mädchen) ist wenigstens noch einen Tick neutraler als „Muschi" – was ja auch ein gar nicht so selten gebräuchlicher Katzenname ist. Pussys traditionelle Sprachwurzeln findet man einmal mehr im alten Ägypten bei Katzengöttin Bastet – Sie erinnern sich: Sie hatte den Körper einer Frau und den Kopf einer Katze. Aus Bastet,

Katzen und Frauen – Ein Geheimbund mit tieferem Sinn

Pascht oder Bubastis wurde im Lauf der Zeit (und der regional unterschiedlichen Sprachentwicklung) dann „Bus, Büseli und Busi" im Alemannisch-Schweizerischen, in Holland „Poes", in England und Amerika „Puss, Pussy und Pussycat" usw., um nur einige Beispiele zu nennen. „Pussy" ist ein Paradebeispiel für ein Wort, das gleichermaßen als Name und Begriff gebräuchlich ist – vom katzenbezogenen bis zum sexuell übertragenen Sinn. In allen Spielarten paßt „Pussy" in dieselbe geistige Schublade, die in vielen Männerköpfen oft unbewußt mit dem Etikett „Tabu" oder „mysteriös und sündig" versehen ist – je nach Zeitraum, Kultur- und Lebensbereich, was natürlich noch viel mehr auf die Vergangenheit zutrifft. Aus dieser Schublade wurden dann auch gern diverse Vorstellungen geholt, die mehr oder weniger frauen- und katzenfeindlich waren. Da war von verschwörerischer Einigkeit zwischen der raffinierten, geheimnisvollen Frau und ihrem undurchschaubaren „falschen Katzenvieh" die Rede, und viele Männer registrierten eine unnachvollziehbare gemeinsame Wellenlänge zwischen ihrer Frau und der Samtpfote, von der sich der „typische Mann" meistens ausgeschlossen fühlte, weil er einfach keine Sensoren für diese feminin-felide Gefühlsfrequenz hatte. Es wäre den meisten Männern früher „weibisch" vorgekommen, überhaupt darüber nachzudenken, was sich da eigentlich abspielen könnte – keine Männersache eben und damit basta! (Und es ist ja keine Neuigkeit, daß man sehr bald Ablehnung, Mißtrauen und Wut empfindet, wenn man sich von der Einigkeit anderer ausgeschlossen fühlt. Nichts läßt oft absurdere und bösere Verdächtigungen aufkommen, als wenn sich jemand häufig als „fünftes Rad am Wagen fühlt" – und so mag es vielen Männern ergangen sein, wenn sie das verschworene Duo Frau und Katze dabei erlebten, wie sie gegen den Herrn des Hauses dichtmachten – und sei es bloß mit Beziehungs- und Psychospielchen.)

Im letzten Jahrtausend ist diese mehr oder weniger bewußte Wesensverwandtschaft zwischen Frau und Katze sicher auch aus dem

Kapitel 6

gemeinsamen Schicksal entstanden, männlicher Macht und Willkür ausgeliefert zu sein, wobei sich die stolze Katze als das unabhängigste aller Haustiere wenigstens durch Flucht entziehen und durch Abwesenheit glänzen konnte – es fehlte ihr dann lediglich am gewohnten warmen Plätzchen an einem sicheren Ort und am freundlich hingestellten, beuteunabhängigen Futter.

Die Frauen hatten dagegen keine Chance, sich zu entziehen und trotzdem unter einigermaßen zumutbaren Umständen zu überleben, wenn man von der Existenz als Nonne (oder dem genauen Gegenteil ...) einmal absieht. Frauen hatten sich zeitlebens einem Mann anzupassen, ihm zu gehorchen und nicht selten auch völlig zu unterwerfen – erst dem Vater und anderen männlichen Verwandten, dann dem Ehemann – und spätestens ab dem Industriezeitalter auch noch dem Dienstherrn, Vorgesetzten und Brötchengeber. Merken Sie etwas? Unsere Sprache könnte es nicht anschaulicher beschreiben! Dienstherr: Die Frau hatte ihrem Herrn zu dienen, Vorgesetzter: Er war nicht zu umgehen, wenn sie im Leben weiterkommen wollte, hatte sie zu tun, was er ihr vorgab und zu ihm aufzuschauen. Und Brötchengeber konnte man 1:1 wörtlich nehmen. Wobei man nicht vergessen darf, daß in einem langen Zeitraum ja insofern die „Personalunion des Befehlshabers" über die meisten Frauen so aussah: Zuerst war der Vater und anschließend der eigene Mann gleichzeitig auch Dienst-Herr und Brötchen-Geber, ohne diese beiden „Männer ihres Lebens" hatten Frauen im allgemeinen überhaupt keine Existenzgrundlage. Selbst vermögende Frauen, Adlige oder die gutbürgerlich gebildeten, unverheiratet gebliebenen „alten Jungfern", die irgendwann in ihren späteren Jahren in ein möglichst nobles Damenstift abgeschoben wurden, lebten bevormundet von ihren männlichen Angehörigen und blieben in materiellen Dingen unter deren Kontrolle. In dieser Form mag das der Schnee von längst vergangenen Jahren sein, aber so lange ist es auch wieder nicht her, wie es die heutigen jungen Frauen vermutlich sehen.

Besonders im ländlichen Bereich sind sie ja noch immer nicht ganz ausgestorben, die alten „Filzpantoffel–Patriarchen", von denen Frauen oder Töchter gelegentlich gesagt bekommen: „Solange du noch deine Füße unter meinem Tisch hast, wirst du tun, was ich für richtig halte!"

Falls Sie sich fragen, was diese alten Hüte hier sollen, die sich schon jede Lila-Latzhosen-Feministin vor dreißig Jahren aufgesetzt hat: Die Geschichte weiblicher Abhängigkeit hat sehr viel mit der heutigen Katze-Mensch-Beziehung zu tun, inklusive aller zuvor angesprochenen Klischees von der weiblich-kätzischen Seelenverwandtschaft. Gerade weil die Katze ein sehr eigenwilliges Tier mit enormem Freiheitsbedürfnis ist, was sie ja auch immer recht anschaulich demonstriert, war sie den Frauen (meist unbewußt) ein Vorbild in Tiergestalt und den Männern ein Dorn im Auge. Was meinen Sie, wie viele Frauen es sich früher gewünscht hätten, es mit ihrer Katze zu halten und einfach erhobenen Hauptes abzuziehen, wenn es im trauten Heim wieder einmal besonders eng und unerfreulich wurde. Mag sein, daß solche Empfindungen meistens unbewußt ausagiert worden sind, aber ich erinnere mich noch gut an ein typisches Beispiel dafür: Meine Großmutter hatte immer die Gewohnheit, bei „dicker Luft" zwischen Großvater und ihr kommentarlos zur Tür zu gehen und unsere Katze hinauszulassen, was oft in einer unfreiwillig komischen Szene endete. Schnurrli hatte oft absolut keine Lust, bei jedem Wetter plötzlich vor die Tür gesetzt zu werden, nur weil es zwischen den Großeltern Meinungsverschiedenheiten gab. Mein Großvater war ein sehr kultivierter alter Herr, der sogar seinen Ärger mit Stil auszudrücken pflegte. Er machte eine ruhige, pointierte Bemerkung und bat dann meistens meine Großmutter leicht ironisch: „Bitte sei so lieb und halte es auch einmal für möglich, daß ich damit recht haben könnte, meine Liebe!" Aber genau das war es, was Großmutter auf die Palme brachte – sie wollte nicht souverän „abgefertigt" werden, sondern reden und

Kapitel 6

reden, bis sie letztendlich recht bekam – aber Großvater lächelte dann immer nur amüsiert und legte noch eins nach: „Bitte, Josefin, es könnte doch immerhin sein ...!" Das war dann immer der Moment, in dem Schnurrli Zwangsausgang bekam, und wenn ihn Oma dafür aus dem Tiefschlaf hochzerrte, mit diesem Kommentar in Variationen: „Die arme Katze muß sich das nicht mit anhören, Katzen hassen Streit, man weiß das ja! Komm, Schnurrli, geh ein bißchen spazieren!" Kaum war die Haustür hinter dem verdutzten Kater ins Schloß gefallen, was nicht immer ganz leise geschah, setzte Großmutter noch eins nach: „Mein Gott, hat es so eine Katze gut! Die kann einfach gehen, wenn es im Haus ungemütlich wird!" Wirklich dicke Luft gab es aber erst, wenn Großvater ernsthaft verstimmt war. Dann ging er nämlich anschließend selbst zur Tür und holte den – meistens noch unschlüssig auf der Schwelle sitzenden – Schnurrli wieder herein, streichelte ihn demonstrativ zärtlich und sagte zu ihm in etwa das, was er gern seiner Frau gesagt hätte. „Armer Schnurrli ... bei diesem Wetter an die Luft gesetzt ...! Frauchen geht ziemlich herzlos mit dir um, immer weiß sie es besser ... ob du raus willst oder nicht. Aber wir beide machen es uns jetzt auf dem Sofa gemütlich, komm ...!" Großvater schnappte sich den Kater, nahm ein Buch und die geliebte Zigarre mit in die Sofaecke und blieb dann meistens bis zum Abendessen unansprechbar. Das heißt – dem Schnurrli flüsterte er zärtlich allerlei kleine Spitzen gegen die Großmutter ins Ohr. „Sie will es nicht anders ... machen wir uns eben einen Herrenabend, mein Süßer ... dabei hätte sie dich doch sicher viel lieber am Schoß ... tja, die Frauen ...!" Unser rötlicher Stubentiger wurde dann dermaßen mit Streicheleinheiten und Aufmerksamkeit verwöhnt, daß er wie ein Rasenmäher schnurrte – was Oma erst recht wieder in Rage brachte. Sie ließ dann in der Folge keine Gelegenheit aus, Schnurrli wieder in jeder Hinsicht „auf ihre Seite" zu bekommen, und der Kater profitierte in Form von Leckerbissen und einer Überdosis Zärtlichkeit von beiden Großeltern immer doppelt –

was er unübersehbar genoß. Ich erinnere mich an das eine Mal, als mein geliebter Großvater richtig eifersüchtig wurde, als Schnurrli in einer solchen Situation „Verrat beging" und von verführerischen Gerüchen aus der Küche bestochen wurde, um zu Großmutter „überzulaufen". Meinte der alte Herr verstimmt: „Bist du sicher, daß du ein Kater bist, mein Freund? Ich dachte eigentlich, dir geht es auch auf die Nerven, für sie immer den Blitzableiter zu spielen!"

Wann immer eine Katze die Möglichkeit dazu hat, tut sie, was sie will – und nur das. Es sei denn, sie überlegt es sich auf halbem Wege wieder anders, weil ihr eben irgend etwas daran reizvoller vorgekommen ist. Diese gelegentlichen Launen und ihre Vorliebe, sich für die jeweils lustvollere Variante zu entscheiden, haben der Katze häufig den Ruf eingebracht, falsch und bestechlich zu sein. Das scheint vielleicht manchmal so – aber in Wirklichkeit tun Katzen immer nur, was sie wollen, nur: Darin sind sie manchmal ziemlich sprunghaft! Einer willkommenen Ablenkung wird eben zuerst nachgegangen, oder der aufregendere Duft kommt plötzlich aus der Gegenrichtung, und Mieze kehrt eben wieder um. Aber nicht, um „nachzugeben", sondern um das zu tun, was sie noch mehr interessiert. Ist die momentane Neugier befriedigt, wird die Katze häufig wieder ihr ursprüngliches Vorhaben durchsetzen – es sei denn, man zwingt sie mit Gewalt dazu, sich anders zu verhalten. Bei soviel spielerischer Selbstbestimmtheit war es kein Wunder, daß man diese ebenso eigenwilligen wie raffinierten Geschöpfe im Mittelalter gleich zusammen mit den entsprechend wesensverwandten Frauen auf die Scheiterhaufen geschickt hat – zu einer Zeit, in der die Unterdrückung alles Weiblichen zu den Grundlagen von Anstand, Moral und Frömmigkeit gehörte, und in der Männer eigenwillige, charismatische Frauen so sehr zum Fürchten fanden, daß sie ihnen – vorsichtshalber – gleich jede Lebensberechtigung abgesprochen haben. Dafür braucht es allerdings nicht unbedingt das Mittelalter sein – auch heute noch werden Frauen und Katzen mit ähnlichen Vorurteilen abgelehnt und „gefürchtet". Sie können einander in vielem so ähnlich sein, daß jemand Katzen haßt, der mit Frauen nicht zurechtkommt – und daß jemand eine Frau am liebsten vernichten möchte, weil er katzentypische Wesenszüge an ihr nicht ertragen kann. Vor der sprichwörtlichen Unberechenbarkeit der Katze und vor ihrem unangepaßten Verhalten haben viele Männer nur so lange keine Angst, bis sie die gleichen Eigenschaften bei ihrer Partnerin entdecken. Eine amerikanische Studie aus den achziger Jahren hat wissenschaftlich belegt, daß durchaus „katzenfreundliche" Männer plötzlich zu Katzenhassern wurden, wenn sie unter dem besonderen Freiheitsbedürfnis und einem betont unangepaßten Verhalten ihrer Frau oder Freundin zu leiden hatten. Was für ein Glück, daß Hexenverbrennungen abgeschafft wurden!

In bezug auf andere sehr katzentypische Eigenschaften vieler Frauen können manche Männer allerdings nicht genug bekommen, weil sie von ihnen als „urweiblich" und erotisch stimulierend empfunden werden. Da wäre zum ersten das wohldosierte, spielerisch ausgetragene Aggressionsverhalten, mit dem manche Frauen sehr „catlike" auf männliche Machtspielchen reagieren, indem sie die Unerreichbare mimen, die durchaus „ihre Krallen zeigt", bis sie angemessen umworben und verwöhnt wird und erst dann „zu schnurren beginnt", wenn ihr jeder (Bindungs-)Wunsch von den Augen abgelesen wird. Sehr ähnlich verhält sich Königin Katze ihren Menschen gegenüber, wenn sie wieder einmal etwas durchsetzen will, was man ihr unbedingt verweigern wollte.

Sollten Sie sich mit einem feministisch geprägten Weltbild identifizieren, werden Sie mir jetzt vermutlich die Pest an den Hals wünschen, aber ich bin – nach jahrzehntelanger Auseinandersetzung mit dem rätselhaften Wesen der Katze und den noch viel mysteriöseren Vorgängen in der menschlichen Psyche – nicht davon abzubringen: Sobald Frauen ein betont katzenhaftes Verhalten (dem Klischee entsprechend) zeigen,

Katzen und Frauen – Ein Geheimbund mit tieferem Sinn

macht es irgendwo im verborgensten Kämmerchen des männlichen Unterbewußtseins „klick!", und im netten Typ von nebenan erwacht jener Urinstinkt, der schon die Jäger und Sammler dazu trieb, auf Jagd zu gehen und mit Vorliebe eine Raubtierbeute heimzuschleppen. (Das ließe sich auch wissenschaftlich erklären und seriöser formulieren – nur würde in diesem Fall ein dickes Sachbuch zum Thema „Die animalischen Aspekte der menschlichen Psyche im Paarungsverhalten" daraus werden, hier geht es aber um die Katze – und darum, was Menschen an ihr lieben oder fürchten …!)

Apropos Katzenhaftes und Männerphantasien …! Die sprichwörtliche Geschmeidigkeit der Katze wird von Frauen immer wieder sehr gut und gern kopiert, um erotische Signale mit der Botschaft „Widerstand zwecklos!" an die Männerwelt zu funken. Oder halten Sie es für einen Zufall, daß alle diese Augenschmaus-Variationen, die von Models an den Mann gebracht werden (um ihn in der Folge für seine Liebste zur Kasse zu bitten), längst nicht mehr „Laufstegarbeit der Mannequins" heißt, sondern „Catwalk"? Früher haben sich ausschließlich Branchen-Insider und gutbetuchte Damen der High-Society für Modeschauen interessiert, um dort miteinander ins Geschäft zu kommen. Seit allerdings Beauties mit Kultstar-Status über den Catwalk tigern und dabei tatsächlich aussehen wie die Mieze auf ihren Beutezügen, kommt die Botschaft auch bei den Herren der Schöpfung an, die sich plötzlich in der Modeszene überhaupt nicht mehr langweilen und den ganzen kostspieligen Aufwand ziemlich erotisierend finden.

Überhaupt scheinen katzenhafte Bewegungen ihre eindeutige Signalwirkung – unter Umgehung des Kopfes – direkt in der männlichen Körpermitte zu erzielen. Denken Sie doch einmal an das Riesengeschäft der Rotlichtszene. Auch hier wird per „Catwalk" abkassiert, weil die sinnlich-geschmeidig abgetanzten Eyecatch-Nummern à la Katz' – also alles zwischen Striptease und Tabledance – im Grunde einfach „Catdance" sind, ein Cocktail aus aggressiver

Kapitel 6

Schmiegsamkeit und koketten Drohgebärden, von möglichst viel Frau in möglichst wenig Verkleidung an den Mann gebracht, in dem noch immer ein kleiner, verdrängter Raubtier-Jagdinstinkt auf leichte Beute lauert.

Wir müßten uns jetzt auf eine ausführliche Reise ins weite Land der menschlichen Seele begeben und in die Untiefen des männlichen Unterbewußtseins eintauchen, wenn es hier weiter um die psychologische Wirkung von kätzischer Körpersprache auf männliche Befindlichkeit gehen sollte – das würde ein ziemlich zeitraubendes Unternehmen werden. Ich möchte es bei einem ebenso typischen wie banalen Beispiel für ein Frau-Katze-Entsprechungsmuster belassen, an dem unlängst ein junger Mann bewiesen hat, wie es auf keinen Fall funktionieren sollte: Es war bei meinem Lieblings-Italiener, wo seine Katze für Aufregung unter den Gästen sorgte. „Barbarella" war es wieder einmal gelungen, vom Wohnbereich des Padrone ins Restaurant zu kommen, wo auch wunderschöne Tigerkatzenmädchen wie sie normalerweise Lokalverbot haben. Aber Barbarella schafft es immer wieder, in den Gastraum zu spazieren und dort kokett von Tisch zu Tisch zu gehen, um Häppchen und Streicheleinheiten von katzenfreundlichen Gästen zu kassieren – bis sie vom Personal dabei erwischt wird. An diesem Abend riskierte Barbarella also wieder eine Runde durchs Lokal und steuerte auf einen Tisch zu, an dem offensichtlich „ein alter Bekannter" saß, der sie auch gleich mit Schmeichelworten und einem Schinkenstück von seinem Antipasti-Teller anlockte. Das schien seiner weiblichen Begleitung aber überhaupt nicht zu gefallen. Mit einem schrillen „Iiihhh, hau ab, hier hat doch eine Katze nichts verloren!" verjagte sie Barbarella. Daraufhin meinte der Katzenfreund unüberhörbar zum zweiten Mann in der Runde: „Na hör dir das an, da wird doch nicht die eine Mieze auf die andere eifersüchtig sein – oder? Die Weiber funktionieren doch alle wie die Katzen, wenn du ihnen mit der Schmusetour kommst, fressen sie dir aus der Hand. Aber wenn du dann einmal ein bißchen härter reagierst, hauen sie dir gleich die Krallen rein!" Der Angesprochene zeigte seinem Freund den Vogel, die junge Frau sprang wütend auf und feuerte ihre Serviette in den Miesmuschelteller, und der „Miezenkenner" wurde vom Nachbartisch mit ätzenden Bemerkungen attackiert. Die absurde Pointe: Nebenan hatte sich inzwischen ein junges Mädchen kraulend und fütternd um Barbarella bemüht, die dann plötzlich die arme Katze anfuhr: „He, du spinnst wohl, du kannst doch diesem verdammten Macho nicht aus der Hand fressen!"

Wie schön, daß es auch jede Menge anderer Männer gibt, die das Wesen der Katze verstehen und ihren „Geheimbund" mit der Frau achten und liebenswert finden. Rudyard Kipling zum Beispiel – der englische Nobelpreisträger und Schriftsteller – beschreibt in seiner Geschichte „Die Katze geht ihre eigenen Wege" die Domestizierung der Haustiere: Hund, Pferd, Kuh und alle anderen Tiere unterwerfen sich dem Menschen für ein wenig Futter. Die Katze aber erreicht es, daß die Frau ihr die Freiheit garantiert, ohne die sie nicht wirklich Katze sein könnte. Trotzdem verspricht ihr die Frau „für alle Zeiten warme Milch". Aber der Mann und der Hund – meinte Kipling – haben keinen Vertrag mit der Katze abgeschlossen ...!

Übrigens gibt es auch gar nicht so wenige Männer, die mit ihrer Katze eine dicke Freundschaft pflegen und für alle Außenstehenden wie ein Verschwörer-Duo wirken, das sich mit einer Geheimsprache verständigt. Bei diesen Männern sollten Frauen wie Katzen ihre Krallen einziehen, denn solche Männer haben längst begriffen, worum es in wirklich guten Beziehungen gehen sollte – egal, ob sie zwischen Frau und Mann, Mensch und Tier, Frau und Katze oder Katze und Mann gepflegt werden: um Liebe, Achtung vor dem Anderssein und um den Respekt vor der Freiheit des anderen ... auch dann, wenn „der andere" eine Katze ist.

Darum geht es auch in einem der wunderbarsten Katzenbücher, die

Kapitel 6

jemals geschrieben und bebildert wurden – ausgerechnet von zwei Männern: Der Autor Gerd Ludwig wagte zusammen mit dem Fotografen Wolfgang Armbrust den „Versuch einer unvoreingenommenen Annäherung", der hervorragend gelungen ist. Allein die Widmung dieses Buches (an den eigenen Kater Max) spricht Bände, daß es nicht allein Frauen und Katzen vorbehalten bleibt, einander zu verstehen: „Für Max, den Sanften, Wissenden und Verstehenden, der dieses Buch gelesen und für gut befunden hat. Und hofft, daß es den Menschen helfen möge, ihr Wissen über Katzen und ihr Verständnis für Katzen zu mehren. Damit sie in sich Liebe und Sanftmut finden. Nicht nur der Katzen wegen."

Auch der Menschen wegen sollten wir es zumindest versuchen, etwas subtiler mit dem faszinierenden Geschöpf Katze umzugehen. Wer das einmal geschafft hat, kommt als Frau mit Männern besser zurecht und kann als Mann so manchen weiblichen Wesenszug besser verstehen. Vor allem redet er dann nie mehr von „Miezen", wenn er eigentlich Frauen meint.

Kapitel 7

Naturereignis Katze – Ein Sensor auf vier Pfoten

Naturereignis Katze – Ein Sensor auf vier Pfoten

Tiger! Tiger! Lodernd Licht, das aus Nacht und Dschungel bricht."

Damit beginnt eines der berühmtesten Katzengedichte von William Blake. Der englische Poet war vom geheimnisvollen Leuchten der Katzenaugen im Dunkeln so fasziniert, daß er immer wieder darüber schrieb – womit er sich in bester Gesellschaft befand. Viele Künstler erlagen der magischen Anziehungskraft von Katzenaugen, sie malten, besangen und „verdichteten" ihren Zauber.

„Die golden–jadegrünen Lichter in schwarzer bedrohlicher Nacht, wie ferner Leuchtturmtrost dem verirrten Wanderer vom Himmel gesandt, wenn er der Dunkelheit erlegen durch fremde Landschaft irrt." Diese kleine Hymne auf Katzenaugen ist auf einem alten Ölgemälde zu lesen, das in einer Villa auf der Insel Rügen zu sehen war. Man erkennt darauf im fahlen Mondlicht einen Wanderer, den nur noch wenige Schritte vom Abgrund der Steilküste trennen. Am Rand des Kreidefelsens sieht man schemenhaft Katzen sitzen, deren sechs Leuchtaugen den Mann im letzten Moment vor dem sicheren Absturz in die Fluten der Ostsee bewahren. Auf diesem nicht eben kitschfreien Votivgeschenk an die rettenden Katzen von Rügen sind die „unheimlichen Wesen der Nacht" endlich einmal zu Ehren gekommen – was wohl eher die Ausnahme war. Früher hätten Katzen eigentlich damit

Kapitel 7

rechnen müssen, für ihren „gespenstischen Streifzug am Abgrund" gleich wieder verteufelt zu werden. Schließlich hielt man die unerklärliche „Verstellbarkeit" der Katzenpupillen sogar für einen Beweis des Verdachtes, daß sie keine normalen Tiere sein könnten, sondern irgendwelche unheimlichen Geschöpfe aus einem dämonischen Zwischenreich.

Es ist ja auch irgendwie nachvollziehbar: Wie hätte man es einem Menschen vor einigen Jahrhunderten auch erklären können, daß ein Tigerauge gerade noch gelbgrün aus der Dunkelheit blitzen konnte und aussah, als wäre es „wie durch Zauberkraft von innen her beleuchtet" – und kaum hielt man ein Licht hin, sah man ein dunkles Auge, das sich wieder blitzschnell in ein hellgrünes mit winzigschmalen Schlitzchen verwandelte, und das so rasch, daß das menschliche Auge diesen Vorgang kaum richtig wahrnehmen konnte. Was für ein Beweis für die Magie der Katze! Das mußte einfach mit dem Teufel zugehen – oder zumindest steckte Spuk dahinter, mysteriöse Energie aus einer anderen, unsichtbaren Welt. Also gerieten unsere Katzen sehr oft auch wegen der außergewöhnlichen Beschaffenheit ihrer Augen in den üblen Ruf, Kreaturen des Satans zu sein – oder wenigstens „fellverkleidete Kobolde aus einem rätselumwobenen Reich zwischen der Welt und dem Jenseits", wie es in einer irischen Geschichte zu lesen ist.

Mit Sicherheit war früher die unerklärliche „High-Tech"–Ausstattung der Katze den meisten Menschen nicht ganz geheuer und dadurch ein Hauptgrund für diverse finstere Legenden, die sich in ganz Europa um die kleinen, geschmeidigen Raubtierchen rankten. Daß sie sich mit Vorliebe zur Dämmerung und Nachtzeit herumtreiben und dadurch als „lichtscheues Gesindel" galten, kam ja noch verschärfend hinzu. Schließlich war das gesamte Katzenvolk – vom Haustier über die Wildkatze bis zum Luchs in unseren Breiten – ja tatsächlich vor allem ein nachtaktives Tier, das sich am Morgen gern zurückzog – müde von den nächtlichen Umtrieben und Beutezügen. Kaum war die Sonne auf-

148

gegangen, sah man nur wenige Katzen, und die vor allem in schlafendem, zumindest träge dösendem Zustand. Da konnte man es schon für möglich halten, daß Katzen ein Teufelspack sind, denn wenn man selbst sein Tagewerk verrichtete und auch sonst lauter Dinge tat, die keinesfalls „das Licht des Tages zu scheuen hatten", gingen diese mysteriösen Biester in ihre Schlupfwinkel. Die Folgerung einfacher Leute, daß sich solche nachtumtriebigen Geschöpfe vor dem Sonnenlicht genauso zu verbergen haben wie vor rechtschaffener menschlicher Überwachung, lag dann schon recht nahe. Und dann verkrochen sie sich auch noch ahnungsvoll, bevor jemand in der Familie starb. Oder sie wollten ausgerechnet bei Blitz und Donner ins Freie hinaus – natürlich, das konnten nur Höllenviecher sein, wenn sie es so unwiderstehlich ins tobende Unwetter hinauszog, das man ohnehin als Strafe Gottes oder gar als Machtdemonstration dämonischer Kräfte angesehen hat.

Heute weiß man es besser. Die elektromagnetische Aufladung der Atmosphäre vor einem Gewitter ist ein ganz besonders anregender Zustand für das hochenergetische Geschöpf Katze. Es zieht sie förmlich hinaus, denn es ist für Katzen ein sprichwörtlich „knisterndprickelndes Vergnügen", sich der erhöhten Spannung auszusetzen. Sie laden sich bei Gewitter regelrecht auf und tanken förmlich Energie, während sich jeder vernünftige Mensch und die meisten Tiere vor möglichen Blitzschlägen schnell in Sicherheit bringen.

Das anschaulichste Beispiel für dieses erstaunliche Verhalten der Katzen war immer wieder mein kätzischer „Lebensgefährte" Paulchen Panther, den es bei Gewitterausbruch keine Sekunde länger im Haus hielt. Ihm war jedes Mittel recht – von wilden Schmuseanfällen und süßen Gurr-Tönen bis zum wütenden Gejaule, wenn ich ihn dafür nur schnell zur Tür hinaus ließ. Dann raste er wie von Furien gejagt durch den Garten, zwängte sich durch den Heckenzaun ins Nachbargrundstück und kletterte mit einer Geschwindigkeit, als müßte er um sein

Kapitel 7

Leben hetzen, über einen Stapel Holz auf einen höheren Nußbaumast. Von dort aus setzte er zu einem waghalsigen Hochsprung an, um auf dem Schindeldach eines Winzerhauses zu landen – um im nächsten Moment scheinbar „todesmutig" auf dem Dachfirst zu stehen und Blitzableiter zu spielen – so sah er jedenfalls dabei aus. Am liebsten trieb es Paulchen im wahrsten Sinn des Wortes auf die Spitze, um nur ja genug elektromagnetische Spannung abzubekommen: Vom Dachfirst sprang er dann noch auf den gemauerten Schornstein. Dort hockte er dann vergnügt und aufgeregt mit übermütig hochgestellten Ohren, buschig aufgeplustertem Schwanz und erregt gesträubten Rückenfell-Grannen, saß eine Weile an dieser exponiertesten Stelle des Daches oder spazierte auf und ab. In unserer ersten Zeit auf dem Land war dieser Anblick für mich gewöhnungsbedürftig, ich fürchtete um Paulchens Leben und rief mich heiser, um ihn von seinem Blitzableiterspielchen abzubringen und ins Haus zu locken – vergeblich. Ich war für ihn überhaupt nicht existent – nur die aufgeladene Atmosphäre zählte für ihn, und der ärgste Wolkenbruch war ihm in solchen Momenten völlig egal, obwohl er sonst beim kleinsten Wasserspritzer vor Wut ausflippen konnte. Erst wenn das Gewitter deutlich nachgelassen hatte, kam er wieder ins Haus, um sein klitschnasses Fell zu trocknen und sein Hochgefühl zu demonstrieren – er raste mit wilden Sprüngen durchs Haus, balancierte über das Treppengeländer und zog die verwegenste Show kätzischer Artistik ab. Klar, mein rabenschwarzer „Hexenkater" hatte sich wieder einmal gründlich energetisch aufgeladen und wollte jetzt seine überschüssigen Kräfte loswerden.

Aber zurück zu den auffälligsten Naturgeschenken, mit denen das „höchstentwickelte Raubtier überhaupt" (wie Alfred Brehm, der berühmte deutsche Zoologe, die Katze bezeichnete) ausgestattet ist: Lassen Sie uns gründlich in die wunderbaren Katzenaugen schauen! Wußten Sie, daß sie wahre Meisterwerke der Natur sind und einiges leisten können, was man sonst nur von einer erstklassigen Kamera erwartet? Das Katzenauge ist mit einer perfekten Blendenautomatik ausgestattet, die mancher handelsüblichen Kameralinse überlegen ist. Je nach Lichtintensität und je nach dem Winkel des momentanen Lichteinfalles wechselt die Pupillenform in Bruchteilen von Sekunden – von der großen, kreisrunden Pupillenöffnung bei Dämmerung und Dunkelheit (die aussieht, als hätte die Katze lackschwarze Kugelaugen) bis zum fadenschmalen Schlitzchen bei plötzlichem Lichteinfall oder tagsüber bei Sonnenlicht. Diese unglaubliche Anpassungsfähigkeit an unterschiedlichste Lichtverhältnisse konnte man in früheren Zeiten beim besten Willen nicht logisch erklären, also mußte man die Funktionen des Katzenauges für etwas Übernatürliches halten und an Höllenspuk glauben. Man muß sich das vorstellen: In einer Zeit, die an Lichtquellen neben der Sonne praktisch nur Feuerstellen und Fackeln aufzuweisen hatte und die Menschen darüber hinaus praktisch nichts kannten, was selbständig leuchten oder einen nennenswerten Widerschein bieten konnte, tauchte plötzlich völlig lautlos dieses koboldhafte Tier auf, dessen Augen selbst beim geringsten Lichtschein aus einem Türspalt aufleuchteten. Das mußte nicht nur das Unerklärlichste, sondern auch das Unheimlichste für einen Menschen gewesen sein, der nachts unterwegs war und plötzlich blinkenden Feueraugen gegenüberstand. Im Dunkeln streunenden Katzen zu begegnen, dürfte ängstlichen und abergläubischen Leuten so vorgekommen sein, als hätte sich gerade die Erde aufgetan, um Beelzebubs schleichendes Fußvolk seinen bösen Spuk treiben zu lassen.

Sicher war es für die Überlebenschancen der Katzen dann sehr förderlich, als es endlich wissenschaftliche Erklärungen für ihre „magischen Augen" gab, die sich aber nur sehr beiläufig herumgesprochen haben. Über die wesentlichen Details der kätzischen Superaugen wissen bis heute noch die wenigsten Bescheid, von Fachleuten und ausgesprochenen Katzenfreaks einmal abgesehen. Als erstes möchte ich hier mit

Kapitel 7

dem sprichwörtlichen Irrtum aufräumen, daß Katzen auch in völliger Dunkelheit gut sehen können. Die Sehfähigkeit einer Katze ist zwar tatsächlich phänomenal, aber wenn es wirklich stockfinster ist, sieht sie auch nicht viel mehr als ein Mensch. Wahr ist dagegen, daß Katzenaugen – wie keine anderen – auch die allerkleinste Lichtquelle nützen können: Die sensationelle Leistungsfähigkeit des Katzenauges ist bei sogenanntem „Restlicht" festzustellen, von tiefer Dämmerung bis ins Beinahe-Dunkel, in dem Menschen nichts mehr erkennen können. Selbst bei geringstem Lichtanteil kann ein schwacher Strahl noch optimal genützt werden, weil sich die Katzenpupille bei Bedarf bis zur vollen Kreisform erweitert.

Zusätzlich wird die außerordentliche Nachtsichtigkeit der Katze durch das Tapetum lucidum verstärkt, mit dem sie praktisch jeden Lichtstrahl doppelt nutzen kann. Stellen Sie sich dieses kleine Gewebe hinter der Netzhaut wie einen glänzenden Belag vor – eine „natürliche Leuchtfolie", die jeden Lichtschimmer verstärkt und reflektiert, nachdem er die Sehzellen der Netzhaut passiert hat. Sinngemäß läßt sich das Tapetum lucidum, diese winzige Leuchttapete im Hintergrund des Katzenauges, auch mit „Gewebe des Luzifers" übersetzen, und entsprechend „höllisch scharf" gelingt auch der nächtliche Durchblick: Katzenaugen sehen in der Dämmerung sechsmal schärfer als Menschenaugen, die um dieses Sechsfache weniger lichtempfindlich sind.

Dieses geheimnisvoll aussehende Reflektieren des Lichtes trägt sicher auch dazu bei, daß Katzenaugen auf manche Menschen geradezu hypnotisierend wirken. Katzenliebhaber kennen diesen Effekt, und unsere klugen Haustiger setzen diese sichtbare Magie ihrer phänomenalen Augen oft sehr raffiniert ein – wann immer sie uns erst einmal bezaubern müssen, bevor sie uns dann „um die Pfote wickeln" können. Erinnern Sie sich: Die alten Ägypter nannten die Katze „Mau" – was eigentlich „sehen" bedeutet – oder „die Sehende". Die Legende erzählt, daß uns die Katze mit jedem ihrer Ruflaute daran erinnern will, daß wir ihr nichts vormachen können und sie uns völlig durchschaut, sagt sie uns doch bei jeder Gelegenheit „Mau!". Was heißt: „Ich sehe dich!"

Tatsächlich ist die Katze ein ausgesprochenes Augengeschöpf. Ihr optisches Gedächtnis ist unglaublich, es kann Wegverläufe, vertraute Formen, Eindrücke und Beobachtungen speichern und garantiert ihr eine rasche und eindeutige Orientierung in allen Spielarten. Sie kann sogar in die Sonne sehen, ohne zu blinzeln, weil die Anpassungsfähigkeit ihrer Augen selbst unter extremsten Lichtverhältnissen optimal ist. Aber der Sehsinn dominiert auch in anderer Form das Leben der Katze, er erleichtert es ihr oft und ist ihre beste Lebensversicherung. Das kätzische Blickfeld umfaßt mehr als 180 Grad, was an das Funktionieren von Weitwinkelobjektiven erinnert: Katzen können völlig regungslos dasitzen und ihren Kopf um keine Schnurrbartbreite wenden, und trotzdem innerhalb dieses 180-Grad-Blickwinkels alles wahrnehmen – selbst die geringste Veränderung, die schwächste Bewegung entgeht ihr nicht. Dieses perfekte Raubtier ist zu einem zentimetergenauen Abschätzen von Entfernungen fähig, und ein Blick nach rechts oder links genügt, um bis knapp hinter die eigenen Ohren sehen zu können. Wer hätte da noch eine Chance, sich unbemerkt anzuschleichen …?!

Ich habe es bei meinen Katzen immer wieder versucht, ob sich ihre enorme optische Wahrnehmungsfähigkeit austricksen läßt – unmöglich. Selbst eine dösende Katze, die völlig entspannt daliegt und nur träge blinzelt, reagiert sekundenschnell auf jede (für sie interessante) Bewegung, auch wenn man darauf achtet, daß zusätzliche akustische Signale ausgeschlossen sind. Probieren Sie es einmal selbst aus, wenn Sie in einigen Metern Entfernung schräg hinter Ihrer Katze stehen: Machen Sie eine lautlose Bewegung, die fürs Kätzchen einen speziellen Reiz, eine kleine Signalwirkung hat. Sie werden staunen, was passiert, obwohl die Katze ja ganz offensichtlich von Ihnen abgewandt nach vorne schaut …! Allerdings sollten Sie bei diesem Reaktionstest nicht nur Geräusche, sondern auch jeden Geruchsreiz vermeiden.

Wenigstens bei Tag haben wir Menschen manchmal mehr Durchblick als unsere kleinen Raubtiere: Die Sehschärfe ist nicht gerade Miezes Stärke, darin sind wir ihr eindeutig überlegen, solange es hell ist und die kätzische „Leuchtfolie" hinter ihrer Netzhaut noch nicht zum Einsatz kommt. Korrekter ausgedrückt: Die Sehschärfe der Katze ist je nach Blickdistanz und Lichtqualität unterschiedlich ausgeprägt. Ihre Sehschärfe ist vor allem auf bewegliche Ziele ausgerichtet und wieder in einer Entfernung von ca. 2 bis 6 Metern optimal, wo sich naturgegeben die wahren Sensationen eines Katzenlebens abspielen: beim Beobachten und Jagen der Beute. Das ist auch der Grund dafür, warum sich Katzen im Freien immer in diesem Zwei- bis Sechsmeterbereich anschleichen, um alle näheren Gegebenheiten ihres Jagdvorhabens zu überblicken.

Die letzten 2 Meter schafft sie dann mit einem kurz entschlossenen Satz nach vorne. Aber lassen Sie sich nicht täuschen, wenn Kätzchen einmal gelangweilt in die Ferne blinzelt – auch weit außerhalb ihres optimalen Sehschärfebereiches entgeht ihr nichts. Ihre Katze würde Sie, aber auch andere vertraute Menschen schon über eine Distanz von 100 Metern erkennen, vorausgesetzt, daß man sich bewegt. Katzen sind an statischen Formen und bewegungslosem Anblick überhaupt nicht interessiert – es muß sich etwas rühren, damit Miezekatzes magische Augen einen Blick riskieren. Ihre Bezugsmenschen erkennt die Katze aus größerer Entfernung meistens am Gang oder an einer typischen Bewegung.

Eine weitere Besonderheit von Katzenaugen ist ihre extreme Lichtempfindlichkeit, die bei großer Helligkeit zum Problem werden könnte, gäbe es nicht diese angeborene „Blendenautomatik". Noch vor einigen Jahren mußte man die Blendenfunktion einer Kamera entsprechend einstellen, die Katzen verfügen dagegen seit Jahrmillionen über ihre vollautomatischen Superblenden.

Übrigens: Daß Katzen farbenblind wären, ist mittlerweile von aktuelleren Ergebnissen der Forschung widerlegt worden. Es mag ja sein, daß Kater Carlo keinen großen Unterschied zwischen Pink und Babyrosa, Hellblau und Türkis erkennt, aber mit einem mohnroten Katzensofa hätte er bestimmt seine Freude – Rot ist nach dem neuesten Stand der Katzenforschung die Lieblingsfarbe der streichelweichen Raubtiere. Sie können aber auch Grün, Blau, Grau und Gelb voneinander unterscheiden – trotzdem legen sie auf eine besonders bunte Gestaltung ihrer Umgebung keinen besonderen Wert, wie die neuesten Erkenntnisse der Katzenforschung bestätigen.

Die erstaunlichste Neuigkeit zum Thema Katzenauge kommt zum Schluß: Katzen können mit ihren Augen hören. Ja, Sie haben sich nicht verlesen: HÖREN! Sie nehmen mit den Augen auch akustische Reize auf, was ihnen enorm dabei hilft, sich in einer fremden Umgebung zu orientieren und nicht nur durch optische Anhaltspunkte, sondern auch über „gesehene Töne" zurechtzufinden. Dieses Phänomen muß man sich als akustischen Leitstrahl vorstellen, den die Katze über die Augen aufnimmt: Glockengeläut vom Heimatort, das Klappern einer Maschine am Weg nach Hause usw. – sie sind eben doch keine „normalen Tiere", diese Katzen!

Apropos akustischer Leitstrahl: Haben Sie Ihre Katze schon einmal beim Musikhören beobachtet? Viele Katzen tun es ausgesprochen gern, was man ihnen deutlich ansehen kann. An der Spitze der kätzischen Hitparade würde garantiert klassische Musik stehen – aber nicht zu heftig bitte: Verdi statt Wagner! Oder ein Klavierkonzert gefällig? Streichquartette hören Sie besser, wenn Schnurrdiburr Ausgang hat, denn Geige und Co. bedeuten für Katzenohren Streß. Mein Paulchen war ein großer Fan von romantischen Balladen und italienischen Ohrwürmern. (Mein musikkritischer Sohn ätzte deswegen öfter: „Paul,

Kapitel 7

du solltest etwas für deinen Musikgeschmack tun, du wirst noch ein richtiger Schnulzenheini!") Bei Songs von den Dire Straits, Rod Stewart und Adriano Celentano hat es Paulchen Panther vor Begeisterung flachgelegt – im wahrsten Sinn des Wortes: Er legte sich genüßlich in angenehmer Entfernung vor die Boxen, dehnte und streckte sich behaglich, um dann mit unmißverständlicher Genießermiene (halb geschlossene Augen, Schmunzelmäulchen und total relaxed vom Kopf bis Schwanzspitze) richtig „Musik zu hören" – aber bitte bei dezenter Zimmerlautstärke!

Katzen haben nämlich ganz besonders empfindliche Ohren und verfügen über ein sehr feines Gehör, was die meisten Menschen bei weitem unterschätzen – fast alle gehen viel zu laut mit ihren Katzen um. Miezes Hörvermögen macht es möglich, bereits Schwingungen jenseits der 70.000-Hertz-Grenze wahrzunehmen. Im Vergleich dazu liegt die oberste Wahrnehmungsgrenze des Menschen um ganze zwei Oktaven niedriger, bei 18.000 Hertz. Und selbst der hellhörigste Wachhund tut sich bei seinem Job weitaus schwerer, als wir meinen würden, er kann im Ultraschallbereich mit den Katzen nicht mithalten. Wie wäre es mit Wachkatzen? Die hätten es nicht nur faustdick hinter den samtigen Ohren, sondern wären mit ihrer High-Tech-Ausrüstung in vieler Hinsicht zum unschlagbaren Wachpersonal prädestiniert … wenn sie doch ein bißchen größer wären!

Im Vergleich zur Katze sind wir Menschen also fast taub. Was würden Sie hören, wenn in etwa 14 Metern Entfernung eine Maus vorbeihuscht? Eine tief schlafende Katze ist in einem solchen Moment sekundenschnell hellwach und gleichzeitig auch schon sprungbereit! Und wie schon erwähnt: Nach dem neuesten Stand der Forschung kann unser kleiner Lauschspezialist ja sogar auch noch mit den Augen akustische Reize aufnehmen und diese blitzschnell umsetzen.

Katzenohren sind flexibel einstellbare, superbewegliche Schalltrichter, die mit Hilfe von 27 Muskeln pro Ohr (!) unabhängig voneinander auf

156

jeden akustischen Reiz, jeden Ton eingestellt werden können. Das Ohr der Katze nimmt pro Sekunde 35.000 Schwingungen wahr, das Menschenohr dagegen nur läppische 10.000 Schwingungen.

Das klingt ja alles wunderbar und beinahe unglaublich, hat für die Katze im Zusammenleben mit uns aber oft unerträgliche Folgen. Sie können sich nach diesen wissenschaftlich belegten Fakten ja sicher vorstellen, was eine Katze durchmacht, wenn man sie anschreit. Es ist schlichtweg Folter! Wenn Sie die Katze in einen Raum sperren, in dem der Junior gerade Hard Rock auf voller Lautstärke hört, wäre ihr wahrscheinlich ein schneller Tod lieber, solche Höllenqualen verursacht ihr der für Menschen vergnügliche Krach. Besonders hohe Vibrationsgeräusche finden Katzen unerträglich – klar, schließlich sind sie doch die Spezialisten im Wahrnehmen der Ultraschalltöne. Und sie kann selbst noch aus einer Entfernung von 20 Metern präzise unterscheiden, um welche Geräusche es sich handelt und woher sie nun ganz genau kommen, wenn z. B. zwei unterschiedliche Geräuschauslöser in diesem Bereich dann voneinander wieder ein wenig entfernt liegen – sagen wir einmal: 50 cm Abstand genügen, und Mieze weiß untrüglich, welches Piepsen von welchem Beutetier kommt, welches von ihnen höher oder tiefer sitzt oder vielleicht einen halben Meter weiter entfernt vorbeiwieselt. Es ist wirklich kaum vorstellbar, aber wahr.

Noch einmal zum Vergleich: Eine gesunde Katze mittleren Alters kann (oder muß!) 100.000 Schwingungen pro Sekunde wahrnehmen, ein Mensch pro Sekunde 20.000, ein Hund 60.000. Bei diesem Wissen um soviel High-Tech-Qualität im Katzenöhrchen sollten wir eigentlich nur mehr mit unseren Samtpfoten flüstern …!

Natürlich hat früher auch diese enorme Hellhörigkeit – wie alle ihre Toptalente – dazu erheblich beigetragen, sie zu verteufeln und den Katzen den schlechten Ruf des magiekundigen Biestes anzuhängen. Irgendwie einleuchtend, wenn man den geringen Informationsstand früherer Zeiten bedenkt, als man noch nichts von Frequenzbereichen

Kapitel 7

und Ultraschall wußte und sich einfach nur vor Schreck bekreuzigen konnte, wenn Katzen Dinge hörten, die zwanzig Meter von ihr entfernt passierten – und wenn sie augenblicklich darauf reagierte, obwohl sie doch auch nicht hinsehen konnte ... was außer Magie sollte das bitteschön gewesen sein ...?!

Gerüche spielen im Leben einer Katze zwar auch eine große Rolle, in diesem Bereich ist ihr aber Supernase Hund überlegen, sich erfolgreich durchs Leben zu schnuppern ist für Schnurrdiburr nur wirklich wichtig, wenn es um Futterdüfte geht. Oder um Duftmarkierungen bei Katern, die uns Menschen ganz schön stinken können, unter dem Katzenvolk aber von größter Bedeutung sind. Jedes Katzentier hat seinen ganz individuellen Körpergeruch, der natürlich auch bei der Partnerwahl eine Rolle spielt. Kater Xaverle und Katze Millie müssen einander schon „riechen können", wenn es schöne Frühjahrskätzchen geben soll.

Übrigens: Falls Ihre Katze plötzlich nichts frißt und am vollen Fleischteller interesselos vorbeitigert, ist sie nicht zu hochnäsig für Ihren Menüvorschlag geworden – viel eher plagt sie eine verstopfte Schnupfennase, die den Appetit sofort auf Null senkt. Denn Katzen essen nichts, was sie nicht riechen können!

Den „sechsten Sinn" haben Katzen ohnehin – wer sonst? Wenn allerdings Fachleute davon sprechen, meinen sie weniger die hohe Intuition und den kätzischen „Draht fürs Übersinnliche", sondern vielmehr das „Flehmen", bei dem ein Organ in Funktion tritt, das Menschen nicht besitzen: die Jacobsonsche Röhre, das ist ein 1,25 cm langes Organ im Vorderbereich des oberen Gaumens. Es wirkt mit seinen zahlreichen Sinneszellen wie ein Geschmacks- und Geruchsverstärker für die Katze. Wenn sie „flehmt", sieht Supercat nicht gerade intelligent und zumindest ein wenig „weggetreten" aus: Sie zieht eine sonderbare Grimasse mit leicht geöffnetem Maul und hebt die Oberlippe an, während ihre Zunge am oberen Gaumen leckt und die Katze gleichzeitig heftigst durch die Nase schnüffelt. Wenn Sie sich an diese wunderliche Show bei Ihrer Katze momentan nicht erinnern können, gibt es einen einfachen Trick, das Flehmen zu provozieren. Haben Sie Katzenminze im Garten? Oder ein Fläschchen Baldrian in der Hausapotheke? Dann nichts wie her damit! Halten Sie den Duftstoff unter das Katzennäschen – sie wird sofort zu flehmen beginnen, denn Miezen sind regelrecht süchtig nach diesen Gerüchen – wenn sie so etwas erschnüffeln können, flippen sie aus, es dürfte wie ein äußerst lustvolles Drogenerlebnis wahrgenommen werden. Keine Sorge, es schadet Ihrer Katze keinesfalls, und sie kriegt sich auch gleich wieder ein. Oder Sie haben Pech und Ihr Stubentiger gehört zu jenem Prozentsatz von Katzen, die eben doch nicht auf die genannten Gerüche mit kätzischer Ekstase reagieren. Dann müssen Sie eben abwarten und genauer hinsehen, wenn sie wieder einmal ganz von selbst zu flehmen beginnt. Aber es wäre netter, die Katze nicht beim Flehmen zu fotografieren, es ist kein besonders schmeichelhafter Anblick, wenn sie mit leicht verdrehten Augen das Oberlippchen schürzt – und Sie wissen es ja: Katzen sind eitel ... und vielleicht auch ein wenig rachsüchtig, wer weiß?

Wenn wir hier immer wieder auf die Magie der Katze zurückkommen, sollte als nächstes von ihren sprichwörtlichen Samtpfötchen die Rede sein – inklusive Krallen, versteht sich. Denn die waren ja nach den magischen „Leuchtaugen" der „Anklagepunkt Nr. 2", wenn die Katze immer wieder in den Verdacht geriet, ein mysteriöses Ausnahmegeschöpf zu sein: Wer aus wunderweichen Pfoten sekundenschnell Messerchen zücken kann, muß wohl irgendwas zwischen Dämon im Seidenfell und Engel auf vier Pfoten sein. Und um die soll es jetzt gehen – sie sind ein kleines Multifunktionswunder, das jeder Katze gleich in vierfacher Ausführung zur Verfügung steht. Einerseits, um sich im Katzenalltag notfalls mit nachdrücklichem Krallenschlag durchzusetzen, andererseits, um ganz nebenbei noch als

Kapitel 7

Hochseilartistin und Spitzentänzerin Mensch und Tier zu beeindrucken.

Oder wie es der Zoologe und Autor Gerd Ludwig so treffend formuliert: „Nur als Laufschuh viel zu schade! Die Katzenpfote ist ein verblüffendes Multitalent: Perfekt geeignet zur lautlosen Fortbewegung, perfekt zum Klettern mit ausgefahrenen Krallen, perfekt zur wirkungsvollen Verteidigung und zum Beutefang, perfekt als sensibles und funktionsgerechtes Tast- und Angelgerät, und perfekt als Waschlappen und Pflegehilfe fürs Fell."

Aber natürlich sind Pfoten auch zum Laufen da, zumal doch alle Katzen wahre Sportkanonen sind. Aber „Spitzentänzer" sind sie auch, weil Miezen immer nur mit den Zehen den Boden berühren – ganz ballerinalike, was umwerfend elegant aussieht, aber trotzdem auch für die plötzliche Beschleunigung optimal geeignet ist.

Aber wer auf zarten Zehen unterwegs ist, braucht natürlich ganz besonders weich gepolsterte Sohlen. Unsere Katzen tigern ja nicht nur sehenswert leichtpfötig durchs Revier, sie benötigen auch Kampfstiefel für Momente der Extrembelastungen: schwindelerregendes Tempo (bei einem kurzen Sprint immerhin bei 48 km/h), heftigste Bremsmanöver inklusive Kehrtwendung, Seitensprung, Hoch- und Weitsprung und bei alledem das federnde Abfangen des vollen Körpergewichtes, vom ständigen Kralleneinsatz aus unterschiedlichsten Gründen ganz abgesehen. Dafür sind die Vorderpfoten mit vier großen und einem kleinen Zehenballen ausgerüstet. Die Hinterpfoten haben ebenfalls vier Zehenballen und einen Zwischenzehenballen – alles in allem 20 vorzügliche Sohlenpölsterchen, die mit strapazfähiger Hornhaut überzogen sind: vier Laufschühchen, von denen man nur träumen kann. Und so etwas fühlt sich dann auch noch wie weichgespülte Samthandschuhe an … solange die Sichelkrallen drin bleiben! Wissen Sie eigentlich, warum die Katzen einen so attraktiven und geschmeidigen Gang präsentieren, daß er von den schönsten Models der Welt auf dem „Catwalk" kopiert wird? Die elegante Mieze bewegt beim Gehen jeweils die beiden rechten oder linken Pfoten gleichzeitig vorwärts, was diesen typischen kätzischen „Hüftschwung" ausmacht. Die meisten anderen Vierbeiner halten es mit der Diagonale: eins rechts und eins links und Wechselschritt – aber das sieht eben viel „eckiger" aus.

Eigentlich ist es ja schade, wenn man die Katze um ihre letzten Geheimnisse bringt, die früher einmal dazu beigetragen haben, ihr die Aura des Magischen zu verleihen. Aber wenn wir nun schon dabei sind, ihre „mysteriösen" Anlagen und Eigenschaften als erstklassige „High-Tech-Ausstattung" von Mutter Natur zu outen, dann wäre jetzt auch der Schnurrbart an der Reihe: So heißt er ja nur im Volksmund, korrekterweise nennt man die hübschen, strahlenförmigen Stimmungsbarometer im Katzengesicht „Schnurrhaare" – und mit dem kätzischen Schnurren haben sie überhaupt nichts zu tun. Sie sind hochsensible Tastorgane, die den Katzen dabei helfen, sich in engen Räumen, an unbekannten Orten oder bei völliger Dunkelheit zu orientieren. Eigentlich müßte man die Schnurrhaare als „Maßstäbchen fürs richtige Abstandhalten" bezeichnen, denn in sämtlichen bedrohlichen oder spannenden Lebenslagen zeigen sie der Katze ganz genau an, wo es am besten langgeht. Weswegen die Schnurrhaare auch nicht nur im Gesicht (Mäulchen/Oberlippen und über den „Augenbrauen") sprießen, sondern auch wie kleine zarte Sporen an der Rückseite der Vorderpfoten für die richtige Distanz sorgen, wenn es auf Miezekatzes geheimnisvollen Wegen plötzlich „eng wird". Die kleine Tochter einer Freundin nannte die Schnurrhaare ihrer „Mirli" ausschließlich „Katzen-Antennen" – und damit hatte die Kleine gar nicht so unrecht. Umgekehrt funktionieren die Schnurrhaare aber auch als „Sender" mit eindeutiger Botschaft an das Gegenüber – egal, ob es sich dabei um Mensch oder Tier handelt. Lesen Sie hier eine kurze Übersetzung der wichtigsten Schnurrhaar-Signale:

Kapitel 7

Waagrechte Stellung bei freundlich–entspanntem Gesicht: „Alles in Ordnung, das Leben ist schön, ich mag dich leiden, und mir geht es gut."

Schnurrbart leicht nach unten und vorne gesenkt, freundliches Gesicht: „Da bin ich aber neugierig, was jetzt gleich passiert." Oder: „Nur so weiter, ich amüsiere mich köstlich!" Je mehr die Schnurrhaare nach vorne zeigen, desto spaßiger findet Ihre Katze momentan das Leben, Sie und alles, was gerade geschieht.

Schnurrhaare schräg nach oben gestellt, große Augen, ernstes bis grimmiges Gesicht: „Paß bloß auf! Wenn jetzt nicht auf der Stelle geschieht, was ich will, gibt es Ärger! Und ich wehre mich!" Wenn dabei auch noch die Ohren unten oder gar nach hinten gestellt werden, versteht die Katze absolut keinen Spaß mehr.

Schnurrhaare eindeutig nach rückwärts gerichtet und „angelegt" bei wütendem Gesichtsausdruck und streng nach hinten oder unten gerückten Ohren: „Jetzt reicht es endgültig! Hau ab oder gib sofort nach! Sonst bekommst du die Krallen!" Nehmen Sie das bitte wörtlich – oder überlegen Sie schnell, ob Ihre Hausapotheke gut ausgestattet ist. Ein paar Pflaster sind jetzt das Mindeste, was Sie gleich brauchen! Und weil wir schon bei den Warnungen sind: Niemals darf man irgend etwas (was auch immer!) mit den Schnurrhaaren einer Katze „ausprobieren" – sie zu verbiegen oder gar kürzen zu wollen ist schlimmste Tierquälerei, die Schmerzen, Orientierungsstörungen und panische Angstzustände Ihrer Katze zur Folge hätte. Sogar beim Streicheln sollte man die Schnurrhaare lieber aussparen – so empfindlich sind sie und somit absolut tabu. Es sei denn, die Katze benützt ihrerseits ganz freiwillig die Schnurrhaare zur Kontaktaufnahme bei „Schmusereien" – aber dann braucht es keinerlei Warnung, denn dann läuft zwischen Ihnen und Ihrem Stubentiger ohnehin die ganz große Katze-Mensch-Love-Story ab – vielleicht mit Dialogen wie diesem hier: „Rrrrrrhhhhhh …! Brrrrrhhhhhh …! Aumau?" – „Ja, ist doch gut,

Othello … also nein, bitte!!! Dein Schnurrbart kitzelt wirklich ganz schlimm! Othello … nicht! – Wie wäre es mit einem Schälchen Sahne?" Alles klar?

Im Ernst, zum Schluß geht es jetzt der Katze noch ans Fell. Allerdings wollen wir hier weder luxuriöse Haarlängen bewerten, noch über glatte Fellchen oder wollige Winterpelze diskutieren. Es geht auch nicht um rassetypische Haarkleider in diversen Mustern von getigert bis gepunktet – hier soll es einzig um den geheimnisumwitterten „magischen Fallschirm" der Katze gehen.

Oder, um wieder einmal den Zoologen Gerd Ludwig zu zitieren: Es geht um den „Stoff, aus dem ein Zaubermantel ist".

Auf den allerersten Blick sieht Miezes Zaubermantel ja häufig so aus, als hätte sie sich in der Konfektionsgröße vergriffen und bei Größe 44 zugeschlagen, obwohl sie doch locker in Größe 38 passen würde. Oder ist Mutter Natur ein Zuschnittfehler passiert?

Nein, es war wohlgeplante Absicht, der Katzenmantel darf ruhig ein wenig schlabbern, das Bewegungsprogramm der Katzen erfordert ohnehin eher einen „Jogger" als einen Maßgeschneiderten. Bedenken Sie, was er alles aushalten muß: das morgendliche Stretching-Programm, mindestens 20mal täglich den ganz hoch durchgestemmten Katzenbuckel, wilde Kletteraktionen oder ein paar angeberische Posiernummern vor der hübschen Schwarzweißen aus der Nachbarschaft, wobei man z. B. als Kater gleich um einiges höher und länger wird, wenn's die Garderobe mitmacht. Und vor allem hat man ja den Drang zu Höherem und will als Freigänger auf Bäume oder aufs Dach – und als Stubentiger wenigstens auf die schöne Balkonumrandung mit Fernblick aus dem 18. Stockwerk. Und ehe man sich's versieht, fliegt eine Taube vorbei und … „Huuuch, ich faaalle …!" Wie gut, daß man in einem solchen Moment den guten alten Zaubermantel trägt, der einem unfreiwilligen Flugkater das Überleben sichert – denn von einer Sekunde zur anderen ist aus dem haarigen Schlabber-Stretch

Kapitel 7

ein wunderbares Fallschirmchen geworden: „Im Fallen bläht sich der Katzenpelzmantel auf und bildet Taschen mit Luftpolstern" schreibt Zoologe Gerd Ludwig, „die gleich einem Fallschirm das Tempo des Falls drastisch bremsen. Die Simulation (ohne lebende Katzen!) hat gezeigt, daß dabei eine bestimmte Sinkgeschwindigkeit nicht überschritten wird. Daß man eine Katze weder in Versuchung führen noch einem Falltest unterziehen sollte, versteht sich von selbst! Und auch, daß Katzen trotz Flatterfell nicht unbedingt zum Fliegen geboren sind."

Trotzdem dürfte es gerade in diesem Geheimnis des (notfalls fallschirmähnlichen) kätzischen Zaubermantels begründet sein, daß im finsteren Mittelalter doch manche Katzen den Turmsturz überlebt haben, zu dem sie von Menschen gezwungen wurden, die ihnen in jeder Hinsicht unterlegen waren. Sonst hätten sie es nicht zugelassen, daß Katzen „Flugtauglichkeit" beweisen müssen.

Haben wir die geheimnisvolle Katze nun wirklich ihrer Magie beraubt, indem versucht wurde, einiges von ihrer jahrmillionenalten „Topsecret-Akte" aus heutiger Sicht zu betrachten? Wenn Menschen ihre Katzen jemals ganz durchschauen könnten, würden Sie hier gar nicht mehr weiterlesen. Oder?

Kapitel 8

Das geheimnisvolle Wesen der Katze – Mieze auf dem Egotrip

Das geheimnisvolle Wesen der Katze – Mieze auf dem Egotrip

Wissen Sie eigentlich, was Ihre Katze nachts macht? Oder was sie mit anderen Katzen erlebt? Und welche Beziehung sie wirklich zu Ihnen hat – aus „Katzenperspektive"? Wußten Sie, daß sie ein Doppelleben führt?

Katzen sind tatsächlich rätselhafte Geschöpfe, die „in zwei Welten leben". Die eine teilt sie mit ihren Bezugsmenschen als verschmustes „Familienmitglied", als ein cleveres, verspieltes Kuscheltier vielleicht. Aber wenn Sie außer Haus sind oder nachts schlafen, führt Samtpfötchen sein Eigenleben und genießt seine geheimnisvolle Raubtierexistenz, wird zur magischen Katze.

Hier ist nicht nur von frei laufenden Landkatzen die Rede, die sich in der Abenddämmerung davonschleichen, um mit hellwachen Sinnen durch die Nacht zu streifen. Auch wenn Ihre Katze keinen Auslauf haben sollte und ihr Leben als behüteter Stubentiger fristet, ist zwar ihr Aktionsradius eingeschränkt, aber spätestens nachts beginnt auch für sie ihr geheimes Eigenleben als egozentrisches Miniraubtier. Das genetische Erbe von Urmutter Falbkatze läßt sich nicht leugnen und wird Nacht für Nacht zum Auslöser für kätzische Abenteuer, die sich bei Wohnungsmiezen zwar vorrangig im Kopf abspielen – aber auch auf allen kleinen „raubtieradäquaten Schauplätzen", die selbst ein 50-Quadratmeter-Appartement in einem Hochhaus zu bieten hat. Sie

167

würden staunen, wenn Sie wüßten, was Ihrer Katze alles einfällt, während Sie glauben, daß sie friedlich in einem Polstersessel döst, bis es draußen hell wird!

Zugegeben, reine Wohnungskatzen passen ihren Lebensrhythmus teilweise den Bezugsmenschen an – und sei es auch nur aus Langeweile, Bequemlichkeit und aus Mangel an aufregenden nächtlichen Ereignissen im Umfeld. Es kann ja recht gemütlich sein, sich als süß schnurrende Nachtgefährtin an Frauchens Füße zu schmiegen und eine Runde zu schlafen. Aber das genießt man als Katze nur zeitweise – dann döst man noch ein bißchen, um sich gleich träge zu dehnen und zu strecken, gründlich zu gähnen … und dann macht man einen geschmeidigen Katzenbuckel und einen lautlosen Abgang. Das Abenteuer Nacht ruft, und der kuschelige Zimmertiger begibt sich auf seinen Raubtierposten: Der sollte möglichst viel Ausblick und wenig Einblick bieten, schließlich ist man auch „unter Verschluß" ganz und gar Katze, die sich nach dem Dachfirst oder einem breiten Ast im Apfelbaum sehnt. Als einigermaßen adäquater Ersatz wird dann eben der hohe Bauernschrank mit „Fernblick" durch die Balkontür akzeptiert – oder das Fensterbrett, nachdem man möglichst lautlos das Hindernis Vorhang zur Seite geschoben und zugleich als Rückendeckung genutzt hat. So läßt es sich stundenlang ausharren. Besonders in mondhellen Nächten – da wird für Katzen jeder flüchtige Schatten jenseits der Fensterscheibe, jedes Ästchen, das sich im Nachtwind bewegt, zur imaginären Bedrohung oder Beute.

Die phänomenale Sehfähigkeit von Katzenaugen macht es ja möglich, daß selbst der schwächste Lichtschimmer von draußen dafür ausreicht, um wenigstens mit Blicken „auf Jagd zu gehen" und die raubtiergemäßen Urinstinkte auch als Stubenkatze auszuleben – wenn auch ziemlich eingeschränkt.

Völlig uneingeschränkt scheint dagegen die Vorstellungskraft der Katzen zu sein. Sie schauen in die Nacht hinaus und agieren dabei, als wären sie selbst mitten im umtriebigen Geschehen, an dem ihre frei laufenden „Kollegen" draußen teilhaben. Sie zittern manchmal vor Erregung, machen fahrige Fangbewegungen mit der Pfote, knurren drohend, schnattern aufgeregt und gurren dann wieder ganz leise und entspannt. Im nächsten Augenblick steigt ihre Aufmerksamkeit wieder an, sie verfolgen mit ihren Blicken Bewegungen jenseits der Fensterscheibe, die kein Mensch wahrnehmen könnte, agieren plötzlich angespannt und entschlossen – um wenig später wieder gelassen und vergnügt in die Nacht hinauszuschauen. Dabei geben sie manchmal seltsam variierende Laute von sich, die fast wie leise Plaudertöne klingen – kätzische Selbstgespräche eben, die überhaupt nichts mit dem üblichen „Miau" gemeinsam haben. Wer eine Katze schon einmal während dieser nächtlichen Raubtierrituale beobachtet hat, bekommt eine vage Vorstellung von der Magie dieser Tiere, die sie in solchen Momenten tatsächlich an sich haben.

Wußten Sie übrigens, daß Katzen eine präzise funktionierende „innere Uhr" besitzen, nach der sie ihre Tagesabläufe und Lebensgewohnheiten abstimmen können? Sie sind in der Lage, sich nonverbal mit ihren Artgenossen zu „verabreden", um sich dann pünktlich am kätzischen Rendezvousplatz einzufinden. Mittlerweile ist durch Langzeitstudien bewiesen worden, daß unsere Miezen eine genaue Wahrnehmung für Raum und Zeit entwickeln. Man hat das mit Hilfe von Nachtsicht- geräten und Radiohalsbändern herausgefunden, die von den frei lau- fenden Katzen getragen wurden. (Keine Angst: Das funktioniert völ- lig schmerzlos und ist für die Katze unschädlich – man muß es sich etwa wie das Tragen eines Flohhalsbandes vorstellen.) Auf diese Art wurde festgestellt, daß Katzen sozusagen „ihren Terminplan" im Kopf haben und sich auf ganz bestimmte Wege und Ziele festlegen können, die sie dann auch zu genau eingehaltenen Zeiten zurücklegen, was sie in einem bestimmten Ablauf auch immer wieder zur selben Zeit wiederholen. Je nach individueller Tierintelligenz gestalten Katzen ihren Tagesablauf wie ihre nächtlichen Rituale also absolut nicht zufällig und planlos, sondern sie haben „Erledigungen" und Treffen mit anderen Katzen zu ganz bestimmten Zeiten vor – es ist unglaublich, aber wahr. Diese egozentrischen Stars unter den Haustieren entwickeln aber auch ein ganz erstaunliches Sozialverhalten, das man Katzen bei oberflächlicher Betrachtung überhaupt nicht zutrauen würde. Sie treffen sich z.B. in ihrem geheimen nächtlichen Doppelleben zu sogenannten Katzenversammlungen, die überall stattfinden können, wo mehrere Katzen die Gelegenheit haben, unabhängig von Menschen zusammenzukommen. Frei laufende Hauskatzen und Streuner halten dementsprechend häufiger solche Katzenversammlungen ab. Allerdings ändert nicht einmal ein enges Zusammenleben mit Menschen etwas an diesem erstaunlichen Verhalten und dieser sozialen Ader, die Katzen füreinander haben: Sogar in Wohnungen, in denen mehr als drei Tiere leben, werden gelegentlich abends diese Katzentreffen abgehalten: Wie auf Verabredung kommen sie zu einem bestimmten Zeitpunkt zusammen, ohne dabei irgendeine Aktivität zu entwickeln. Sie sitzen einfach nah beieinander da, als ob sie Erfahrungen austauschen und Informationen weitergeben würden – und sehen dabei auch genauso aus: Ihr Mienenspiel und die Körpersprache signalisieren Verständigung, und man kann ihnen ansehen, daß sie ihre Katzentreffen richtig genießen, während sie dabei für Menschen kaum ansprechbar sind. Sie wollen unter sich bleiben und ungestört sein, was sie auch jedem zeigen, der sie abzulenken versucht, während sie ihre mysteriösen Sitzungen abhalten. Als Mensch wird man dabei einfach ignoriert, und man muß sich schon einiges einfallen lassen, daß man von Majestät Katze wenigstens einen „entnervten" Blick zugeworfen bekommt – worauf sie sich aber sofort wieder abwendet, um sich auf ihre Katzenkonferenz zu konzentrieren.

Frei laufende Katzen nehmen übrigens oft weite Wege und große Anstrengungen auf sich, um zu bestimmten Zeiten am „verabredeten"

Ort zu diesen Versammlungen zu erscheinen. Warum ihnen diese Zusammenkünfte so wichtig sind und was dabei wirklich in ihnen vorgeht, wird wohl immer ihr Geheimnis bleiben. Das ist wieder einer dieser unerklärlichen Vorgänge, die man unter „Magie der Katze" mit Verwunderung zur Kenntnis nehmen muß.

Diese einträchtigen Versammlungen sind noch erstaunlicher, wenn man bedenkt, daß Katzen auf fremde Artgenossen häufig aggressiv und unberechenbar reagieren. Katzen gelten ja allgemein als Einzelgänger, die aber auch ganz überraschend eine enge Tierfreundschaft schließen können – manchmal auch für immer. Wenn sich zwei Katzen aber absolut nicht ausstehen können, hat es überhaupt keinen Sinn, den menschlichen Vermittler zu spielen. Sollten sie einander nicht mögen, wird das nicht nur effektvoll demonstriert, sondern auch eisern durchgehalten. Für den gutgemeinten Versuch, unter verfeindeten Katzen vermitteln zu wollen, bekommt man höchstens die Krallen zu spüren, wobei meistens Eifersucht im Spiel ist. Katzen können extrem eifersüchtig sein und ernsthaft darunter leiden. Je nach Temperament und Intelligenz gehen sie aber sehr unterschiedlich damit um. Wenn sie sich durch eine neue Katze (oder auch durch einen neuen Partner, ein Baby usw.) zurückgesetzt und weniger geliebt fühlen, werden manche Katzen vor Kummer krank, verweigern das Futter, erbrechen häufig oder sind plötzlich nicht mehr stubenrein. Andere Katzentypen verwandeln ihre nagende Eifersucht in Aggression und lassen im wahrsten Sinn des Wortes die Fetzen fliegen. Eine liebeskummer-geplagte Katze schafft es in Abwesenheit ihres „treulosen" Bezugsmenschen spielend, seine Wohnung so drastisch „umzugestalten", daß er beim Nachhausekommen meint, er hätte sich in der Tür geirrt! Zerfetzte Kissen und fliegende Federn (oder Schaumstoffflocken) in der ganzen Wohnung könnten das Mindeste sein, womit man bei einer wirklich eifersüchtigen Katze rechnen muß. Ich kann mich gut daran erinnern, daß mein zierlicher 6-Pfund-Tiger während der einwöchigen Anwesenheit einer Gastkatze alle greifbaren Zimmerpflanzen „umgetopft", mehrere Bücher zerlegt, Zeitungen auf Flöckchengröße zerbissen, zwei Teppiche aufgetrennt und eine Jugendstilvase in einen Scherbenhaufen umgestaltet hat. Solche und ähnliche Folgen sollte man erst einmal in Ruhe überdenken, bevor man sich entschließt, dem geliebten Stubentiger eine kleine Freundin heimzubringen, damit das arme Tier tagsüber nicht so einsam ist ...!

Eine ebenfalls nicht ganz „pflegeleichte", aber faszinierende Wesensart der Katze kann ihr stark ausgeprägter Eigensinn sein. Meistens weiß sie ganz genau, was sie will – und vor allem, was sie nicht will. Und dann kommt der Punkt, an dem ein Mensch relativ hilflos vor diesem renitenten Miniraubtier steht, kopfschüttelnd zu ihm hinunterschaut – und am besten nachgibt. Das ist es, was die Katzen in einem solchen Moment an ihren Bezugsmenschen so lieben: diese erfreuliche Einsicht, daß im Zweifelsfall immer die Katze recht hat – wer denn sonst ...?!

Sie sind Kultgeschöpfe und Haustiere, haben Magie und Marotten, sind zärtlich und zickig. Aber Katzen haben auch Charakter. Jedes dieser kleinen Raubtiere ist auf seine Art unverwechselbar, hat offensichtliche Vorlieben und Abneigungen, die es auch zeigt. Darüber hinaus ist es für die Katze typisch, daß sie tatsächlich so etwas wie Charakterstärke beweist, indem sie spezielle Eigenschaften entwickelt, die sich im Lauf der Lebensjahre subtiler herausbilden und immer deutlicher in den Vordergrund treten. Fast scheint es so, daß sich Katzen bis zu einem gewissen Grad ihrer Wesenszüge bewußt sind, die sie dann regelrecht „pflegen". Ich habe häufig bei eigenen und „bekannten" Katzen die Erfahrung gemacht, daß eine besonders treue, geduldige Katze mit den Jahren immer anhänglicher, sanfter, gelassener wird und mit ihren Leuten irgendwann einmal umgeht, als wäre sie eine unendlich verständnisvolle, abgeklärte „Tante", die für die Fehler ihrer Lieben immer nur freundliche Nachsicht hat. Das kann vom vergessenen Füttern über den unabsichtlichen „Fehltritt" auf ihre Pfote bis zum lauten Streitgespräch führen, diese Katze vom Grundtyp „gütige Nanny" wird geduldig auf ihr Futter warten und es höchstens abends mit einem beiläufigen „Mau?" sanft einmahnen. Den Fußtritt auf die Pfote kommentiert sie nur mit einem kurzen, rügenden Fauchen, um sich dann still in einen Winkel zu verziehen und die malträtierte Tatze zu lecken. Wenn sie bald danach wiederauftaucht, ist sie niemandem böse – im Gegenteil, sie wird auf den Quälgeist zugehen und ihm versöhnlich ins Gesicht schauen, während sie sich zaghaft an ein Bein schmiegt – unter dem Motto: „Na? Ich weiß ja, es war keine böse Absicht, vertragen wir uns wieder?" Den lauten Streithälsen wird sie wohl kurzfristig aus dem Weg gehen, weil Geschrei für Katzenohren Schmerz bedeutet, aber wenn sie sich wieder beruhigt haben, kommt auch die sanfte Katze wieder zum Kuscheln vorbei.

Ganz anders sieht es mit diesen drei Beispielsituationen aus, wenn sie von einem stolzen, freiheitsliebenden Kater mit dominantem Tiercharakter erlebt werden. Das vergessene Futter mahnt er sofort zur üblichen Zeit ein – und zwar wie ein Star, dem man mit fünf Minuten Verspätung das vorbestellte Champagnerfrühstück bringt, falls es dann überhaupt noch gewünscht wird. Der Katerstar macht kurz, laut und unüberhörbar frustriert klar, daß man die wichtigste Person im Haus zu ignorieren wagte. Er baut sich vor seinem Bezugsmenschen auf, macht ein Gesicht, als würde er sich gleich beim Welttierschutzverein über schwerste Mißhandlungen beklagen und preßt ein schrill forderndes „Mahmah!" heraus, während er einen strafenden Blick nach oben und den nächsten in Richtung Futterplatz schickt. Anschließend kehrt er diesem ignoranten Menschen, mit dem er jetzt bedauerlicherweise zu tun haben mußte, sofort den Rücken. Wenn er dann sein Futter auf der Stelle bekommt, frißt er gnädig, demonstriert aber auf seine Art: „Eigentlich ist mir jetzt schon der Appetit vergangen!" Sollte er trotz allem noch auf seine Fütterung warten müssen, hält er das für eine sol-

Kapitel 8

che Zumutung, daß er sich umgehend rächt. In den nächsten zehn Minuten fällt die blühende Zimmerpflanze vom Blumenfenster. Oder Frauchen stolpert beim Weg in die Küche über einen Papierkorb, der wie von Geisterhand umgeschubst wurde. Daß der Inhalt gut verstreut durch den halben Flur liegt, ist Pech für Frauchen – und eine kleine Ersatzbefriedigung für den Katzenstar.

Daß ihm jemals ein Mensch auf die Pfoten treten könnte, hält seine Hoheit, der Kater, für völlig ausgeschlossen. Sollte es doch einmal zu diesem „Unfall" durch einen ignoranten Menschen kommen, dann passiert Schreckliches. Der Katzenstar jault laut auf, als würde er gerade von Messerstichen attackiert werden, und stürzt sich auf das Bein seines „Mißhandlers". Er beißt ihn in den Knöchel, zerreißt möglichst einen Strumpf oder fetzt einen Riß in die Hose, und bis sich der Mensch vom ersten Schock gefangen hat, blutet er auch schon aus mehreren Kratzwunden. Daß der Katzenstar diesem „Tierquäler" für Tage nicht mehr die Gelegenheit für eine versöhnliche Begegnung gibt, ist selbstverständlich. Und laute Auseinandersetzungen zwischen Menschen sind in jedem Fall unter seinem Niveau. Wer sich in seiner Gegenwart dermaßen danebenbenimmt und seine sensiblen Ohren quält, ist für den Rest des Tages einfach Luft für ihn! Soll man sich von so einer Person vielleicht füttern lassen? Wirklich nicht! Da bedient man sich doch lieber unauffällig vom Tisch oder nützt in der Küche einen günstigen Moment für einen kleinen, feinen Munddiebstahl. Und wenn überhaupt nichts mehr geht: Diesen Karton mit den Katzenkeksen umzuwerfen und notfalls aufzukrallen ist das geringste Problem. Aber warum sollte sich so ein vornehmer Kater wie er für dieses ordinäre Trockenfutter auch noch selbst die Pfoten schmutzig machen? Da wartet man doch lieber mit beleidigtem Katergesicht auf die nächste Gelegenheit, von Delikatessen für Menschen zu kosten. Eventuell verhält man sich dafür kurz neutral. Ein verächtliches Fauchen kann man später immer noch nachsetzen!

174

Sie finden meine beiden Paradebeispiele für spezielle Katzencharaktertypen ziemlich überzeichnet? Mag sein, aber ich kenne beide aus eigener Erfahrung. Und fragen Sie mich bitte nicht, warum ich diesen überheblichen Katzen–Travolta mit seinem bei jeder Gelegenheit demonstrierten „Staranspruch" regelrecht vergöttert habe, während ich dieses „Herzchen von Katze" namens Vicky wohl sehr gern mochte – aber fasziniert war ich nie von ihr. Vielleicht, weil mir die harmoniebedürftige, jederzeit freundliche Katze damals zu ähnlich war – „auf Mensch übersetzt" verhielt ich mich im Zweifelsfall wie sie. Ich habe mich früher auch nur still zurückgezogen, wenn mir jemand „auf die Füße gestiegen ist" oder meine Empfindungen ignoriert hat. Dagegen war dieser ungeheuer selbstbewußte Kater mit seinem Anspruch, immer im Mittelpunkt der Aufmerksamkeit zu stehen, wohl so etwas wie mein „kätzisches Vorbild". Seine Allüren haben mir unglaublich imponiert, abgesehen davon, daß es ein Vergnügen war, ihn bei seinen diversen „Starauftritten" zu beobachten.

Was ich damit sagen will: Nicht jede Katze paßt zu jedem Menschen. Gerade weil Katzen einen so ausgeprägten Tiercharakter haben können, sollten sie mit ihrem Bezugsmenschen „auf einer Wellenlänge sein". Um die amerikanische Katzentherapeutin (Expertin für Katzenverhalten) Pam Johnson zu zitieren: Die optimale Beziehung zwischen Katze und Mensch (bzw. umgekehrt) findet dann statt, wenn sie entweder auf dem Ähnlichkeitsprinzip basiert (z. B. stiller, besinnlicher Mensch mit stiller, freundlicher Katze mit sanftem Charakter) oder auf dem Ergänzungsprinzip: introvertierter, harmonischer Mensch und egozentrisch-temperamentvolle Katze. Letzteres ist zwar bestimmt anstrengender, aber auch viel inspirierender, weil die Katze den Menschen immer wieder witzig provozieren und zu mehr Aktivität herausfordern wird. Bei einer Mensch-Katze-Beziehung unter dem Motto „Gleich und gleich gesellt sich gern" besteht allerdings die Gefahr, daß sich beide bald miteinander langweilen könnten. Die

Katze empfindet ihr beschauliches Leben als zu monoton und kann ihre Raubtierinstinkte (Jagdtrieb, Spieltrieb usw.) zu wenig ausleben, und der Mensch genießt zwar die Harmonie mit dieser nie lästigen, „pflegeleichten" Katze, aber er wird auch kaum ihre faszinierenden Wesenszüge kennenlernen, wenn er sie zu wenig herausfordert. Er hat dann eben ein freundliches Kuschelkätzchen – aber die Magie der Katze und ihre Widersprüchlichkeiten werden ihm größtenteils verborgen bleiben.

Umgekehrt könnte eine sanfte, geduldige Katze wie die zuvor geschilderte „Vicky" einen nervösen, unausgeglichenen Menschen mit ihrer Gelassenheit dazu anregen, es auch einmal etwas ruhiger angehen zu lassen und vielleicht mehr Entspannung und Harmonie in seine Lebensgewohnheiten zu bringen.

Jedem Katzenfreund sollte es aber auch klar sein, daß selbst die unkomplizierteste und freundlichste Katze ihre „schillernde andere Seite" hat und ihn durchaus irgendwann mit Verhaltensweisen überraschen könnte, die er ihr nie zugetraut hätte. Man kann mit Katzen jahrelang zusammenleben, ohne auch nur zu ahnen, wie schnell sie die bislang völlig unbekannten Facetten ihrer Tierpersönlichkeit hervorkehren können – meist durch ungewöhnliche Situationen oder durch fremde Menschen ausgelöst. Da kann plötzlich aus einer drollig verspielten Mieze ein eifersüchtiges kleines Raubtier werden, das es ziemlich aggressiv auf eine offene Feindschaft mit einem Besucher anlegt. Oder eine unnahbare, launische „Katzen–Diva" entwickelt ganz überraschend für ihren Bezugsmenschen Beschützerinstinkte, die sie zur aufmerksamen Retterin oder Wachkatze werden lassen, wenn es eine entsprechende Situation einmal erfordern sollte. Bei Katzen ist man niemals vor Überraschungen sicher!

Vor allem sollte man auch die gutmütigste Katze nicht unterschätzen – in jeder schlummert das Raubtier. Auch sehr menschenbezogene Wohnungskatzen suchen und brauchen Herausforderungen in Form von spielerischen Kämpfen – z. B. um ihren Jagdtrieb auszuleben. Für das Tier macht es aber einen großen Unterschied, ob es sich um ein „Kampfspiel unter Freunden" handelt, oder ob der Mensch nur seine schlechte Laune an der Katze auslassen will, indem er sie reizt, bis sie in einen regelrechten Kampfrausch verfällt – Katzen spüren sofort echte Aggressionen und lassen sich nicht als Ventil für Menschenstreß benutzen. Zu heftig geworfene Springbälle oder foppend vorbeigezogene Spielmäuse animieren das Beuteverhalten des Stubentigers – das macht Spaß, auch wenn dabei die Fetzen fliegen sollten. Aber es kann sehr schnell in echte Wut umschlagen, wenn man eine Katze zu lange reizt und sie dabei nie „gewinnen läßt". In der Natur hätte sie ja die Möglichkeit, selbst den Verlauf des Kampfes um die Beute zu steuern. Im Haus gibt es aber keine Jagdsituation unter diesen natürlichen Bedingungen, also gibt der Mensch die Regeln und das Tempo vor – und dabei sollte es fair zugehen. Wenn die Katze in einem Kräftemessen mit einem Menschen plötzlich die Ohren streng nach hinten anlegt, mit gesträubtem Fell und aufgeplustertem Schwanz daherkommt, knurrt und faucht, dann ist es für sie kein Spiel mehr! Dann fühlt sie sich bedroht oder gedemütigt und könnte für den Moment vergessen, daß es „ja nur ein Spiel" ist: 18 messerscharfe Krallen und säbelartige Eckzähne können weh tun und Narben hinterlassen! Außerdem können heftig provozierte Katzen für eine Weile das Vertrauen und auch ihr Zugehörigkeitsgefühl verlieren und ihren Bezugsmenschen damit „bestrafen", indem sie ziemlich unberechenbar bleiben – was das Zusammenleben nicht gerade erleichtert …!

Über diverse Spielarten der Mensch-Katze-Beziehung (und umgekehrt) wird noch in den nachfolgenden Kapiteln ausführlich die Rede sein. An dieser Stelle soll es noch einmal um die Geheimnisse des Katzenlebens gehen, um mysteriöse Wesenszüge und um Verhaltensweisen, von denen selbst eingefleischte Katzenfans wenig Ahnung haben.

Kapitel 8

Wußten Sie zum Beispiel, daß es unter Katzen eine Rangordnung gibt? Sie leben zwar auch in einer wilden, von Menschen abgegrenzten Lebensform nicht in Rudeln, brauchen also auch kein Leittier. Trotzdem gibt es unter den Katern (wie auch z. B. unter den Wölfen) Alphatiere, was man ihnen häufig auf den ersten Blick ansehen kann. Es sind die auffällig stolzen, selbstbewußten, intelligenten Anführer–Katzen, die im wahrsten Sinn des Wortes „hocherhobenen Hauptes" ihres Weges kommen – ganz Majestät Kater vom Maul bis zur Schwanzspitze. Sie spielen in der Gruppe sofort unübersehbar den Boß und agieren äußerst clever und unternehmungslustig.

In jedem Wurf ist ein Kätzchen von Anfang an das überlegene – es hat die Anlagen des Alphatieres, was aber mit körperlicher Stärke nicht unbedingt zusammenhängen muß. Solange dieses Katzenkind mit seiner Familie lebt, übt es sich in der Durchsetzung seiner Nr.-1-Position, um dann später in der Gruppe anderen Katzen schon als Alphakater aufzutreten. Sollte so ein Kätzchen dazu keine Gelegenheit haben, weil es von Menschen aufgenommen wurde und nun als Stubentiger ohne andere Katzen auskommen muß, wird es alles daran setzen, innerhalb der Menschengruppe den Alphakater zu spielen und seine Dominanzansprüche auszuagieren. Was heißt „versuchen" – ein echter Alphakater tut das eben und spielt dann innerhalb seiner Menschen-Familie die Rolle des zuvor beschriebenen Katzenstars. Wenn er bei Menschen lebt und trotzdem als Freigänger unterwegs sein kann, zieht er ohne weiteres seinen Anführerpart auf beiden Ebenen durch: Zu Hause anspruchsvoller und äußerst selbstbewußter „Pascha auf vier Pfoten" mit allen erdenklichen Megastar–Allüren – und auf der Straße ein Alphakater, der vom ersten Tag an klarstellt, wer hier der neue Boß ist.

Das sieht dann in der Praxis so aus: Unter frei laufenden Tieren gibt es die sogenannte „Bruderschaft der Kater" (nach den Verhaltens-forschern Paul Leyhausen und Konrad Lorenz), das ist eine Gemeinschaft von Katern in einer bestimmten Straße, einer ländlichen Gegend usw. – also in einem entsprechenden „Revier". In dieser Bruderschaft wird die absolute Rangordnung durch harte, ritualartige Kämpfe ausgefochten und festgelegt, was sich durchaus über einen längeren Zeitraum hinziehen kann. Schwierig wird es, wenn mehrere Alphakater in einem Revier leben, sie haben dann ganze Serien von Ausscheidungskämpfen durchzustehen. Bevor aber diese Kater-Chefs miteinander in den Clinch gehen, werden noch die Teenies mit Alpha-Anlage ausgemustert. Wer jünger als 1 Jahr ist, wird von den erwachsenen Alphatieren erst einmal ignoriert und als aufmüpfiges Kind behandelt, da mag er sich zu Hause auch noch so selbstbewußt durchgesetzt haben, hier auf der Straße herrschen eben andere Gesetze. Wenn er sich aber immer wieder wichtig macht (oder knapp ein Jahr alt ist) wird er von den älteren Katern zum Kampf aufgefordert und darf beweisen, was er schon alles drauf hat. Er muß aber ziemlich gut sein, um von den Bossen des Reviers für voll genommen zu werden – andernfalls bekommt er ein paar Pfotenhiebe hinter die grünen Ohren und wird gnadenlos auf die Reservebank zurückgeschickt.

Anschließend fordert der dominierendste Alphakater den jeweils Nächstbesseren zum Kampf heraus, bis nach der Endrunde unter den einigermaßen ebenbürtigen Supercats feststeht, wem nun der Rang des Revierkönigs gebührt. Aber auch alle anderen Kater haben dann ihren angemessenen Platz in der Hierarchie der Bruderschaft gefunden. Kastrierte Kater haben übrigens hier eine Sonderstellung. Sie müssen sich den ziemlich harten und zuweilen auch blutrünstigen Rangkämpfen nicht stellen – jedenfalls nicht unbedingt, wenn sie es selbst lieber vermeiden wollen. Allerdings gehören sie – mit oder ohne Kampfritual – nie so ganz zur Bruderschaft der Kater. Sie sind sozusagen keine Vollmitglieder der Clique, eher nur mehr oder weniger ernstgenommene Gäste. Ganz für voll genommen wird ein kastrierter Kater in der Bruderschaft selbst dann nicht, wenn er sonst in allen

Kapitel 8

Punkten ein absolut imponierender Alpha-Kater ist – die Kollegen beschnuppern ihn kurz, und schon ist es erschnüffelt, daß ihm „der kleine Unterschied" fehlt. Er wird also selbst als charismatischer Katzenstar Außenseiter bleiben, was aber auch seine Vorteile hat: Es werden ihm viele Narben im Fell, zerfetzte Ohren und andere nicht gerade erstrebenswerte „Orden der Bruderschaft" erspart bleiben.

Wenn innerhalb des Reviers die Rangordnung erst einmal feststeht, wird aber eher freundschaftlich und spielerisch damit umgegangen. Die angespannte Phase der Ausscheidungskämpfe ist vorbei, und jeder Kater weiß, welche Rolle er in seiner Clique zu spielen hat – man geht also wieder zur kätzischen Tagesordnung über. Auch die rangniederen und blutjungen Kater werden nicht unterdrückt, jeder hat genügend Freiheit und Rechte innerhalb der Bruderschaft, daß er ein spannendes und schönes Katerleben führen kann.

Kampfstimmung und aufgeregtes Konkurrenzverhalten kommt erst wieder auf, wenn die rolligen Katzendamen Unruhe in die Bruderschaft bringen und die Rangeleien der Kater um die Bräute losgehen. Aber wenn dabei auch noch so fürchterlich gejault wird und die samtpfötigen Schlägereien kein Ende nehmen wollen, hat das Ganze eigentlich nur Showeffekt. Schließlich trifft die Dame die endgültige Wahl, da können sich die Alpha-Kater noch so protzig als Machos aufführen, das nützt wenig. Sie erreichen damit sogar häufig das Gegenteil, Katzendamen haben oft eine Schwäche für charmante Verlierertypen, und sie halten sich bei der Wahl ihres zukünftigen „Kindesvaters" überhaupt nicht an seinen Status innerhalb der Bruderschaft. Miezes Herz gehört dem Kater, den sie am aufregendsten findet, auf sein Prestige im Club der Revierhelden hat sie es nicht abgesehen.

Ganz andere Gesetze herrschen in der Hierarchie der Katzen, wenn sie unter völlig unnatürlichen Bedingungen in einer größeren Gruppe leben müssen – wie z. B. in einem Tierheim. Hier können selbstbewußte Alpha-Kater mangels anderer Möglichkeiten, sich zu beweisen, zur Plage für alle anderen Katzen werden. Sie spielen sich oft als gnadenlose Tyrannen auf, die ihre Überlegenheit und Intelligenz in Aggression umwandeln und ihre Launen an den anderen Tieren auslassen. Es kann unter diesen Umständen rasch ein bedrückendes „soziales Gefälle" in einer Katzengemeinschaft entstehen, auf dessen unterster Stufe die Pariakatzen von allen anderen schikaniert werden. Diese ständig unterdrückten Außenseiter haben oft tagelang keine Chance, sich richtig satt zu fressen, weil man sie nur an den Futternapf läßt, wenn alle anderen Katzen längst satt sind. Sie bekommen in jeder Hinsicht nur das, was die überlegenen Kater und Katzen ohnehin nicht wollen. (Schon allein aus diesem Grund kann ein Aufenthalt im Tierheim für eine Katze nie wirklich „artgerecht" oder auch nur annähernd ideal sein, – selbst wenn man sich dort noch so liebevoll bemüht und sich alle Betreuer einfühlsam um die Katzen kümmern. Schließlich kann es keine „Extra-Appartements" für Alphakater geben und niemand kann rund um die Uhr die armen Pariakatzen beschützen – es wird also ständig die eine oder andere Gruppe zu leiden haben. Das soll keine Kritik an gut geführten Tierheimen sein, sondern ein Hinweis für Katzenliebhaber, die ihren vierpfötigen Freund im Urlaub – oder aus welchem Grund auch immer – guten Gewissens und ahnungslos ins Tierheim bringen und sich später nicht erklären können, warum die Katze plötzlich paranoid auf Vorgänge reagiert, die zuvor nicht einmal registriert wurden. Jede Katze bekommt in einer Zwangsgemeinschaft einen Knacks ab!)

Übrigens hat der „soziale Absturz" einer Katze zum Pariatier in einer Zwangsgemeinschaft nichts (oder nur ganz selten) mit körperlicher Stärke oder Größe zu tun, sondern immer mit ihrem Wesen. Hier setzt sich im Zweifelsfall stets die besonders intelligente und selbstbewußte Katze durch.

Apropos – einmal muß es ja gesagt werden: Auch bei Katzen läuft es

Kapitel 8

nicht viel anders als bei Menschen, es gibt die unterschiedlichsten Charaktere mit ihren jeweils typischen (guten und schlechten) Eigenschaften. Keine Katze ist wie die andere und selbst in einem Wurf gibt es intelligente und dumme, wilde und kränkliche, clevere und besonders scheue Kätzchen. Gerade weil Katzen einen so ausgeprägten Charakter haben, kann man hier die unterschiedlichsten Eigenschaften und Verhaltensweisen beobachten. Wenn jemand meint, Katze ist eben Katze und eines dieser Tiere ist im Grunde wie jedes andere, dann beweist er damit nur, daß er keine Ahnung vom vielschichtigen Wesen der Katzen hat. Wenn ich allein an die Tiere denke, die im Lauf der Jahre in meiner Familie oder mit mir gelebt haben: Es waren wirklich die erstaunlichsten „Typen" darunter, und keine Katze war einer anderen wesensähnlich. Da gab es in meiner Kindheit den wilden, robusten und häufig wütenden „Naturburschen" Peterle, dem man besser aus dem Weg ging, wenn er bloß große Augen machte. Später kam die schreckhafte, betuliche „Tante Schecky" dazu. Als nächstes zeigte uns das „Terrorpärchen" Schnurr und Büffeline, was Katzen alles anstellen, kaputtmachen und lustig finden können, während ihre Menschen laufend die Abfallprodukte der kätzischen Temperamentsausbrüche entsorgen. Deren dreifarbige Tochter Minka war die verschmusteste Mieze meines Lebens, aber so eine doofe Nuß, daß nur ihr Äußeres an eine Katze erinnerte. Nach ihr kamen Oskar und Sissy ins Haus: Er war faul und rund wie Garfield, und Sissy entwickelte sich zur klassischen „Tussi" – wunderhübsch anzusehen, aber im Köpfchen ziemlich unterbelichtet. Nach einem Umzug und zwei katzenfreien Jahren habe ich einem Tierquäler den prächtigen, aber völlig verstörten Tiger Schnurrdiburr weggenommen. Ich habe ihn regelrecht aus einem Gartenhäuschen entführt, in das er meistens eingesperrt war – als „Mausfangmaschine", und wenn nicht genug tote Mäuse herumlagen, wurde er mit Absätzen getreten und mit Holzscheiten geprügelt, wie man sehen und (über vier größere

182

Gartengrundstücke hinweg!) hören konnte, so verzweifelt laut schrie das mißhandelte Tier. Nach dem vergeblichen Versuch, den Kater frei-zukaufen, brach ich in der nachfolgenden Nacht mit Hilfe einer Freundin in das Gartenhäuschen ein, um das mit Narben und frischen Wunden übersäte Tier zu erlösen. (Wir machten übrigens davon Fotos und wollten den Mann wegen Tierquälerei anzeigen. Der diensthaben-de Polizist meinte damals nur: „Was – wegen einer Katz'? Ihr spinnt wohl … es gibt doch ohnehin viel zu viele davon, und wert ist so eine Katz' ja auch nix …!")

Als willkommenes Kontrastprogramm (zum traurigen Thema Schnurrdiburr, der nur noch knapp zwei Jahre die Zeit der täglichen Mißhandlungen überlebt hat) lernte ich in dieser Zeit die witzigsten Katzen kennen, die mir jemals über den Weg gekommen sind: Max und Moritz nannte eine Freundin das schwarzweiße Kater-Brüderpaar. Sie kamen von einem Bauernhof als halbjährige Lausbuben ins Haus und waren die geborenen Artisten. Über das Treppengeländer herunterrut-schen, auf Vorhangstangen balancieren, Salto vor- und rückwärts und an Menschen bis Schulterhöhe hochklettern war das tägliche Mindestprogramm. Das Drolligste an ihnen war, daß sie alle Streiche zu zweit veranstalteten und sich dabei gegenseitig überbieten wollten. Wurden sie mal wegen zu grobem Unfug abgemahnt, setzten sie sich ganz eng aneinander gedrückt Seite an Seite hin, schauten unglaublich süß zum schimpfenden Menschen hoch, grinsten regelrecht und fingen gleichzeitig ganz laut zu schnurren an – da konnte natürlich niemand ernst bleiben, und jede Strafandrohung endete in Gelächter. Die beiden Kater machten zusammen den Eisschrank auf, keine Türe war vor ihnen sicher, und morgens fand sie meine Freundin ziemlich oft tief schlafend und in engster „Umarmung" im Waschbecken vor. Sie „nah-men" im Sommer die trocknende Wäsche ab, um sich auf dem Rasen daraus ein „Nest zu bauen" – und wenn sie manchmal bei einer ver-botenen Aktion erwischt wurden, überspielten sie ihre Verlegenheit,

Kapitel 8

indem sie einander (gleichzeitig!) die Gesichter leckten. Bei aller Begeisterung war die ganze Familie doch ziemlich erleichtert, als Max und Moritz den ärgsten Kinderstreichen entwachsen waren. Dafür bekamen jetzt die Katzen der Nachbarschaft jede Menge Streß – Max und Moritz gingen sogar zu zweit auf Brautschau und waren dabei nicht gerade zimperlich. Der absolute Knüller war allerdings, daß sie eines Morgens ihre adäquate „Gangsterbraut" mitgebracht haben – was ja nicht gerade katzentypisch ist. Plötzlich saßen sie zu dritt vor den Futternäpfen, und die silbergraue Tigerlady wurde aufgenommen und „Bonnie" genannt, weil sie nicht nur wunderschön, sondern auch äußerst raffiniert war – und ein Vollprofi beim Stehlen in der Küche. Während dieser Zeit hatte ich eine Gastkatze, ihre Besitzer mußten geschäftlich für ein Jahr ins Ausland und baten mich, ihre sehr sensible Katze Mandy aufzunehmen. Ich versuchte mein Bestes, aber diese Siamkatze war die geborene Diva, man konnte ihr nichts recht machen, und sie entwickelte sich tatsächlich zur Haustyrannin und konnte ein unglaublich arrogantes Gesicht aufsetzen. Was mich an ihr faszinierte, war ihre Klugheit – es war schon erstaunlich, was diese schwierige Katzendame alles verstand und „selbständig erledigte". So hat sie z. B. mit schöner Regelmäßigkeit ihr Lieblingskissen mit den Zähnen an ein besonders sonniges Plätzchen vor dem Fenster getragen. Wenn ich mit ihr „geplaudert" habe und dabei den Namen ihres Frauchens mehrmals aussprach, sah sie mich mit wacher Aufmerksamkeit an, um dann gleich fragend zur Tür und zum Telefon zu schauen. Das wiederholte sich mehrmals, bis sie dann in einem eindeutig fragenden Tonfall „Mahmahmah?" maunzte. Ich bin heute noch davon überzeugt, daß sie dabei wirklich so etwas wie „Wann kommt Mama wieder?" gefragt hat. Als meine Bekannte kurz vor ihrer Rückkehr aus Amerika anrief, hielt ich Mandy den Telefonhörer ans Ohr. Sie lauschte einen Moment lang ganz angespannt, machte riesige Augen und plauderte tatsächlich laut und deutlich „Mahmahmah!" – diesmal ohne fragenden Tonfall! Was noch skurriler wird, wenn man weiß, daß Mandys Besitzerin tatsächlich die Gewohnheit hatte, sich „Mama" zu nennen. Beispielsweise: „Komm Mandy, Mama füttert dich!" oder: „Kommst du zu Mama aufs Sofa?" Mandy galt übrigens auch bei Leuten ohne einschlägige Vorlieben und Ticks als „magische Katze" – ihr traute man mit der Zeit so ziemlich alles zu.

Bald nach Mandys Gastspiel in meiner Wohnung beschloß ein Alphakater, bei meiner Mutter einzuziehen. Er stand eines Tages im Garten und jaulte unter Mutters Küchenfenster. Sie warf ihm dann einen Happen Futter zu, aber er wiederholte seinen Lockruf immer wieder, sobald sie wegging. Irgendwann ging sie in den Garten hinunter und wollte sehen, ob er vielleicht verletzt war. Aber er stolzierte nur völlig selbstverständlich auf sie zu, als wäre er seit Jahren ihr Haustier, warf sich ihr vor die Füße und wollte gestreichelt werden. Anschließend wich er keinen Schritt mehr von ihrer Seite, ging einfach mit ins Haus, in die Wohnung, in die Küche und stellte sich mit erwartungsvollem Blick hin, gurrte und schmeichelte, bis sie ihm einen Teller füllte und Milch wärmte. Dann wollte sie den fremden Kater wieder fortschicken, immerhin hat er sehr gepflegt und alles andere als verhungert ausgesehen, es war also anzunehmen, daß er ohnehin in der Nachbarschaft zu Hause war. Mutter brachte den kätzischen Besuch also wieder in den Garten, aber der warf sich wieder auf ihre Füße und dachte nicht daran, wegzugehen. Das Spiel wiederholte sich, bis meine Mutter schwach wurde und meinte: „Also gut, für heute nacht kannst du bleiben." Als sie morgens aufwachte, lag er quer über ihre Füße im Bett und schnurrte laut. Er wurde königlich gefüttert und „Schnurrli" genannt – und blieb neun Jahre lang ihr verwöhnter Liebling, bis er an Altersschwäche friedlich einschlief.

Bei mir lebte damals schon mein unvergeßlicher (und hier vielzitierter) Paulchen Panther, ganz eindeutig ein Alphakater mit so verwirrend menschlich wirkenden Eigenschaften, daß ich manches noch immer

Kapitel 8

nicht ganz begreifen kann, was ich mit ihm erlebt habe. Nach seinem Tod kam meine „Lebenskatze Nr. 2" zu mir, der ebenso wilde, wie faszinierende „Tigerpaul", der es ein weiteres Mal zustande gebracht hat, meine bisherigen Erfahrungen mit Katzen völlig neu zu bewerten. Und dann gab noch der wunderbare alte Katzen-Sir „Othello" sein kurzes, berührendes Gastspiel in meinem Leben. Dieser riesengroße, unglaublich kluge schwarze Kater war zuvor in einem sehr liebevoll geführten, privaten „Katzenhaus", in dem verstoßene und mißbrauchte Tiere aufgenommen und wirklich vorbildlich betreut werden. Aber trotzdem passierte hier genau das, wovon eingangs die Rede war: In der Hierarchie der dort lebenden rund 30 Katzen gibt cs alle denkbaren Charaktcre vom Alphatier bis zum Pariakätzchen. Mein Othello war damals einer der beiden Alphakater, die einander das Leben in diesem Katzenhaus schwermachten. Als Othello für diesen täglichen Kleinkrieg zu krank wurde – er hatte ein schweres Nierenleiden – nahm ich ihn zu mir mit der Absicht, ihm noch eine wirklich schöne Zeit als Einzelkatze zu schenken. Er wurde mit bester Pflege und viel Liebe verwöhnt, und es war ihm anzumerken, wie sehr er es genossen hat, nicht mehr mit den anderen Tieren auskommen zu müssen und seine Ruhe zu haben. Für mich wurde unsere gemeinsame Zeit zum Selbstversuch in Sachen Belastbarkeit, denn ein altes, krankes Tier braucht von seinem Bezugsmenschen nicht viel weniger Zuwendung als ein menschlicher Patient, wenn man wirklich versucht, das Beste daraus zu machen. Aber ich bereue es nicht, ich habe in diesen acht Monaten, die Othello noch zu leben hatte, sehr viel mehr über das Wesen der Katze gelernt als aus allen Büchern, zumal er eine ganz außergewöhnliche Tierpersönlichkeit war.

In seiner letzten Lebensstunde „umarmte" er mit seinen Vorderpfoten meinen Arm so fest, wie er es eben noch schaffen konnte, und legte seinen Kopf in meine Hand. Sterbend hat er noch seine allerletzte Lebensenergie eingesetzt, um mich zu trösten. Er sah mir zuletzt noch lange und intensiv in die Augen (was Katzen sonst gar nicht gerne mögen) und schnurrte, während er ganz schwach mit seiner rechten Pfote meinen Arm streichelte – was er früher öfter tat, wenn er besonders lieb sein wollte. Ich streichelte ihm sanft den Kopf, und als er nicht mehr schnurrte, hob ich die Hand, um zu sehen, wie es ihm geht – da waren seine Augen bereits gebrochen.

Das mag jetzt alles furchtbar sentimental wirken – mag sein, das riskiere ich, weil ich nicht einsehen kann, daß der Tod eines Tieres als Tabuthema gilt. (Wenn man bedenkt, daß sich immer noch mehr als 90 Prozent der Europäer zum Fleischessen bekennen, dann ist es doch absurd, daß es von vielen Leuten als schockierend empfunden wird, den Tod eines Tieres zu beschreiben.)

Ich möchte an dieser Stelle alle LeserInnen, die gern und bewußt mit einer Katze leben, dazu ermutigen, ihr Lieblingstier nicht in seinen letzten Tagen oder Stunden allein zu lassen. Soviel Zeit muß sein, daß man ein Geschöpf, mit dem man ein Stück Leben verbrachte und das einem viel Freude schenkte, nicht irgendwo in einer Ecke ablegt, um es allein dem Todeskampf zu überlassen. Dieser Moment hat nichts an sich, wovor Sie sich fürchten oder ekeln müßten, und während Sie Ihrer Katze einen liebevollen Abschied geben, können Sie selbst noch eine ganze Menge über das wahre Wesen der Katzen erfahren. Sicher, Sterbebegleitung ist weder bei Menschen noch bei Tieren eine leichte Angelegenheit, die man sofort wieder vergißt. Sie hat aber einen wesentlichen Nebeneffekt für das eigene Leben: Man hat danach vor vielen Situationen und Erlebnissen keine Angst mehr und betrachtet manches, was man bislang gemieden hat und als „schrecklich" empfand, aus ganz anderer Perspektive.

Wußten Sie übrigens, daß Katzen auch trauern? Es ist durch wissenschaftliche Studien, Beobachtungen und Aufzeichnungen mehrfach belegt, daß Katzen regelrechte „Trauerfeiern" abhalten können. Die britischen Kryptozoologen John und Robert J. Michell schildern in

Kapitel 8

ihrer Publikation aus dem Jahr 1983 (über die unbekannten, verborgenen Fähigkeiten von Tieren) folgende Beobachtungen: In mehreren nacheinander folgenden Nächten des Jahres 1975 wurden an einem Waldrand in der Nähe eines Kohlebergwerkes bis zu 52 Katzen beobachtet, wie sie sich anfangs in kleinen Gruppen zusammensetzten. Später formierten sie sich zu einem Kreis, in dessen Mitte ein auffallend großer Kater saß. Wesentlich daran ist, daß genau an dieser Stelle einige Tage zuvor der tote Körper einer Katze gefunden wurde. Nach einigen Minuten löste sich dann die Versammlung – wie auf ein geheimes Zeichen hin – auf, alle Katzen standen auf und gingen in verschiedene Richtungen weg. Als letzter verließ der große Kater seinen Platz in der Mitte des Kreises.

Im Jahr 1973 wurde ein weiteres ähnliches Phänomen beobachtet. Als eine gerade verstorbene alte Hauskatze von ihren Leuten im Garten begraben wurde, saßen in einigem Abstand Nachbarskatzen und beobachteten diese Tierbeerdigung. Nach Sonnenuntergang versammelten sich dann acht dieser Katzen rund um das frische Grab, formierten sich zu einem engen Ring und saßen beinahe reglos und über eine Stunde lang dort. Alle Katzen hatten die Gesichter dem kleinen Grab in ihrer Mitte zugewandt, nach etwa einer Stunde gingen dann sechs Katzen in verschiedene Richtungen fort, während zwei Tiere bis spät in die Nacht dort Totenwache hielten.

Trauerzüge und Trauergruppen an der Todesstelle oder rund um das Grab einer Katze wurden seit 1955 (damals zum ersten Mal in Rom gesehen und aufgezeichnet) beobachtet. Bis jetzt konnte aber noch nicht überzeugend erklärt werden, warum sich Katzen zu Trauertreffen an bestimmten Orten zusammentun, während in anderen Gegenden keine vergleichbaren kätzischen Trauerrituale stattfinden. Oder geschieht es überall – und die Katzen lassen sich nur nicht jederzeit und allerorts dabei beobachten? Möglich wäre es durchaus, daß uns diese geheimnisvollen Tiere immer noch einiges „verheimlichen"!

Weitaus bekannter als Trauerversammlungen ist das Verhalten von Katzenmüttern nach dem Tod eines kleinen Kätzchens – ob es nun einfach gestorben ist oder von Menschen getötet wurde, Katzenmütter suchen die toten Kleinen tagelang und zeigen ihre Trauer unmißverständlich. Es ist ihrem gesamten Verhalten, ihrem Gesichtsausdruck und natürlich auch ihren Klagerufen anzumerken, viele Katzen fasten auch, solange sie um ihr Junges trauern, und fast alle meiden die Nähe des Menschen, der ihr Kätzchen getötet hat. Ich habe in meinen Jahren auf dem Land wiederholt die Erfahrung gemacht, daß Katzen ganz genau wissen, wer ihre Kinder weggebracht und getötet hat. Ist es ihrer Beobachtungsgabe oder ihrem „sechsten Sinn" zu verdanken – wer weiß? Ich habe jedenfalls häufig beobachtet, daß sie dem betreffenden Menschen ausweichen, sich von ihm möglichst nicht mehr anfassen lassen und ihm auf unterschiedliche Art ganz deutlich zeigen, daß sie ihn fürchten und ablehnen.

Katzen trauern aber nicht nur um ihre Artgenossen, sondern ganz besonders auffällig auch um ihre Bezugsmenschen. Die vielzitierte „Treue bis in den Tod" ist also nicht nur für viele Hunde typisch, auch Katzen verkraften die Trennung von ihrem Lieblingsmenschen nur sehr schwer, was so weit gehen kann, daß sie selbst nicht mehr leben wollen und sich aufgeben.

Eine Katze in Oberhofen (Schweiz) erlitt schwere Verbrennungen und wurde von ihrem Herrchen liebevoll gesund gepflegt, wonach sie eine ganz besonders intensive Gefühlsbindung zu ihm entwickelte und ihn nicht mehr aus den Augen ließ. Als der Mann fünf Jahre später selbst schwer erkrankte, wachte sie praktisch Tag und Nacht an seinem Bett. Nach seinem Tod folgte sie dem Sarg ihres Herrn, legte sich nach der Beerdigung auf sein Grab und starb dort zwei Tage später.

Eine andere große Tierliebe zwischen einem Kater und seinem Herrn fand ein trauriges Ende, als Kater Bill tagelang vergeblich auf seinen Lieblingsmenschen warten mußte. Der Mann war bei einem

Kapitel 8

Zugsunglück schwer verletzt worden und verstarb wenige Tage danach in einer Klinik. Kater Bill war in dieser Zeit auffällig unruhig und suchte nach seinem Herrchen, als ob er bereits „gewußt" hätte, daß sie einander nicht mehr begegnen würden. Zur größten Verwunderung der Angehörigen verschwand der Kater am Morgen des Beerdigungstages, um später pünktlich auf dem Friedhof zu erscheinen, obwohl es sich auch noch um eine größere Entfernung gehandelt hatte, die Bill erst einmal erspüren, finden und zurücklegen mußte. Niemand konnte dafür eine plausible Erklärung finden; jedenfalls zwängte er sich dann während der Trauerfeier zwischen den Beinen der Menschen durch und stellte sich ans offene Grab seines Herrn. Mehrere Angehörige haben beobachtet, daß Bill eine Weile ernst zum Sarg hinunterblickte, sich dann plötzlich umdrehte und langsam wegging. Nach einigen Stunden kam er wieder zu Hause an, zeigte aber noch tagelang das katzentypische Trauerverhalten.

Es gibt viele wahre Geschichten über trauernde Katzen, die nicht selten mit dem Tod des Tieres enden. Daß Katzen die Trennung nicht verkraften können und immer wieder – auch über weite Entfernungen – zum Grab ihres Lieblingsmenschen gehen, hat sicher auch dazu beigetragen, daß man sie zu magisch-geheimnisvollen Geschöpfen erklärt hat. Und sie sind es ja auch irgendwie ... schließlich ist es nicht unbedingt eine völlig normale, übliche und tiergemäße Reaktion auf den Tod eines Menschen, daß eine Katze Totenwache hält, zur Beerdigung geht und offensichtlich trauert. Und gar nicht so selten bleibt in einem solchen Fall die Katze am Grab des geliebten Menschen, bis sie nach kurzer Zeit selbst dort stirbt – an gebrochenem Herzen, wie durchaus seriöse Tierpsychologen und Verhaltensforscher immer wieder bestätigen.

Fast noch krasser erscheint das tragische Verhalten einiger Katzen, die nachweislich Selbstmord begangen haben, was zwar nicht so häufig, aber doch hin und wieder vorkommt. Bekannt ist die selbsterlebte

190

Geschichte des französischen Schriftstellers Maurice Barrès, der seine Katze nicht immer fair behandelt hat und sie gelegentlich völlig grundlos anschrie. Die Katze reagierte immer entsetzt auf die Ungerechtigkeit ihres Herrn. Eines Tages stürzte sie sich in einer solchen Situation aus dem Fenster.

Vor einigen Jahren hat mir ein Bekannter erzählt, daß der Kater seiner Eltern, der auch häufig grundlos beschimpft wurde, anfangs immer aus dem Haus lief, um der ungerechten Behandlung zu entgehen. Später zog die Familie von der Vorstadt in eine Wohnung nahe einer Stadtbahnlinie, und der Kater hatte dort keine Auslaufmöglichkeit mehr. Einige Zeit ertrug er sein Leben als Wohnungskatze, die grundsätzlich schlecht behandelt wurde, wenn es unter den Eheleuten Streit gab – bis er eines Tages entwischen konnte, als Besuch kam und die Tür irrtümlicherweise offenblieb. Mein Bekannter sah vom Fenster aus, daß der Kater ohne besondere Eile, aber zielstrebig vom Haustor über eine kleine Grünfläche ging, auf den Bahndamm zusteuerte und dort sitzen blieb. Als einige Minuten später ein Zug einfuhr, warf sich der Kater direkt vor die Lokomotive. Mein Bekannter meinte: „Es war ganz eindeutig, daß er absichtlich vor den Zug sprang, ein glatter Selbstmord!"

Katzen sind also alles andere als beziehungsunfähige Geschöpfe, wie es ihnen ja immer wieder nachgesagt wird, die vorangegangenen Schilderungen beweisen das Gegenteil. Auch der häufige Vorwurf, daß Katzen die „asozialen Eigenbrötler des Tierreiches" wären, trifft nur bedingt zu. Tatsächlich zeigen Katzen unter sich ein widersprüchliches Sozialverhalten. Sie können zum Beispiel ausgesprochen gastfreundlich sein: Wohlgenährte Haustiger laden in der Regel hungrige Zufallsbesucher ein, aus ihrem Futternapf zu fressen. Wenn einem Streuner der verführerische Duft von frischem Katzenfutter in die Nase steigt, während dieser arme Straßenkater Kohldampf hat, kann er es durchaus riskieren, sich durch eine fremde Tür zu schwindeln und

Kapitel 8

am reichgedeckten Futterplatz ordentlich zuzulangen. Die Hauskatze wird im besten Fall einfach mit ihm teilen, und im schlimmsten Fall wird er kurz angefaucht, bekommt aber trotzdem seine Portion – sie wird ihm einfach übriggelassen. Nur Katzen, die selbst großen Hunger und keinen „Brötchengeber" haben, und wirklich verhaltensgestörte Tiere versuchen, anderen Katzen das Mitfressen zu verweigern. Ganz besonders rührend kümmern sich auch Katzenmütter um fremde Jungkatzen, die sie regelrecht adoptieren und selbst säugen. Gelegentlich zieht eine Katze sogar junge Hunde, Kaninchen, Hamster, Eichhörnchen und sogar Mäuse auf, die ihre Mutter verloren haben und ohne Körperwärme, tierische Erziehung und Muttermilch nicht lebensfähig wären. Fremdartige Tierbabys werden dadurch auf die kätzische Pflegemutter geprägt und halten sie bald für die eigene Mama.

Katzen haben also auch sehr positive Tiercharakter-Eigenschaften, von denen selten die Rede ist. Dafür haben sie den Ruf, ihren Hang zur Selbstdarstellung hemmungslos zu pflegen und gelegentlich mit gewaltigem Imponiergehabe zu protzen. Man kann es nicht leugnen: Vor allem Kater besitzen ein ganzes Repertoire von tierischem Imponiergehabe, das sie auch immer sehr bewußt und wirkungsvoll einsetzen. Wenn sie sich unbedingt in den Mittelpunkt des Interesses spielen wollen, lassen Kater nichts aus – da wird ein hoher Katzenbuckel durchgestemmt, ein ganz normaler Kurzhaarschwanz so aufgeplustert, daß er wie eine dicke Flaschenbürste aussieht, die Backenhaare werden gesträubt, bis sie fast wie eine kleine Löwenmähne wirken, die Schnurrbarthaare werden in „Hallo-ich-bin-der-Allergrößte-Position" gebracht, und um das Maß der Angeberei voll zu machen, kommen Kater auch gerne noch seitwärts daherstolziert, wie man es von manchen Reitpferden kennt. Wenn der verdutzte Gegner dann noch immer nicht platt vor Ehrfurcht ist, fährt man als Kater auf der Egotrip-Parade noch schnell die Krallen in voller Länge aus, um unmittelbar vor dem eingeschüchterten Gegenüber an irgendeinem geeigneten Gegenstand die Pfotenmesserchen zu schärfen. „Wer jetzt noch nicht vor Bewunderung in die Knie geht, dem ist nicht zu helfen", scheint der Katzenstar in einem solchen Augenblick zu denken – zumindest schaut er genauso aus.

Aus einem ähnlichen Bereich des schillernden Katzenwesens scheint ein Tick zu stammen, den aber auch die weiblichen Tiere haben: Männchen wie Weibchen präsentieren ihrem staunenden Bezugsmenschen jenes sonderbare Verhalten, das in der Psychologie als „Beziehungswahn" bezeichnet wird. Die meisten intelligenten, selbstbewußten Katzen führen sich so auf, als hielten sie sich für den Mittelpunkt aller menschlichen Bemühungen, sie beziehen alles auf sich und glauben, daß ihre Bezugsmenschen nichts anderes im Sinn haben: Man steht vom bequemsten Polstersessel auf, daß Mieze das weichste Plätzchen (vorgewärmt) bekommt, man stellt den Fernseher an, damit sie sich an beweglichen Bildern freut (viele Katzen lieben Fußball und Autorennen, da „bewegt sich was", nur der Ton muß selbstverständlich weg!), die Vorhänge werden ausschließlich angebracht, damit Kater Schnurr etwas zum Schaukeln und Klettern in der Wohnung hat, und wenn ein Mensch zum Kühlschrank geht, dann nur, weil Katzenfutter drin ist. Die Möbel und Böden werden ebenfalls zu Kätzchens Unterhaltung gewischt, schließlich braucht man ja die Zipfel dieser Tücher, um etwas Bewegliches zu fangen. Und zweifellos sind Staubsauger nur dafür erfunden worden, um die hochsensiblen Katzenohren zu belästigen, sie scheinen überhaupt nur quälende Psychoterrorgeräte zu sein, die dem Menschen in die Hand gegeben wurden, um sich gelegentlich an der Katze zu rächen – sie wird dann schon wissen, wofür.

Am schlimmsten treiben es ältere Katzendamen und Alphakater in Sachen Beziehungswahn. Mein vielzitierter Paulchen Panther war auch so einer – der leckte sich sofort genießerisch das Mäulchen, wenn ich

Kapitel 8

nur zum Dosenöffner griff: Klar, für wen sonst sollte ich denn eine Dose öffnen wollen, wenn nicht für ihn? Sollten aber einmal doch Bohnen, Linsen oder Ananasscheiben drin gewesen sein, mußte ich das dem Herrn Paulchen erst einmal beweisen und ihn daran riechen lassen. Erst dann stellte er sich wieder auf alle viere und zog beleidigt ab – er stand nämlich beim typischen Dosenöffnergeräusch schon immer für alle Fälle „Männchen" und tapste mit den Vorderpfoten fordernd und ungeduldig auf die Tischkante. Später gewöhnte ich mir an, beim Griff zum Dosenöffner laut und deutlich „Katzenfutter, Paul!" oder „Menschenfutter – nix für dich!" zu sagen – nach spätestens einer Woche verstand er es und hielt sich auch fast immer an den Tip. Apropos Tip: Gegen die beziehungswahnsinnigen Aktionen unserer lieben Katzen gibt es nur eines: reden, reden und noch einmal reden – es ihnen immer wieder freundlich und geduldig erzählen und beweisen, daß nicht wirklich alles immer nur für die Katz' ist! Manchmal bleibt von dieser „Gesprächstherapie" ein kleines Erfolgserlebnis übrig – für ein, zwei Tage vielleicht. Bis sich eben alles wieder nur um sie dreht – um die Katzen auf dem Egotrip.

Kapitel 9

Ein Schutzgeist
mit Krallen

Ein Schutzgeist mit Krallen

Das Testament war unterzeichnet und lag in einer unverschlossenen Mappe auf dem Schreibtisch. Im Wohnraum saß Mary Killany, eine vermögende irische Geschäftsfrau, mit ihrer Familie am Kamin. Man feierte ihren 65. Geburtstag, zu dem auch der befreundete Anwalt der Familie eingeladen war – Mrs. Killany wollte ihm bei dieser Gelegenheit ihr Testament übergeben, das er bis zu ihrem Tode verwahren sollte. Sie war zwar noch eine sehr vitale ältere Dame, die gerne wanderte und gelegentlich ausritt, aber sie wollte jetzt ihren Nachlaß geordnet wissen. Immerhin hatten die Angehörigen eine beträchtliche Erbschaft zu erwarten, das große Familienanwesen mit Reitpferden, Textilgeschäfte in der Stadt, Familienschmuck und Vermögen auf mehreren Konten. Über den Inhalt des Testaments wurde an diesem Tag kaum gesprochen, aber es war kein Geheimnis, daß der jüngste Sohn, Patrick, einen kleineren Anteil als seine beiden Geschwister John und Meggan zu erwarten hatte. Mit gutem Grund: Während der ältere Bruder und die Schwester seit Jahren die Familienbetriebe führten, warf Patrick das Geld zum Fenster hinaus und genoß sein Leben als ewiger Student, der zwar schon die halbe Welt, aber nur selten die Hörsäle der Universität gesehen hatte. Für den Fall, daß Mrs. Killany sterben sollte, solange Patrick noch immer über kein eigenes Einkommen verfügte, hatte sie ihn zwar mit dem gleichen

197

Kapitel 9

Erbschaftswert abgesichert, der den anderen Geschwistern zustand. Aber sie deutete immer wieder an, daß er mit weitaus weniger zu rechnen hätte, weil er sich ja schon seit vielen Jahren aus dem Familienvermögen „bediente". Damit wollte Mrs. Killany erreichen, daß sich ihr jüngster Sohn endlich um seine eigene Existenz bemüht, aus Angst davor, daß sein Erbschaftsanspruch der vielen Vorschüsse wegen immer geringer würde.

Jemand schlug vor, daß es an der Zeit für Familienfotos wäre, und dafür wollte man noch das Tageslicht nützen. Die Familie ging in den Garten, nur Patrick lief noch einmal schnell ins Haus zurück, angeblich, um einen zweiten Film zu holen. So fiel es niemandem besonders auf, daß er einen kleinen Umweg durch das Arbeitszimmer seiner Mutter machte. Er hatte also zu Recht befürchtet, daß es ihr damit ernst war, seinen Erbteil zu kürzen … es sei denn, er würde noch studieren, wenn …!

Überraschenderweise ging es Mrs. Killany in den Wochen nach ihrem Geburtstag gesundheitlich gar nicht mehr gut. Plötzlich litt sie unter starker Übelkeit, Erbrechen, hatte Schwindelanfälle und immer häufiger Probleme mit dem Kreislauf, aber der Hausarzt konnte keine befriedigende Diagnose stellen. Er schlug Mrs. Killany eine gründliche Untersuchung in einer guten Klinik vor, aber sie wollte von den lästigen Tests nichts wissen und schob die längere Abwesenheit von zu Hause immer wieder auf. In dieser Zeit wollte ihr Lieblingskater Gregory überhaupt nicht mehr von ihrer Seite weichen, er schien sie regelrecht zu bewachen. Gleichzeitig reagierte er ausgesprochen feindselig auf Patricks Anwesenheit. Er hatte sich noch nie gern von ihm streicheln lassen, und Patrick konnte ohnehin mit Tieren nichts anfangen, aber jetzt biß und kratzte ihn Gregory bei jeder Gelegenheit.

Am Vorabend von Mrs. Killanys Abreise zur Klinik lag der Kater zu ihren Füßen im Bett und beobachtete mit wacher Aufmerksamkeit sein Frauchen. Als Patrick ans Bett kam, um sich von der Mutter für die nächsten Tage zu verabschieden, stürzte sich Gregory plötzlich mit unbeschreiblicher Wut auf ihn, sprang ihm bis an den Hals und verpaßte ihm an Gesicht und Händen tiefe Kratzwunden.

Dann überstürzten sich die Ereignisse: Mrs. Killany starb nach wenigen Tagen in der Klinik, bevor noch eine genauere Diagnose feststand. Als ihr Leichnam obduziert wurde, kam man zum Ergebnis, daß sie über einen längeren Zeitraum nach und nach vergiftet worden war, was schließlich das mysteriöse Krankheitsbild und letztlich ihren plötzlichen Tod verursacht hatte.

Patrick hatte also dafür gesorgt, daß seine Mutter noch starb, solange er „studierte" und ihm somit noch ein Drittel der Erbschaft zufiel. Der Verdacht war aber erst auf ihn gefallen, als er sofort nach Mutters Tod den armen Gregory erschoß, der ja schon die ganze Zeit lang versucht hatte, mit seinen Attacken auf Patrick den Mörder zu entlarven. Leider begriff weder Mrs. Killany noch die restliche Familie rechtzeitig, wie ernst die wütenden Hinweise des Katers zu nehmen waren. Sie ergaben für die Angehörigen erst ihren Sinn, als nun auch noch das treue Lieblingstier der Ermordeten von Patrick Killany umgebracht wurde.

Dieser Bericht aus dem Jahr 1993 kann als ein weiterer Hinweis darauf gelten, daß Katzen nicht nur Ängste, Aggressionen und sogar Todesgefahr für einen Menschen erspüren können – sie besitzen auch sicher jene Wahrnehmungsfähigkeit, die man als „sechsten Sinn" bezeichnet. Wir wäre es sonst zu erklären, daß der Kater Gregory seinem Bezugsmenschen die akute Bedrohung durch den Sohn anzeigte, indem er Mrs. Killany praktisch rund um die Uhr beobachtete und bewachte. Er versuchte auch, den Schuldigen durch seine eigene Aggression zu vertreiben und durch seine Feindseligkeit die Aufmerksamkeit der anderen auf Patrick zu richten, den er ja mit seinen Krallenattacken regelrecht „zeichnete". Außerdem kann man annehmen, daß der Kater auch versuchte, den Mörder seines Lieblingsmenschen durch Verletzungen zu „bestrafen".

Kapitel 9

Es handelt sich hier um keinen Einzelfall. Die Warnhinweise und Rettungsversuche von Katzen sind weltweit beobachtet und dokumentiert worden – und das nicht nur in letzterer Zeit.

Aus früheren Jahrhunderten ist bekannt, daß viele Schiffskatzen Alarm schlugen und sich auffälligst verhielten, bevor unter der Mannschaft eine Seuche ausbrach. Auch tagelang vor dem Untergang mancher Schiffe verhielten sich die Katzen entsprechend und versuchten mit allen kätzischen „Alarmsignalen" die Crew zu warnen. Nicht nur „die Ratten verlassen das sinkende Schiff" – auch und vor allem die Katzen spürten längst, daß es für Mann und Maus zu spät war, und sie hätten sicher nur zu gern das Schiff verlassen. Was übrigens auch geschah, als eine Schiffskatze scheinbar grundlos im Hafen von Neapel von Bord ging. Es war zu Ende des 19. Jahrhunderts, als Kater Miltiadis nach sieben „Dienstjahren" auf dem griechischen Schiff „Naxos" zum ersten Mal weglief – und zwar eiligst und sofort beim Anlegen vor Neapel. Aber bevor er losrannte, um sein eigenes Fellchen zu retten, lief Miltiadis noch zum Kapitän und jaulte ihn warnend und eindringlich an. Der soll den Kater lachend weggeschickt haben, aber er baute sich immer wieder vor seinem „Chef" auf und jaulte, so laut er nur konnte, bevor das Schiff Neapel anlief. So erzählte es jedenfalls später der einzige überlebende Matrose der „Naxos". Er hielt etwas von den mysteriösen Geschichten, die man vom sechsten Sinn der Katzen erzählte, und bekam vor dem sonderbaren Geschrei des kleinen Miltiadis mehr Angst, als er den Verlust seiner Arbeit fürchtete: Er hielt es mit dem Kater und verschwand in den Gassen von Neapel. Dieser Matrose war es dann auch, der den Schiffskater Miltiadis als den Helden der „Naxos" bekannt machte, die am Tag nach ihrem Auslaufen auf dem offenen Meer explodierte.

Von den Portugiesen wurden Katzen im 17. Jahrhundert auf die südpazifischen Gewürzinseln Molukken mitgenommen, sie setzten sie regelrecht als Seismographen ein und beobachteten ihr Verhalten genau. Kein Portugiese wäre dort einen Tag länger geblieben, nachdem die Katzen wieder einmal wie besessen herumrasten und alle einschlägigen „Erdbebenwarnungen" zeigten.

Mittlerweile nimmt man es in den meisten erdbebengefährdeten Regionen ernst, wenn sich Katzen auffällig verhalten und fluchtartig die Häuser verlassen. Am besten könnte dieses noch größtenteils unerklärliche Seismographen–Verhalten dieser hochsensiblen Tiere genützt werden, wenn man möglichst rasch ihrem Beispiel folgt und ebenfalls alle Plätze meidet, denen Katzen in solchen Situationen großräumig ausweichen. Seit Jahrhunderten konnte diese phänomenale Begabung der Katzen schon unzählige Menschenleben retten, wenn man ihren Warnsignalen nur genügend Beachtung geschenkt hat.

Vor dem Ausbruch des großen Erdbebens von Messina im Jahr 1783 gab eine Katze ihrem Herrn so lange keine Ruhe, bis er sie ernst nahm und ihr endlich nachging – bis vor die Tore der Stadt, die kurz danach in Trümmern lag …!

In einem Schweizer Dorf des Kantons Glarus flüchteten sämtliche Katzen innerhalb eines Tages aus dem Ort, der 24 Stunden später von einem Erdbeben zerstört war. Man hätte den Katzen rechtzeitig glauben sollen, daß es nicht gut sein kann, hier auszuhalten: Unter den Trümmern wurden 115 Tote gefunden.

Als am 9. Februar 1971 die Tigerkatze Josie schon um 5.30 Uhr ihre Leute weckte, fand man das ziemlich lästig und beschimpfte sie dafür. Aber Josie gab einfach nicht nach, sie schrie so laut, daß es die ganze Familie daran hinderte, nochmals einzuschlafen. Die Leute standen also zu dieser nachtschlafenden Zeit auf und gingen vors Haus, um nachzusehen, was die Katze so in Panik versetzen konnte – schließlich lebte man ja in Kalifornien, wo Erdbeben keine Seltenheit waren. Daß dies die richtige Reaktion war und Josie als Retterin der Familie gefeiert werden sollte, wußte man knapp zehn Minuten später, als im San Fernando Valley bereits das Erdbeben ausgebrochen war.

Kapitel 9

Zum Ende dieser Beschreibungen von kätzischen Lebensretter-aktionen nun noch zwei Geschichten, die durch die internationalen Medien gingen.

Zu hohen Ehren kamen gegen Ende des Zweiten Weltkrieges die Katzen von London. Sie wurden für die Rettung vieler Menschenleben während der Bombenangriffe geehrt. Noch bevor die Sirenen heulten, hatten das schon die Katzen getan, um dann mit gesträubtem Fell in Scharen in die Luftschutzkeller zu rennen. Zum Glück folgten viele Menschen den Katzen und kamen auf diese Weise noch einmal mit dem Leben davon. Dafür bekamen die Katzen von London noch vor dem Ende des Krieges eine Medaille verliehen – als Dank für ihre nachweisbaren Verdienste um zahlreiche Menschenleben. Auf der Medaille stand zu lesen: „Auch wir dienen." Eine ordentliche Futterration wäre den englischen Miezen in diesen schlechten Zeiten vermutlich lieber gewesen.

Ebenfalls eine hochoffizielle Auszeichnung für ihre Verdienste um Menschenleben erhielt im Jahr 1984 in New York die hübsche weiße Hauskatze „Pussycat". Sie hatte mit lautem, anhaltendem Geschrei mitten in der Nacht ihre Familie geweckt und dann konsequent daran gehindert, wieder einzuschlafen, bis alle entnervt aufgestanden waren. Im nächsten Moment stand das Haus in Flammen, in denen sechs Personen umgekommen wären, hätten sie nicht doch noch im letzten Augenblick auf ihre „lästige" Katze reagiert. Sie bekam dafür vom US-Tierschutzverband eine Goldmedaille verliehen. Da fragt sich nur: Was hatte eigentlich Pussycat davon?

Es müssen aber nicht immer bedrohliche Ereignisse großen Ausmaßes sein, vor denen Katzen ihre Menschen warnen oder sogar zu retten versuchen. Unsere Samtpfötchen verhalten sich auch auffällig und „lästig", wenn z. B. in der Küche der Gashahn nicht ganz zugedreht ist – oder wenn irgendwo in der Wohnung eine Zigarette gedankenlos abgelegt und vergessen wurde. Besser, Sie sehen nach, wo und weswegen

Ihre Katze plötzlich jault oder Krach macht – und warum sie das tun könnte. Wirklich grundlos kommt es kaum vor, daß sich Katzen plötzlich ganz anders als sonst verhalten und sich „aufführen". Das Mindeste wäre, daß Ihnen die Katze etwas zeigen will – nachsehen lohnt sich in jedem Fall, vielleicht ist es ja etwas Lebenswichtiges.

Mittlerweile ist das generelle Mißtrauen der Wissenschaft gegenüber den außerordentlichen tierischen Leistungen auf der Wahrnehmungsebene auf ein geringeres Maß reduziert. In der Katzenforschung spricht man ganz offen von der hohen sensorischen Fähigkeit dieser Ausnahmetiere, die ja auch über einen „biologischen Kompaß" verfügen, ihr Orientierungsvermögen ist phänomenal. Inzwischen gilt es als erwiesen, daß Katzen auf Magnetfelder, Wasseradern, Elektrosmog und manchmal sogar auf unterirdische Metallvorkommen reagieren. Und das tun sie so offenkundig und unmißverständlich, daß man als Mensch eigentlich nur aufmerksam hinzusehen braucht, um aus Supercats sechstem Sinn die richtigen Schlüsse zu ziehen und davon zu profitieren.

Angeblich liegt es an winzigen Eisenpartikelchen im Körpergewebe der Katzen, die diese außerordentlich hohe Empfindlichkeit und die sensorische Wahrnehmung ermöglichen. Auf der rein physischen Ebene wäre das eine gute Erklärung, denn durch diese körpereigenen Eisenteilchen nehmen Katzen auch die allerschwächste Vibration wahr, die von Menschen unmöglich erspürt werden könnte. Katzen registrieren selbst so geringe Veränderungen im statischen Feld, auf die nicht einmal empfindlichste Meßgeräte auf dem neuesten Stand der Forschung reagieren können. Zweifellos sind Katzen mit ihrem hochsensiblen Körper, ihrer ans Unfaßbare grenzenden Tier-Intelligenz, ihren empfindlichen Pfoten, diesen einzigartigen „Hochleistungsohren" und den Augen mit Blendenautomatik nicht nur den meisten Tieren überlegen. Auch alle anderen „streichelweich verpackten Meßgeräte" in ihren schönen kleinen Raubtierkörpern leisten

Sensationelles, und in manchen Bereichen überbieten sie selbst menschliche Fähigkeiten. Und zugleich sind sie in der Lage, etliche Produkte seriöser Forschungsarbeit in den Schatten zu stellen. Sie halten das für übertrieben? Dann zeigen Sie mir doch bitte ein multifunktionelles High-Tech-Gerät, das gleichzeitig Umweltkatastrophen, extreme Witterungslagen und Klimaveränderungen anzeigt, frühzeitig Erdbeben- und Feuerwarnungen gibt, Magnetfelder und Wasseradern ortet, in Häusern Elektrosmog und andere gesundheitsgefährdenden Veränderungen feststellt und meldet, bei Nacht und Dämmerung mit erhöhtem Sehvermögen ausgestattet ist – und ganz nebenbei noch menschliche Stimmungen und Befindlichkeiten registriert, um auch gleich darauf zu reagieren, und um schließlich mit dieser zusammenfassenden Reaktion Menschen zu informieren und zu schützen.

Das alles können und tun unsere Katzen tagtäglich, wo immer sie auch leben – meistens unbemerkt und extrem unterschätzt.

Wußten Sie zum Beispiel, daß eine Katze mit intensivem Kontakt zu ihrem Bezugsmenschen sogar „weiß" und dementsprechend zeigt, wer zu diesem Menschen paßt – und wer nicht? Mit ihren sensorischen Fähigkeiten erspürt eine Katze sofort, welche Freunde, Verwandten oder Partner Ihnen guttun und mit wem Sie sich „auf einer gemeinsamen Wellenlänge" befinden. Ihr Samtpfötchen kann die Qualität solcher zwischenmenschlichen Beziehungen nicht nur erfassen, sie demonstriert auch oft, was sie von anwesenden Menschen in ihrem Sinne hält, und es kann nicht schaden, diese Beziehungs-Signale der eigenen Katze zu beachten. Katzen spüren zum Beispiel, wenn sich jemand bemüht, aggressive Gefühle oder Ablehnung mit freundlichem Verhalten zu tarnen. Wodurch sie dazu in der Lage sind, ist noch umstritten, aber vieles weist darauf hin, daß die hochsensiblen Katzen einfach die innere Anspannung eines Menschen spüren, die bei jeder Art von Verstellung unvermeidlich ist. Andere Theorien der Katzenforschung wollten dagegenstellen, daß jede emotionale

Veränderung oder Erregung im menschlichen Körper Duftstoffe (oder auch andersartige Ausscheidungen wie z. B. Schweiß) aktiviert, die unsere Katzen registrieren und auf der Hut sein lassen. Woran es auch liegen mag, sicher ist, daß Katzen dazu in der Lage sind, ihre Bezugsmenschen vor falschen Freunden oder bevorstehenden Aggressionen zu warnen. Mit einer Einschränkung: Das „emotionale Frühwarnsystem" der Katzen funktioniert um so besser und eindeutiger, desto näher Sie ihrem Tier stehen. In diesem Zusammenhang ist nicht von Bauernkatzen auf dem Land die Rede, die nur als Nutztiere für das Mäusefangen zuständig sind und von den Menschen weder Beachtung noch Liebe bekommen. Unter solchen Umständen kann unmöglich ein intensiverer Kontakt zwischen Mensch und Tier entstehen, dann kann man aber auch nicht erwarten, daß die Katzen im Notfall plötzlich zum hochsensiblen „Schutzgeist" für Leute werden, von denen sie bestenfalls ein bißchen Milch und schlimmstenfalls Fußtritte bekommen. Im Umgang mit Katzen gilt die goldene Regel: Wir bekommen von ihnen, was wir auch zu geben bereit sind.

Sicher ist jedenfalls, daß Katzen für ihre Bezugsmenschen Phänomenales leisten können. Aber ein bißchen müssen wir es uns schon auch verdienen, daß wir rund um die Uhr von einem äußerst liebenswerten Schutzgeist mit wachen Sinnen und scharfen Krallen behütet werden.

Kapitel 10

Die samtpfötige Heilerin

Die samtpfötige Heilerin

Je mehr wir von der Katze wissen, desto geheimnisvoller wird sie für uns. Wie Katzen wirklich sind, läßt sich nur unvollkommen beschreiben. Denn die ganz besonderen Fähigkeiten und Sinnesleistungen einer Hauskatze entziehen sich schlichtweg unseren Vorstellungen, lassen sich auch mit modernsten Analysemethoden nicht erfassen", schrieb jemand über das Phänomen Katze, der es wissen muß: der prominente Zoologe – mit Schwerpunkt Verhaltenskunde – und Publizist Gerd Ludwig. Ihm ist es wie kaum jemand anderem gelungen, die „Geheimnisse des Katzenlebens" subtil und kompetent zu enträtseln.

Aber wie es unsere Katzen auch noch schaffen können, Menschen dabei zu helfen, gesünder zu werden, fiel selbst für diesen hochkarätigen Katzenkenner unter „Rätselhaftes und Merkwürdiges". Gerd Ludwig erwähnt nur am Rande die „oft und glaubwürdig bekundete heilende Wirkung, die die Gegenwart von Katzen auf kranke und verhaltensgestörte Menschen hat".

Tatsache ist, daß Katzen seit Jahrzehnten in den USA und nun auch immer häufiger in Europa als tierische Cotherapeuten eingesetzt werden. Ärzte, Therapeuten und vor allem das Pflegepersonal in Kliniken, Psychiatriezentren und Pflegeheimen beziehen Katzen in ihre Arbeit mit den Patienten ein, und nach den ersten zaghaften Versuchen findet man bereits in etlichen besonders gut und individuell geführten Kliniken und Altenheimen Einzelkatzen und Katzenpärchen im Einsatz als samtpfötige Cotherapeuten.

Wie soll das bitte in der Praxis funktionieren – werden Sie nun vielleicht fragen: Eine Katze als „Cotherapeut"? Das ist sicher eine Vorstellung, an die sich viele Menschen erst einmal gewöhnen müßten. Denn alles, was früher den Leuten zum Thema „heilsame Katze" eingefallen ist, war die makabre Geschichte mit dem „Rheumafell", dessen wunderbare Wärme man sich zur Linderung der eigenen Wehwehchen gönnte, nachdem Katzen dafür scharenweise umgebracht worden sind, damit man ihnen dann bequem das Fell abziehen konnte.

Mir wird noch heute übel, wenn ich an so manche Apotheke oder Drogerie in meiner Kindheit denke: Da hingen doch tatsächlich noch die Katzenfelle an Haken und diese dann an Ständern zur freien Auswahl, als ob das Haarkleid unserer wunderbaren Tiere dafür gewachsen wäre, damit sich ein Mensch damit besser fühlen kann!

Das sah manchmal aus wie die Rundkleiderständer in der Damenkonfektion, man brauchte nur ein wenig dran drehen, um die gesamte Auswahl zu überblicken und drüberzustreichen, um festzustellen, welches Katzenfell sich wohl am besten für den Eigenbedarf anfühlt.

Hin und wieder gibt es auch heute noch diese „Rheumafelle" im Angebot der einschlägigen Gesundheitsläden, aber in den letzten Jahren gehen Anbieter und Kunden doch schon etwas sensibler mit dem Tierschutzgedanken um, und so lassen immer mehr Leute ihre Finger von den Katzenfellen als Gebrauchsgegenstand. Spät, aber doch fällt es einigen Rheumatikern dann ein, was wohl vorher mit der Katze geschehen sein mag, deren Fell sie sich gerade gönnen wollten …! Aus dieser Perspektive bin ich immer noch ein bißchen stolz auf meinen „großen Auftritt" als Zwölfjährige in einer südösterreichischen Kleinstadtapotheke.

Ich sah wieder einmal die „schöne Auswahl an Katzenfellen" (wie sie im Schaufenster angepriesen wurden) in allen Farben am Haken hängen – und ganz vorn hing als „Sonderangebot" genau so ein silbergrau getigertes Fellchen, wie es zu Hause meine Katze „Tigerlilly" trug. Bei diesem Anblick knallten mir dann wohl die Sicherungen durch, und ich vergaß meine ohnehin viel zu „gute" Erziehung. Ich baute mich vor der um zwei Köpfe größeren Frau Magister XY auf und fragte sie ganz höflich: „Können Katzen auch Rheuma haben?" Die Antwort fiel erwartungsgemäß aus. „Tja ... ich weiß nicht ... ich glaube, eher nicht. Nein, Katzen kriegen kein Rheuma."

Ich nahm die ganze Wut eines extrem tierliebenden Teenagers und meinen restlichen Mut zusammen. „Da haben wir aber Glück gehabt, Frau Magister! Sonst wäre es doch ganz in Ordnung, wenn sich die Katzen Menschenhaut auf ihr Rheuma legen würden – oder?"

Seitdem habe ich nie mehr ein Stückchen von diesem köstlichen Kräuterkaugummi bekommen, der in einem großen Bonbonglas für brave Kinder neben der Kasse bereitlag.

So viel zum Thema Rheumafell!

Mittlerweile kommt die Heilkraft der Katze den Menschen gottlob auf andere Weise zugute. Und das gleich in verschiedenen Varianten, denn es hat sich nicht nur in Therapeutenkreisen herumgesprochen: Allein schon Miezekatzes Anwesenheit kann für neurotische Gemüter und vereinsamte Senioren psychisch heilsam sein.

Es ist zwar derzeit gerade erst wieder aktuell geworden, über heilsame Tier–Energie nachzudenken und Katzen als Zusatz–Pflegepersonal einzustellen. Aber so neu ist die Idee ja auch wieder nicht: Aus Belgien ist der Einsatz von Tieren in der Therapie immerhin seit dem 8. Jahrhundert bekannt. Und vor 200 Jahren haben die Mönche des Klosters York empfohlen: „Den in der Seel' und am Körper Beladenen hilft ein Gebet und ein gutes Tier!" Während in den angelsächsischen und skandinavischen Ländern der Einsatz von Katzen besonders in

Kapitel 10

Alten– und Pflegeheimen, Privatkliniken, Kinderheimen und psychiatrischen Krankenhäusern beinahe schon üblich ist, zieht Deutschland und Österreich erst relativ zaghaft nach. Besonders in Deutschland wurde erst einmal mit Hygienebedenken gegen den Einzug von Katzen in Kliniketagen argumentiert. Natürlich stellt sich zu Beginn die Frage: Wer kümmert sich um die Katzen in der Freizeit und während der Nacht? Wie und wo sollen sie untergebracht werden? Wo ist es hygienisch unbedenklich, das Katzenklo und den Futterplatz einzurichten – und wie kann man es kontrollieren, ob sich das Personal und die Patienten wohl nach dem Katzeneinsatz die Hände waschen. Bis man schließlich auf die schlaue Idee kam, einfach dort die einschlägigen Starthilfe–Informationen abzufragen, wo man Katzen schon seit mehr als 20 Jahren als Cotherapeuten einsetzt: In den USA.

Die amerikanische Delta Society bezieht Tiere generell, aber allen voran die hochsensible und extrem energetische Katze in ihre Therapievorhaben ein. Die auf diesem Gebiet führende Vereinigung hat die heute aktuelle Form der tiergestützten Therapie in verschiedenen Bereichen entwickelt. Wozu fairerweise gesagt werden muß, daß in der Sparte „Service-Tiere" die Hunde an erster Stelle rangieren und als Blindenhunde, Behindertenbegleiter und Gehörlosen-Partnertiere ganz hervorragende Arbeit für Patienten leisten. Aber das ist ja auch nicht der Therapiebereich, für den Katzen geeignet wären. Sie sind die begehrtesten Mitarbeiter in der Altenbetreuung, im Therapieprogramm für behinderte Kinder und Erwachsene, und ganz besonders erfreuliche Erfolge sind bei psychisch Kranken festzustellen, wenn Katzen in das Therapieprogramm aufgenommen werden. Weltweit wurden bis jetzt die deutlichsten Heilerfolge durch vierbeinige Cotherapeuten in Amerika, Kanada, Skandinavien, England und nun auch Deutschland registriert. In Österreich geht man noch etwas zaghafter damit um, obwohl sich auch hier neuerdings einige Seniorenheime um kätzische Mitarbeit bemühen. Die Begeisterung des

Pflegepersonals hält sich allerdings in Grenzen. Tiere brauchen Zuwendung, Pflege, Futter, Platz und Gelegenheit für ihr Eigenleben, und das bedeutet natürlich für das Personal Mehrarbeit. Dazu kommt, daß Katzen zwar in der Altenbetreuung ideale „Mitarbeiter" sind, bei psychisch Kranken aber kaum mit dem Patienten allein gelassen werden dürfen, weil ja nicht auszuschließen ist, daß die eigenwillige und unberechenbare Katze einmal empfindlich reagiert, wenn ein Patient zu laut oder ungeschickt mit ihr umgeht – oder gar grob wird. In einer solchen Situation würde aus der sanften Cotherapeutin sekundenschnell wieder ein Raubtier, und sie würde einfach nur typisch kätzisch auf einen aggressiven Patienten reagieren. Das ist eine ganz normale Wechselwirkung, bedeutet aber, daß jemand vom Pflegepersonal anwesend sein muß. Einerseits, um die therapeutischen Fortschritte zu lenken, andererseits um auch die Katzen vor menschlichen Überreaktionen zu schützen – und manchmal wohl auch umgekehrt.

In den USA und in England macht man sich aber trotzdem die Mühe, Katzen in die psychiatrische Behandlung einzuplanen; die „AAT" – animal assisted therapy – beruft sich besonders auf Heilerfolge bei Patienten mit schweren Depressionen und Suchtkranken in der Entzugsphase. Hier werden nicht die besonders sanften und toleranten Katzen eingesetzt, sondern die auffällig selbstbewußten vom Typ Alphakater, weil sie allein mit ihren angeborenen Eigenschaften für labile und depressive Patienten Beispielwirkung haben können. In einem britischen Bericht beschrieb die behandelnde Psychotherapeutin Carolyn Green die heilsame Mitarbeit ihrer sechs Klinikkatzen so: „Ich habe mich für besonders starke, stolze und dominante Katzen entschieden, weil sie dem Patienten mit gestörtem Selbstwertgefühl vermitteln: Sieh mal, wie ich mich selbstbewußt verhalte und meinen Willen entschlossen durchsetze – sogar im Spiel. Dazu ermutige ich die Patienten im Sinne von: ‚Sie haben eine harte Zeit hinter sich und noch einige Probleme, aber sehen Sie sich doch einmal die Katze an, wie sie

Kapitel 10

mit Spannungen umgeht. Das schaffen Sie bald ganz entspannt genauso. Sie wollen mir doch nicht weismachen, daß Sie weniger drauf haben als diese kleine Pussycat hier?' Anschließend will ich, daß die Patienten die Katzen in den Arm nehmen, sie streicheln und mit den Tieren sprechen. Das hat zwei starke Vorteile für depressive und suchtgeschädigte Menschen: Sie bekommen durch den Körperkontakt mit der Katze heilsame animalische Energie übertragen und gewinnen so an realer Kraft. Und zum anderen erleben sie in der Kommunikation mit der Katze Zuwendung, Aufmerksamkeit und Zärtlichkeit – ohne Berechnung dahinter. Das sind aber exakt die Empfindungen, an denen es diesen Patienten am meisten gefehlt hat. Wer akzeptiert und geliebt wird, ist im seltensten Fall suchtgefährdet oder depressiv. Ich rate diesen Patienten auch bei ihrer Entlassung ganz nachdrücklich, sich eine Katze in die Wohnung zu holen – und zwar aus dem Tierheim. Wir gehen dann gemeinsam hin, und ich achte darauf, daß der Patient unter vielen Katzen wählen kann und daß er schließlich dieses Tier mit nach Hause nimmt, das von selbst auf ihn zukommt und damit sozusagen ‚gerade ihn auswählt – als ihren Menschen', was Katzen ja sehr häufig tun. Manche setzen in so einer Besichtigungssituation im Tierheim allen ihren Katzencharme ein, um von einem bestimmten Menschen mitgenommen zu werden. Dann stimmt nämlich auch zwischen Katze und Mensch die Chemie, und die beiden werden dann zu Hause ein richtig gutes Team abgeben. Ich bekomme in diesem Moment von vielen Patienten die verunsicherte Frage gestellt: ‚Wieso will denn diese süße Katze ausgerechnet zu mir?' Ich beantworte das dann im Sinne von ‚weil Sie eben etwas ganz Besonderes sind, ist das nicht toll, wie diese Katze Ihnen das jetzt zeigt?'. Es ist unvorstellbar, wie manche Leute von einem solchen Erlebnis bestätigt werden. Zu Hause kann dieser Mensch dann seine positiven Lektionen in Sachen Selbstwertgefühl mit der Katze jederzeit wiederholen. Sie wird ihn immer wieder mit ihrer Zuneigung bestätigen, sonst wäre sie anfangs gar nicht auf ihn zugekommen." Dr. Green ist also von den Möglichkeiten der tierunterstützten Therapie begeistert und plant, den Patienten vor dem Einsatz der Katze erst einmal über das besondere Wesen dieser Tiere zu informieren, was ihm später sicher noch intensiver vermitteln kann: Wenn dieses fabelhafte Geschöpf mit mir zusammensein will, dann kann ich doch gar nicht so übel sein.

Auch an einigen Kliniken im deutschsprachigen Raum machen die verzeichneten Therapieerfolge aus Amerika und England Schule. So setzt z. B. Prof. Dr. Holger Schneider Katzen (und Hunde) an der Klinik in Erlangen als tierische Therapeuten bei psychisch Kranken ein. Prof. Schneider bestätigt deutliche Unterschiede zwischen den Abteilungen mit und ohne Tiereinsatz. Die bisherigen Erfahrungen haben ihn darin bestätigt, daß die Katzen weit mehr als den „Freude- und Kuscheleffekt" zum Heilungsfortschritt beitragen können.

In Österreich wurde die Organisation „Tiere als Therapie" im Jahr 1991 von der Biologin Dr. Gerda Wittmann gegründet, nachdem sie während eines langjährigen Aufenthaltes in Australien die Gelegenheit hatte, die tierunterstützten Therapieformen dort kennenzulernen. (In den deutschsprachigen Ländern können Sie unter der Kurzbezeichnung TAT – Tiere als Therapie – nähere Informationen über die regionalen Möglichkeiten dieser neuen Therapieformen bekommen.)

Ebenfalls zum Bereich der kätzischen Cotherapeuten-Erfolge zählt ein – leider noch außergewöhnliches – Projekt in der Schweiz: In der offenen Strafanstalt von Saxerriet haben Katzen die psychologische Gefangenenbetreuung bereits fest in der samtigen Pfote. Dort dürfen (und sollen) die Insassen mit ausdrücklicher Genehmigung der Direktion in ihren Zellen Katzen halten und selbständig versorgen. Dem Bericht ist zu entnehmen, daß sich das zwischenmenschliche Klima und das individuelle Verhalten der Gefangenen wesentlich verbessert hat, seit die Katzen bei den Häftlingen eingezogen sind. Die ehemalige Arrestzelle wurde zur Vorratskammer für Katzenfutter und diverses Katzenklo-Zubehör umfunktioniert, dort haben alle Insassen Zugang, damit sie jederzeit ihre Katze entsprechend versorgen können. Seit dem Psycho-Betreuungs-Einsatz der Katzen gab es keine Gewalttat innerhalb des Gefängnisses mehr, die allgemeine Stimmung zwischen den Gefangenen und dem Vollzugspersonal ist weitaus entspannter und freundlicher geworden – und die Rückfallquote der entlassenen Häftlinge ist nachweisbar beträchtlich gesunken. Die Katzen haben also ihre Bewährungszeit als tierische Erzieher und motivierende Gefangenenbetreuer bestens bestanden.

Zurück zur heilenden Energie der Katze: Es ist erwiesen, daß allein das Streicheln einer Katze für Risikopatienten mit Herz-Kreislaufkomplikationen eine wahre Wohltat ist. Untersuchungen haben ergeben, daß sich während des Streichelns der Blutdruck senkt und das Herz ruhiger zu schlagen beginnt, außerdem atmen die meisten Menschen unbewußt tiefer und „richtiger", während sie ihren Schnurrtiger streicheln. Dennoch liegt es nicht nur an den wohltuenden, harmonisierenden und gesundheitsförderlichen Aspekten des hautnahen Mensch-Katze-Kontaktes, daß man Miez und Maunz ohne Übertreibung als samtpfötige Heilerinnen bezeichnen kann.

Es wurde leider häufig unter „Aberglaube und Scharlatanerie" abgetan, wenn von der Heilkraft der Katze die Rede war – sehr zu Unrecht, wie mittlerweile bewiesen ist: An diesem hochenergetischen Tier kann sich ein Mensch regelrecht „aufladen" und dabei psychisch und physisch auftanken, denn unsere Katzen sind kleine Umspannwerke in Tiergestalt. Dieses Thema würde – ausführlichst behandelt – allein reichlich Inhaltsstoff für ein dickes Sachbuch ergeben, aber um hier den vorgegebenen Rahmen nicht zu sprengen, möchte ich Sie jetzt nicht mit theoretischem Beweismaterial aus Physikbüchern langweilen. Nur soviel: Sie können sich jederzeit an Ihrer Katze „aufladen", ohne ihr dadurch irgendwie zu schaden. Wir denken ja im allgemeinen, daß man jemand anderem etwas wegnehmen muß, um es selbst zu bekommen, – im Fall des körperlich und seelisch deutlich spürbaren Energieaustausches zwischen Katze und Mensch ist es aber genau umgekehrt. Sie müssen sich die Katze „extrem geladen" vorstellen und wenn Sie nun etwas von ihrer „Ladung" abziehen, um sich selbst „aufzutanken", tut es den Katzen nur wohl – sie fühlen sich im wahrsten Sinn des Wortes entspannter, sie konnten Spannung abbauen und ihr körpereigenes elektromagnetisches Feld entladen.

Am besten, Sie besorgen sich ein gutes, populär verfaßtes Buch über den Themenbereich Bioenergetik, wenn sie eine umfassende Information suchen und über die physikalischen Vorgänge in diesem Zusammenhang genauer Bescheid wissen möchten. Zum grundsätzlichen Verständnis möchte ich Ihnen aber vor allem ein Handbuch über die einfachste (und zugleich wirksamste) Form des gesundheitsförderlichen und vitalisierenden Energieaustausches zwischen zwei Körpern empfehlen: „Deine heilenden Hände" von Dr. Randolph Stone, dem Erfinder und „Papst" der in Amerika (ebenso erfolgreich wie häufig angewendeten) Polarity-Therapie. Keine Angst vor dem üblichen „Fach-Chinesisch" solcher Bücher, es ist so einleuchtend und umgangssprachlich-locker verfaßt, daß sie nach wenigen Stunden alles Notwendige über heilsame energetische Vorgänge wissen können. Zahlreiche einfache Anwendungsbeispiele sind außerdem noch bildlich dargestellt, was dieses an sich anspruchsvolle Wissensgebiet wirklich kinderleicht umzusetzen hilft. (Es gibt natürlich auch andere gute Bücher zum Thema „Polarity-Therapie", aber nach langjährigen Erfahrungen finde ich diese einfache, spielerisch vermittelte Form am hilfreichsten.) Nachdem Sie sich in einschlägiger Literatur über den ausgesprochen heilsamen Energieaustausch zwischen zwei Körpern schlau gemacht haben, brauchen Sie nur mehr dieses angenehme „Handauflegen" von Mensch zu Mensch auf die spezielle Situation Mensch/Katze übertragen. Hier ein einfaches Beispiel für Ihren ersten

Kapitel 10

Versuch, sich an Schnurrdiburrs Energie zum beiderseitigen Wohlbefinden aufzutanken: Bitte wählen Sie eine Situation, in der Sie (und Ihre Katze) ruhig, entspannt und ungestört sein können. Schalten Sie das TV-Gerät, Radio, Telefon – oder was immer nun ablenken, klingeln oder laut werden könnte – für die nächste halbe Stunde ab.

Außerdem wäre es jetzt für Ihr Experiment förderlich, wenn frisch gelüftet wird oder ein Fenster offenbleibt, denn eine gute Sauerstoffversorgung steigert den wohltuenden Effekt bei Ihrer ersten Erfahrung mit „Mensch-Katze-Energiearbeit".

Als nächstes ist die Körperhaltung Ihrer Katze wichtig. Sie sollte entspannt und ruhig dasitzen oder am Bauch liegen, das katzentypische Dösen in Bauchlage wäre ideal. Wenn die Katze auf der rechten oder linken Seite liegt oder irgendwie „eingerollt" ist, fehlt Ihnen bei Ihrem Experiment leider die jeweilige Gegenpolseite ihres Körpers, was hinderlich wäre. Also: Katzenbauch unten, Rücken oben und der ganze Schnurrtiger möglichst gerade Ihnen gegenüber. Wer Katzen kennt, weiß, daß so etwas ohnehin nur klappen kann, wenn Ihre Majestät die Katze es will und gerade freiwillig in dieser Position zu ruhen gedenkt …! Dann nützen Sie die Gelegenheit und waschen sich die Hände, denn sie sollten zumindest an den Innenflächen fettfrei sein. Keine Handcreme auftragen!

Alles Metallische (Schmuck, Armbanduhr usw.) muß jetzt abgelegt werden, damit die menschliche und kätzische Energie gleich frei und ohne jede Blockade fließen kann.

Liegt Ihre Katze noch immer in der entsprechenden Position? Dann gönnen Sie sich einige tiefe, ruhige Atemzüge (mindestens 10mal), und setzen oder stellen Sie sich – so entspannt wie möglich – Ihrer Katze gegenüber. Nicht vor lauter Experimentierfreude aufgeregt hecheln oder gar die Luft anhalten! Atmen … ganz ruhig und tief weiteratmen. Ist die Katze noch da? Gut.

Reiben Sie jetzt die Innenflächen Ihrer Hände aneinander, rasch, aber unverkrampft – am besten so, wie man eisige Winterhände aneinander warm reibt.

Haben Sie schon ein gut durchwärmtes, etwas „aufgeladenes" Gefühl in den Händen? Prima. Wenn es sogar kribbeln und prickeln sollte, wäre das ganz ideal und ein spürbarer Beweis dafür, daß Ihre eigene Körperenergie frei von einer Hand zur anderen strömt.

Nun halten Sie Ihre Handinnenflächen noch einige Sekunden einander gegenüber – etwa in einem Abstand von ca. 2 bis 5 cm, Hauptsache ist, daß es sich von Hand zu Hand warm und energiegeladen anfühlt. Nicht vergessen: Tief atmen! Ruhig atmen!

Ist die Katze noch immer da?

Fein, dann kann es losgehen: Sie legen Ihre rechte Hand sanft, aber „flächendeckend" auf die linke Körperseite Ihrer Katze, wo genau, ist eher Gefühlssache, am besten wäre es zwischen Miezes linkem Schulterbereich und dann der Körperseite entlang, daß Ihre Fingerspitzen in Richtung Hinterteil zeigen. Und das Ganze noch einmal genauso mit links auf Kätzchens rechter Seite. Den oberen Rückenbereich mit der Wirbelsäule sollten Sie bitte aussparen, hier entlang würde Ihre plusgepolte rechte Hand nicht zur Gänze auf Katzes minusgepolter linken Seite (und umgekehrt) ruhen, denn der Wirbelsäulenbereich ist ladungsneutral.

Wenn nun Ihre Rechte auf Katzes linker Seite und Ihre Linke auf der rechten Katzenseite ruht, müßte sich in wenigen Minuten zwischen dem Katzen- und Menschenkörper ein wohltuend spürbarer Energiefluß ergeben.

Vielleicht spüren Sie nur eine angenehme Wärme zwischen Ihnen und dem Körper Ihrer Katze fließen, vielleicht prickelt und knistert es auch, auf jeden Fall wird diese kleine Grundübung aus dem Bereich der Polarity-Therapie für Ihre Katze wohltuend entspannend und für Sie belebend und erfrischend sein. Sie können leichte, sanfte Streichelbewegungen machen, aber am intensivsten werden Sie die

Kapitel 10

positive Wirkung spüren, wenn Sie die Hände ganz ruhig liegen lassen. So lange das Ihre Katze eben zuläßt …!

Das sollte wirklich nur als Tip für einen Erstversuch in Sachen heilsamer Katzenenergie verstanden werden. Also bitte versuchen Sie es auf spielerisch-lockere Weise, und sehen Sie es am besten als Schnupperübung, die Ihnen einen kleinen Eindruck davon vermitteln kann, daß Ihre magische Katze auch noch heilsame Tierenergie zu geben hat.

Und sollte einmal Ihre Katze krank sein und erschöpft daliegen, dann könnten Sie ihr eine Ladung menschlicher Energie schenken. Reiben Sie – siehe vorher – wieder Ihre Hände, bis sie leicht prickeln … und legen Sie wieder die Rechte auf Miezes linke Seite und umgekehrt. Das wird der Katze guttun und sie schneller genesen lassen. Beim nächsten Mal, wenn Sie vielleicht müde und abgespannt nach Hause kommen, dürfen Sie dafür wieder an Ihrer kleinen „samtpfötigen Heilerin" eine belebende Ladung Tierenergie tanken. Der Versuch lohnt sich auf jeden Fall: Es fühlt sich einfach „tierisch gut" an!

Kapitel 11

Katze und Baby – Ein riskantes Spiel?

Katze und Baby – Ein riskantes Spiel?

Ich erinnere mich an eine Szene aus dem letzten Sommer: Zwei Frauen saßen im Strandcafé und unterhielten sich angeregt. Man konnte den beiden auf den ersten Blick ansehen, daß sie Mutter und Tochter waren. Die junge Frau trug ein hauchdünnes Sommerkleid, unter dem sich ein „Babybauch" abzeichnete. An ihrem Tisch war der einzige freie Platz, ich setzte mich also dazu und bekam zu hören, wovon hier gerade die Rede war. „Jetzt bist du schon im sechsten Monat schwanger, und ihr habt noch immer nicht die Katze weggegeben!" meinte die Mutter vorwurfsvoll. Darauf die Tochter – völlig erstaunt: „Warum sollten wir denn die Murli weggeben? Was hat die Katze mit dem Geburtstermin zu tun?" – „Bist du verrückt? Willst du das Leben deines Kindes riskieren, nur weil du dich nicht von dem blöden Vieh trennen kannst?" Jetzt war es endgültig vorbei mit der relaxten Urlaubsstimmung der beiden, die Tochter konterte gereizt: „Sag, bist du für dieses schwachsinnige Ammenmärchen nicht noch zu jung mit deinen 48 Jahren, Mama? Wo lebst du denn eigentlich, daß du diesen Quatsch noch glaubst, daß eine Katze weg muß, weil ein Baby kommt?"

Am liebsten hätte ich der jungen Frau applaudiert. Vielleicht hatte ihre Katze Murli doch die Chance, weder im Tierheim zu landen noch eingeschläfert zu werden.

Kapitel 11

Frauenärzte mahnen natürlich mit Recht zur Vorsicht, wenn Schwangere mit Katzen leben, was aber noch lange nicht heißt, daß alle verantwortungsvollen Gynäkologen ihre Patientinnen auffordern, deswegen ihr Haustier abzuschaffen. Mir hat ein Tierarzt kürzlich erst wieder erzählt, daß er alle paar Wochen mit solchen Schauergeschichten konfrontiert wird, in denen von tragischen Fehlgeburten im Bekanntenkreis die Rede ist, an welchen sicher „die Katze schuld ist" – und deswegen soll er doch Verständnis haben und die plötzlich so „gefährliche" Mieze einschläfern. Es ist gut zu wissen, daß sich die meisten Tierärzte weigern, eine gesunde Katze ins Jenseits zu befördern, und häufig dafür sorgen, daß die junge Mutter durch Aufklärung eines Besseren belehrt wird und die arme Katze wieder nach Hause darf, ohne bei der nächsten Schwangerschaft in der Familie gleich wieder mit einer Pfote im Grab zu stehen.

Sicher haben Sie auch schon einmal davon gehört, daß man von der bloßen Anwesenheit einer Katze im Haus gefährdet ist, wenn man ein Baby erwartet. Diese Schauermärchen über „von Katzen verschuldeten" Fehlgeburten geistern ja mit erschreckender Regelmäßigkeit durch einige drittklassigen Wochenblätter – von „Junge Mutter verlor Zwillinge – Katze bleibt trotzdem im Haus" bis „Baby im Bettchen erstickt: War es die Katze?" ist manchen Klatsch-Schreiberlingen für eine billige Schlagzeile nichts zu dumm. Da fragt man sich nur: Was geht eigentlich in den Köpfen von Leuten vor, die einen solchen Schwachsinn lesen wollen und vielleicht gleich als „Tatsache" weitergeben, ohne so etwas endlich einmal kritisch zu hinterfragen?

In diesem Buch geht es zwar vorrangig um die magisch-rätselhaften Eigenschaften der Katze und kaum um Katzenhaltung, aber nach allen diesen unsinnigen und katzenfeindlichen Gruselgeschichten, die ich (während der Recherchen für diese Arbeit) zu hören und lesen bekommen habe, soll das Thema „Gefährdung durch Katzen" hier unbedingt aufgegriffen werden.

Solange immer nur Halbwahrheiten über die angeblich von Katzen verursachte Toxoplasmose im Umlauf sind, werden deswegen immer wieder Katzen verstoßen, gequält und getötet werden. Also Schluß mit dem Unfug – hier sind die Fakten:

Die Wahrscheinlichkeit, daß eine werdende Mutter wegen der Anwesenheit einer Katze im Haus der Gefahr einer Fehlgeburt ausgesetzt ist, entspricht der Wahrscheinlichkeit, daß einem ein Dachziegel auf den Kopf fällt, sobald man auf die Straße geht. Klar, jedes Unglück ist unter besonders negativen Voraussetzungen „irgendwie möglich" – aber Hand aufs Herz: Welche schwangere Frau wühlt schon mit bloßen Händen in einem tagelang verschmutzten Katzenklo, um sich mit Toxoplasmose zu infizieren? Ich möchte jetzt einmal ganz bewußt provokant die Frage stellen: Wer ist eigentlich schuld daran, wenn eine Katzentoilette tagelang nicht gereinigt wird, und wenn es dann endlich geschieht, unter hygienisch bedenklichen Umständen? Dann kann doch die Katze nichts dafür – so etwas haben doch die Menschen in diesem Haushalt zu verantworten!

Tatsache ist, daß es nicht völlig auszuschließen ist: Die durch eine Parasitenart ausgelöste Infektionskrankheit Toxoplasmose kann unter (absolut vermeidbaren!) Umständen von Katzen auf Menschen übertragen werden. Sollte das tatsächlich einmal geschehen, könnte eine schwangere Frau, die damit infiziert wird, ihr Baby verlieren – aber jetzt stecken wir in so einer typischen „Was-wäre-wenn-Folgerung" fest, die ich keinesfalls weiterspinnen möchte – und das aus gutem Grund: Im allerseltensten Fall geht die Ansteckungsgefahr von einer im Haus lebenden Katze aus.

Sehr viel häufiger infiziert sich ein Mensch mit Toxoplasmose durch das Zubereiten oder Essen von rohem Fleisch. Wenn sich eine werdende Mutter ein Mettwurstbrötchen streicht, Heißhunger auf Beef Tatar bekommt oder dem halb durchgebratenen Roastbeef nicht widerstehen kann, riskiert sie wirklich mit sehr viel höherer

Kapitel 11

Wahrscheinlichkeit, den Auslöser dieser verhängnisvollen Krankheit bei bestem Appetit zu sich zu nehmen.

Eine Ansteckung im Zusammenhang mit Katzen geschieht ausschließlich dadurch, daß man mit dem Katzenkot direkt in Hautkontakt kommt, was absolut vermeidbar ist.

Die Toxoplasmose wird vom parasitischen „Protozoen Toxoplasma gondii" verursacht, mit dem sich eine Katze infizieren kann, wenn sie Beutetiere frißt, die ebenfalls schon mit dem Parasiten infiziert sind. In diesem Fall geraten mikroskopisch kleine Eier des Parasiten in die Verdauungsorgane der Katze und werden mit ihrem Kot ausgeschieden. Was bei der Haltung einer Wohnungskatze heißt: Die Parasiteneier landen im Katzenklo – was noch immer kein Grund zur Panik ist, wenn diese Katzentoilette saubergehalten und regelmäßig mit heißem Wasser gereinigt wird. Es dauert nämlich einige Tage, bis die Parasiteneier ein infektiöses Stadium erreicht haben. Die Summe dieser wissenschaftlich gesicherten Fakten sieht also so aus: Eine schwangere Frau müßte eine Katze halten, die Auslauf hat und bei dieser Gelegenheit ein mit Parasiten infiziertes Beutetier frißt, nach Hause kommt und dort das Katzenklo benutzt. Dann müßte gegen alle Spielregeln der Hygiene und der Haushaltssauberkeit das verschmutzte Katzenklo tagelang weiterverschmutzt werden, was schon deshalb kaum anzunehmen ist, weil es so unerträglich stinken würde, daß sogar in einem ziemlich schlampigen Haushalt jemand „die Nase davon voll" hätte und es ausleeren und spülen würde. Vor allem aber scheitert das tagelange Dahingammeln eines verschmutzten Katzenklos am Sauberkeitstrieb der Katze – sie ginge ja gar nicht mehr auf diese eklige Toilette, weil sie das einfach nicht bringt – jede Katze „protestiert" dann, indem sie irgendeinen anderen Platz in der Wohnung für ihre Verrichtung benützt – und spätestens dann würde der Katzenbesitzer das kleinere Übel wählen und endlich die Katzentoilette saubermachen. Was heißt: Selbst unter extrem unhygienischen Bedingungen in einem Haushalt kommt es kaum dazu, daß das infektiöse Stadium überhaupt erreicht wird.

Natürlich sollte man auch im saubersten Haushalt auf Nummer Sicher setzen und vermeiden, daß eine schwangere Frau das Katzenklo leert und reinigt. Sollte die werdende Mutter wirklich ganz auf sich gestellt sein und in dieser Wohnung mit einer Katze allein leben, besteht aber noch immer keine Gefahr: Es gibt Wegwerffolien für Miezes Toilette, die man mindestens einmal täglich wechseln kann, ohne daß überhaupt geputzt werden muß, und selbst diesen Handgriff kann man doch mit Gummihandschuhen erledigen. Auch hier kann die Mama in spe wieder auf hundertprozentige Sicherheit achten und diese billigen Einweghandschuhe aus Latex verwenden, sie beim Ablegen nicht mit einer Hand von der anderen ziehen, sondern vom Handgelenk bis zu den Fingerkuppen abrollen, dabei bleibt die (eventuell verschmutzte) Seite immer innen und wird von der sauberen Innenseite des Handschuhs abgedeckt. Und wenn man den Katzenkloinhalt samt Einweghandschuhen täglich entsorgt und sich anschließend gründlich die Hände wäscht, kann auch im schlimmsten Fall überhaupt nichts passieren.

Außerdem kann jede schwangere Frau mit ihrer Katze beim Tierarzt einen Toxoplasmose–Test machen lassen, um ganz eindeutig feststellen zu können, ob die eigene Katze überhaupt ein Toxoplasmose-Träger ist, was ohnehin äußerst unwahrscheinlich wird, wenn man weiß, daß z. B. in Deutschland nur ein (!) Prozent aller Katzen infiziert sind. Die gefürchtete Ansteckung – und somit die Gefährdung für Mutter und Kind – könnte also nur unter extremster Häufung von unglücklichen Zufällen und „Pannen" passieren – und auch das nur dann, wenn äußerst fahrlässig mit den Selbstverständlichkeiten der Hygiene umgegangen wird. Nahezu unmöglich ist eine Infektion, wenn man folgendes beachtet:

Gegen Sie Ihrer Katze kein rohes Fleisch zu fressen.

Kapitel 11

Halten Sie die Katze im Haus, damit sie keine lebenden Beutetiere fressen kann.

Wenn diese beiden Möglichkeiten wegfallen, weil Ihre Katze Auslauf gewöhnt ist und sie ihr Rohfleisch füttern wollen (was ohnehin auch aus anderen Gründen nicht vernünftig ist), dann gelten die nachfolgenden Regeln zur sicheren Verhütung einer Toxoplasmose-Infektion:
Leeren und/oder säubern Sie das Katzenklo täglich.

Tragen Sie dabei Gummihandschuhe.

Waschen Sie sich nachher immer die Hände.

Wenn andere Familienmitglieder da sind, sollte die Schwangere diese Verrichtungen ihnen überlassen.

Bringen Sie Ihren kleinen Kindern bei, nie in der unmittelbaren Nähe der Katzentoilette zu spielen – und nie (NIE!) mit den Händchen hineinzugreifen, ganz egal, welches „wichtige" Spielzeug hineingefallen sein mag, und wenn es auch Barbie selbst ist, die mit dem Kunststoffnäschen am Katzenstreu schnuppert! (Sie müßte in jeden Fall gewaschen und desinfiziert werden.) Was ja eigentlich gar nicht sein kann, wenn Kinder NICHT neben dem Katzenklo spielen!

Wichtig: Bitte machen Sie – den Kindern gegenüber – keine spannende Story aus diesen wichtigen Hygieneregeln in bezug auf Katzen-Ausscheidungen. So etwas provoziert nur die Neugier und andere kindliche Folgerungen, die dazu führen, daß etwas „Gefährliches" ausprobiert wird. Am besten, man erklärt den Kleinen die Fakten, altersgemäß und so drastisch, daß der Ekel die Neugier überwiegt. Dazu gehört auch, daß für die Kleinen als fixe Regel gilt: Es ist erstens kein Thema für eine Wette, zweitens keine Mutprobe und drittens weder tierlieb noch „cool", der Katze ein Küßchen auf den Analbereich zu geben oder mit den Händen dorthin zu fassen, wo Miezes Tabuzone ist. („Was der Katzenschwanz verdeckt, geht nur die Katze etwas an. Wer hinlangt, darf gekrallt werden!")

Und nachdem Katzen sich am Po mit ihrer Zunge säubern, sind auch

Zunge und Mäulchen tabu. Ich habe häufig die Erfahrung gemacht: Je ekeliger die mütterlichen Schilderungen ausfallen, desto wirkungsvoller ist es. Am besten, man stellt die Hygienespielregeln zwischen Kind und Katze auf, während gerade der entsprechende „Anschauungsunterricht" stattfindet und Mieze sich ihre Tabuzone sauberleckt. Ab dann dürfte das Thema „gegessen" sein!

Wollen wir jetzt nicht paranoid werden und nur mehr nach Toxoplasmose-Infektionsmöglichkeiten suchen, die es ohnehin sehr viel seltener gibt, als man befürchtet. ABER: Auch die süßeste Katze der Welt muß ihren hübschen Hintern nicht unbedingt auf dem Eßtisch oder auf der Küchenarbeitsfläche parken! Ich weiß aus eigener Erfahrung, daß man es auch der verspieltesten Mieze und dem arrogantesten Alphakater beibringen kann, daß es einige Stellen im Wohnbereich gibt, die einfach nicht für den Katzenpo gedacht sind. Falls Katzen viel allein zu Hause sind: Küchentüre zu!

Falls Sie mit Ihrer Samtpfote einen Loft oder ein Appartement mit offener Küchenzeile teilen: Zwei glatte Flächen lassen sich innerhalb einer Minute säubern ... aber selbstverständlich kann man es auch übertreiben, wenn man bedenkt, daß es ziemlich unwahrscheinlich ist, daß Ihre Katze überhaupt in die Lage gerät, infiziert zu werden.

Was man gar nicht genug betonen kann: Wir Menschen können uns völlig „katzenfrei" mit Toxoplasmose infizieren, was sehr viel häufiger geschieht als auf dem Umweg über die Katze! Wer sich darüber Gedanken macht, sollte niemals rohes Fleisch, Rohwurst, Roastbeef und auch kein „blutiges" Steak oder Gegrilltes essen, das innen noch rohe Stellen hat.

Selbst wenn man beim Kochen nur mit rohem Fleisch hantiert und anschließend (ohne Händewaschen) Rohkost, Obst oder Salat berührt und ißt, könnte es theoretisch schon zur Infektion gekommen sein. Aber die meisten Menschen sind ohnehin gegen Toxoplasmose immun. Falls Sie sich trotzdem noch Sorgen machen oder gerade ein

Kapitel 11

Baby erwarten: Bitte schaffen Sie im Zweifelsfall den gedankenlosen Umgang mit den zuvor erwähnten Gefahrenquellen ab – und nicht Ihre Katze.

Kapitel 12

Schmusetier und Krallenspur

Schmusetier und Krallenspur

Kinder und Katzen sind ein Kapitel für sich. Wenn sie zusammen aufwachsen, kann für beide eine wunderbare Mensch-Tier-Freundschaft daraus werden. Ob das gelingt, hängt aber davon ab, daß die Eltern ihr Kind wie auch die Katze zu Toleranz erziehen – denn sie wird öfter gebraucht werden, als man sich das anfangs vorstellt. Die sehr eigenwillige und manchmal durchaus unberechenbare Katze muß erst einmal zu einem Kind Vertrauen fassen können, schließlich haben Kinder ein Recht auf viel Bewegung, sprunghaftes Verhalten – und sie machen einfach Krach. Damit muß die Katze erst umzugehen lernen, was anfangs mit Sicherheit nur durch „Flucht" geschieht. Damit die Katze nicht durch Angst aggressiv auf das Kind reagiert, muß sie eine einfache „Fluchtmöglichkeit" haben – eine offene Kinderzimmertür ist das Mindeste – und auch irgendeinen Platz, auf dem sie notfalls wirklich unerreichbar für ein Kind ist, falls es einmal „Kriegsspiele" zwischen Ihrem Jüngsten und dem kleinen Raubtier gibt. Es ist auch für das Kind sehr wichtig, daß die Katze echte Rückzugsmöglichkeiten hat, sonst wird es schwer sein, Krallenhiebe und die entsprechenden Wunden zu vermeiden.

Am Anfang des Kind-Katze-Kontaktes ist es also wichtig, die beiden nicht (oder nur sehr kurz) miteinander allein zu lassen. Erst wenn sich das Verhalten des Kindes auf die Katze – und umgekehrt – eingespielt

Kapitel 12

hat, kann man sich als Erwachsener beruhigt zurückziehen. In den ersten gemeinsamen Tagen wird die Katze erst lernen müssen, daß wild spielende oder fröhlich lärmende Kinder nicht ihre natürlichen Feinde sind, denn nachdem Katzen ja extrem lärmempfindlich sind und ihr Gehör von Tönen und Lauten geradezu „gefoltert" werden kann, die Menschen kaum (oder gar nicht) als störend empfinden, leidet sie vermutlich ohnehin viel öfter unter den gemeinsamen Spielen, als wir es uns vorstellen können. Das kann ein Hauptgrund dafür sein, daß eine Katze ganz plötzlich ohne jede Vorwarnung einem Kind gegenüber „ausflippt", knurrt, die Zähne fletscht und in der nächsten Sekunde schon ausholt, um mit ausgefahrenen Krallen zuzuschlagen – auch wenn die beiden sonst die dicksten Freunde sind. Man kann die Katze also nur behutsam „auf Kind trainieren" und ihr immer wieder beweisen, daß Geschrei oder abrupte Bewegungen keinen Angriff auf sie darstellen, sondern für ein Kind eben „ganz normal" sind. Was für den Erwachsenen in der Runde heißt, daß man die Katze bei kindlichen Temperamentsausbrüchen nicht nur hinauslassen, sondern auch beschwichtigen, streicheln und trösten sollte, damit sie begreift, daß man ihr nichts antun wollte, sondern daß Kinder eben manchmal katzennerventrapazierende kleine Naturgewalten (aus Sicht der Katze) sind. Besonders gilt diese Spielregel für kleine Kinder und ältere Katzen. In dieser Konstellation sollte man den Kind-Tier-Kontakt wirklich gut beobachten und schrittweise fördern und nicht einfach die beiden aufeinander loslassen. Kleine Kinder und junge Kätzchen werden zwar auch voneinander und aneinander lernen müssen, aber das Gefälle der unterschiedlichen Bedürfnisse ist wenigstens nicht so groß, was Ruhe, Toleranz, Abstand halten und die richtige Form von Berührungen und Zärtlichkeit angeht. Auch noch so lieb gemeinte Streicheleinheiten des Kindes für die Katze sollten zumindest anfangs wohldosiert sein, Katzen fühlen sich sehr schnell „zwangsbeglückt", bedrängt und in die Enge getrieben. Das kann zum Schutz des Kindes gar nicht genug betont werden, weil sich Katzen in Zwangssituationen von einem Moment zum nächsten wütend und panisch verhalten können – man weiß nie so genau, wann der kätzische Geduldsfaden reißt und das Raubtier durchkommt, das nun einmal in jeder auch noch so verspielten und gutmütigen Samtpfote schlummert – immer!

Natürlich soll auch das Kind am Zusammensein mit der Katze lernen und die notwendigen Spielregeln für den richtigen Umgang mit diesem sehr eigenwilligen Tier beachten. So etwas entwickelt sich aber nicht einfach von selbst, vor allem kleine Kinder können ja nicht wissen, daß eine Katze, außer hübsch anzusehen, verspielt und streichelweich, auch noch so manches andere ist: ein Geschöpf mit starkem Willen, extremen Empfindlichkeiten und einem wirklich geheimnisvollen Wesen. Bitte bringen Sie Ihrem Kind – seinem jeweiligen Alter entsprechend – bei, wie man eine Katze liebevoll und einfühlsam behandelt. Kinder sollten in der Katze ein anspruchsvolles, aber auch ganz besonders attraktives tierisches Familienmitglied sehen und niemals ein lebendes Spielzeug. Wenn die Eltern ihrem Kind keinen Respekt vor der schillernden Individualistin Katze beibringen, dann wird es die Katze notfalls selbst tun, und das kann gar nicht ohne Krallenspuren abgehen! Von einer harmonischen Beziehung zwischen Kind und Katze profitieren selbstverständlich beide. Besonders in einer weniger angenehmen Phase eines Kinderlebens, z. B. wenn es einmal krank ist, viel allein und auf sich gestellt sein muß oder den Kontakt zu einem geliebten Menschen verliert, kann die Nähe und Zuwendung einer Katze wesentlichen Trost bringen.

Katzen sind wunderbare „Zuhörer", man kann sich an ihrem seidigen Fell in unglücklicher Stimmung herrlich ausweinen, und es läßt sich ideal mit einer Katze kuscheln. Und wenn die traurige oder belastete Zeit für das Kind wieder vorbei ist, hat die Katze durch das innige, sanfte Miteinander ihre Zuwendung bewiesen und ein intensiveres Vertrauensverhältnis zum Kind aufbauen können, sie wird also nun

Kapitel 12

auch in guten Zeiten wieder ein lustigerer und belastbarer Spielgefährte sein.

Zum liebevollen und konfliktfreien Verhältnis zwischen Kind und Katze braucht es die behutsamen Tips und Anregungen von seiten der Eltern oder älterer Geschwister. Nachdem nicht jeder viele Jahre seines Lebens damit verbracht hat, das Wesen der Katze zu studieren und sich mit ihren Eigenheiten und Bedürfnissen auseinanderzusetzen, möchte ich Ihnen hier gerne ein paar Tips und Anregungen vermitteln und auf diese Weise meine persönlichen Katze-Kind-Erfahrungen mit Ihnen teilen.

Am wichtigsten zum Start: Für kleine Kinder ist die Magie der Katze, ihre besonders geheimnisvollen und vielschichtigen Wesenszüge mit Sicherheit noch kein Thema. Auch kleine Andeutungen in dieser Richtung können Kinder so verunsichern, daß sie sich vor Katzen nur fürchten – oder sie letztlich immer zum Sündenbock machen, wenn sie selbst einmal etwas anstellen – weil die Katze ja so „mysteriöse Seiten an sich hat", schiebt man Unangenehmes lieber auf sie – Eltern können dann schließlich nie so genau wissen, wozu eine Katze fähig sein kann … wenn sie das doch selbst von ihr erzählten! Ich weiß, wovon ich hier spreche: Mein Sohn hat ab seinem dritten Lebensjahr so ziemlich alles der Katze „in die Schuhe geschoben", wenn er etwas angestellt hatte, weil ich ihm dummerweise auch Katzengeschichten erzählt habe, in denen geheimnisvolle Fabelkatzen vorgekommen sind, oder auch echte Katzen mit ihren kaum durchschaubaren und häufig unberechenbaren Eigenschaften. Man sollte die Cleverneß kleiner Kinder nicht unterschätzen! Wann immer etwas in Scherben ging, ein Stück Kuchen fehlte, die Wohnungstür offenblieb, Laden durchwühlt oder Kleidung zerrissen war: „Ich war doch gar nicht hier, aber den Schnurrli hab' ich herumtoben gehört …!" Also: Die „Magische Katze" sollte erst später zum Thema werden. Kleine Kinder müssen erst einmal den richtigen Umgang mit Tieren lernen, z. B. daß man nicht einfach ins weiche Fellchen greifen und dran ziehen kann, um herauszufinden, wie weit es sich „dehnen" läßt … und der Katzenschwanz ist kein Haltegriff! Bringen Sie Ihrem kleinen Liebling behutsam bei, solche Handgriffe prinzipiell zu vermeiden. Und selbst das Streicheln will gelernt sein – auch winzige Kinderhände können es lernen, sanft und zärtlich zu streicheln, anstatt zu zupfen und zu klatschen. Das Schnurren der Katze kann das Kind dann als „Lob" und Freundschaftszeichen verstehen. Absolut verboten ist es auch, eine Katze ganz fest zu umklammern und zu drücken (auch der Katze wegen, aber die kann sich schon wehren …), weil die Reaktion darauf fast immer mit krallenstichhaltigen Argumenten ausfällt, und das könnte für ein kleines Kind eine ziemlich schmerzliche Erfahrung werden. Am besten, Sie ersparen Kind und Katze solche nicht gerade freundschaftsfördernden Erlebnisse.

Kinder sollten wissen, daß laute Spielzeuge wie ferngesteuerte Autos und alles, was knallt, schießt oder zischt, eine Katze in Panik versetzt – und wenn das geschieht, kann nicht die Katze für ihre eventuelle Überreaktion darauf verantwortlich gemacht werden. Jedes Kind wird es verstehen (und sich auch meistens daran halten) wenn ihm einleuchtend erklärt wird, daß solche Dinge und Spiele den Ohren der Katze Schmerzen verursachen und sie sich deshalb wehren wird. Man kann also viel besser und „unzerkratzt" in größerer Entfernung von der Katze mit lautem Spielzeug seinen Spaß haben.

Das Katzenklo ist unter allen Umständen absolut tabu für Kinder! Das diesbezügliche Hygieneverhalten und das eventuelle Gesundheitsrisiko war schon das Thema des vorangegangenen Kapitels. Auch der Katze wegen sollen Kinder einen Bogen um die Tiertoilette machen: Wenn Katzen nicht einmal hier ihre Ruhe haben, könnten sie unsauber werden und sehr schwer wieder daran zu gewöhnen sein, stubenrein zu bleiben.

Kinder müssen lernen, die Eigenart eines Tieres (natürlich eines jeden

Tieres) zu respektieren, wozu unbedingt gehört, daß man weder Katzen noch andere Tiere beim Fressen stört. Der Fütterungsbereich gehört nur der Katze, und während des Fressens will sie nicht einmal gestreichelt werden. Solche Regeln haben einen erfreulichen Langzeiteffekt, von dem im späteren Leben Ihres Kindes Freunde, Partner und vermutlich auch Sie selbst profitieren können: Während einer Mahlzeit ist Pause für alles, was den anderen aufregt, stört – oder was Ekelempfindungen auslöst, ganz egal, ob dieser andere nun ein Familienmitglied, ein Schulfreund – oder eben die Katze ist.

Nicht nur eine Empfehlung, sondern absolutes Gebot sollte es sein, daß ein Kind (egal welchen Alters) niemals ein Tier quälen darf – unter keinen Umständen! Wer das von klein auf lernt, wird auch später kaum auf solche widerlichen Ideen kommen. Alles, was sticht, schneidet und einklemmt, ist im Umgang mit Katzen absolut tabu. Nicht das winzigste Spitzchen eines Schnurrhaares darf abgeschnitten werden, auch nicht als „kindliche Selbsterfahrung" oder zu anderen sonderbaren Versuchszwecken! Es verursacht der Katze nicht nur Schmerzen, sondern beeinträchtigt auch ihre Sicherheit in vieler Hinsicht. Es darf überhaupt NICHTS abgeschnitten werden, selbst das (von manchen Leuten und sogar von einigen Tierärzten praktizierte) Krallenspitzenschneiden ist Tierquälerei. Jede Katze pflegt ihre Krallen selbst und braucht keine Maniküre. Die äußere Schicht der Kralle (die „Hülse") wird ohnehin regelmäßig abgestoßen, wenn sie zu lange ausgewachsen ist. Sollten irgendwo am Boden diese sichelförmigen oder hornförmigen kleinen Teile gefunden werden, hat sich die Katze nicht verletzt und dabei eine ganze Kralle verloren, sondern sie hat bloß selbst ihre „Fußpflege" erledigt. Außerdem ergibt es überhaupt keinen Sinn, Krallen zu kürzen, sie wachsen dann um so schneller nach, und die Katze hat den Drang, nun erst recht bei jeder denkbaren Gelegenheit (und an jedem Möbel!) ihre Krallen wieder zu schärfen – es ist schließlich der natürliche Zustand ihrer empfindlichen Pfoten, daß die Krallen spitz sind. In Deutschland und der Schweiz ist gottlob dieser gräßliche Eingriff verboten, den manche Leute unter „Samtpfötchen machen lassen" verstehen. Das ist der putzig-süße Ausdruck für eine barbarische Operation, mit der den Katzen die Krallen amputiert werden, damit Möbel, Vorhänge und Menschenhaut heil bleiben. In Wirklichkeit ist es eine äußerst schmerzhafte Verstümmelung des Tieres – natürlich auch bei Vollnarkose – weil der Katze nach diesem Eingriff weiterhin jeder Schritt Schmerzen verursacht, weil einfach die Gestalt und Funktion der ganzen Pfote „nicht mehr stimmt". Außerdem ist die Katze chancenlos allen Angreifern und Unfällen ausgesetzt, sie kann nicht mehr kletternd die Flucht ergreifen, keine Beute fangen, sich gegen nichts und niemanden wehren. Wer so etwas seiner Katze antun will, um Kratzer zu vermeiden, soll bitte einmal zu Ende denken, wie „vernünftig" es wäre, die eigenen Fingerspitzen zu amputieren!

Krallenlose Katzen wären außerdem für Kinder von äußerst fragwürdigem Erziehungswert: Ein Kind könnte (und müßte eigentlich) daraus schließen, daß man für Geld „alles wegmachen" läßt, was irgendwie Probleme machen könnte oder berücksichtigt werden muß. Es ist nicht auszudenken, bei welchen Gelegenheiten so etwas dann später einem jungen Menschen einfallen könnte …!

Also bitte: Egal, wie viele Kratzer ein Kind abbekommt (was sicher nie ganz unverschuldet passiert!), es kann aus diesem Vorgang nur lernen. Schließlich reißt man auch nicht den Fußboden raus, weil sich das Kleine daran einmal ein Knie aufgeschürft hat – und ein Katzenkratzer tut auch nicht mehr weh, als sich beim Spielen an einem Gegenstand zu stoßen oder einmal hinzufallen. Sind wir uns nun darüber einig, daß die Krallen dran bleiben – und zwar inklusive Spitzen!?

Wenn ein Kind ins geeignete Alter gekommen ist, sollte es mithelfen, für die Katze zu sorgen, z. B. Futter oder Streu einkaufen helfen, füttern, die Katze bürsten (falls sie längeres Fell hat), das Trinkwasser

Kapitel 12

regelmäßig kontrollieren, ob es frisch ist – oder andernfalls die Schüssel wechseln und frisch auffüllen.

Es sollte selbstverständlich nie als Strafe mißbraucht werden, daß ein Kind „dazu verdonnert wird", die Katze zu versorgen, das wäre wirklich absolut verkehrt und würde anstatt der kindlichen Freude an diesem kleinen Stück Selbständigkeit nur Widerwillen zur Folge haben. Aber bitte überlassen Sie die Verantwortung für das Wohlbefinden und die Fütterung der Katze nie ausschließlich einem Kind. Es könnte sich überfordert fühlen und das dann eventuell sogar an der Katze (aggressiv) auslassen – oder es schlampt dabei gelegentlich, wenn etwas anderes wichtiger ist, was bei Kindern durchaus vorstellbar wäre – und auch verständlich. Aber sollte deshalb Mieze hungern müssen? Am besten ist es, wenn sich ein Erwachsener die Katzenbetreuung mit dem (oder den) Kind(ern) teilt und anfangs nur mit einer ganz leichten Aufgabe begonnen wird, die sich das Kind aussuchen darf. Auf diese Weise kann es nach und nach lernen, für ein anderes Lebewesen zu sorgen und mitverantwortlich zu sein, was sich in der Pubertät und erst recht später in Beziehungen als großer Vorteil herausstellen wird. Kinder, die von klein auf gelernt haben, sich um das Befinden anderer Lebewesen zu kümmern und sich auf deren Bedürfnisse einzuspielen, sind weitaus freundschafts- und beziehungsfähiger als andere. Der richtige Umgang mit Tieren in der Kindheit kann ein Leben lang Zinsen tragen, die Kinderpsyche macht im Tierkontakt Erfahrungen, die sich später auf die unterschiedlichsten Beziehungsvarianten und zwischenmenschlichen Herausforderungen eindeutig positiv auswirken. Und gerade in diesem Zusammenhang ist die Katze als Kindergefährte und tierischer Jugendfreund einfach ideal – kein anderes Tier bringt solche vielschichtigen Herausforderungen ein, wie diese selbstbewußte Individualistin auf vier Pfoten. Außerdem: Der Spaßfaktor bei gemeinsamen Spielen von Kind und Katze ist wirklich schwer zu schlagen. Sollten Sie erst eine Katze ins Haus holen wollen, wenn Ihr Kind schon im Schulalter ist, wäre es ideal, in den Wochen davor schon ein wenig für die entsprechende Einstimmung auf den neuen Mitbewohner zu sorgen. Tun Sie es aber bitte nicht mit erhobenem Zeigefinger oder dem voreiligen Verkünden von Regeln für die zukünftige Kind–Katze–Beziehung. Viel mehr Sinn und Freude macht es, wenn Sie „ganz zufällig" gute Katzenbücher oder ein Video mit einem „positiven Katzenstar" (also eher „Aristocats" als „Garfield" …!) nach Hause bringen. Mein persönlicher Geheimtip in Sachen Einstimmungslektüre für zukünftige Katzenfans ab etwa 10 bis 12 Jahren: „Nero Corleone", zu Recht ein wahres Kultbuch (von Elke Heidenreich), und für größere Mädchen vielleicht „Katze fürs Leben" von Stefanie Zweig. Ein besonders leicht lesbares, originelles und trotzdem informatives Sachbuch ist z. B. „Lieblingstier Katze" von Sabine Hackmann – mit vielen Tips, Tests und erfreulich guten Fotos ausgestattet, ist es auch schon als Vorlesebuch geeignet.

Was Kindern auch Spaß machen würde und Sinn hätte: Besorgen Sie ein (monatlich erscheinendes) Katzenmagazin, Kinder mögen die tollen Bilder dieser Hefte, und die meisten Artikel und Geschichten sind ebenso unterhaltend wie spannend und haben häufig auch einen witzig verpackten erzieherischen Wert. Das sind vergleichsweise kleine Investitionen in die zukünftige Freundschaft zwischen Kids und Schmusetiger, die mit Sicherheit so manche spätere Krallenspur zu vermeiden hilft. Warum sollte die Katze dem Kind auch eine „schmerzliche Lektion" erteilen wollen, wenn es ohnehin Liebe auf den ersten Blick war?

Kapitel 13

Gehört die Katz' ins Bett?

Gehört die Katz' ins Bett?

Jein …! An dieser Frage scheiden sich die Geister, seit es Menschen gibt, die Betten haben – und Katzen, die in diesen Betten schlafen wollen.

Kommen Sie gerade mit frisch geputzten Zähnen aus dem Bad, nachdem Sie Ihrem Spiegelbild geschworen haben: „Die Katze kommt mir heute nicht ins Bett, da kann sie machen, was immer sie will!" – öffnen Sie die Schlafzimmertür und spüren sie etwas unbeschreiblich Geschmeidiges und Kuschelzartes, wie es sich gerade an Ihre Beine schmiegt? Hart bleiben! Sie haben es immerhin Ihrem Spiegelbild geschworen … und jetzt – sehen Sie bloß nicht hinunter auf dieses seidigweiche Tigerchen, das sich gerade um Ihre Knöchel wickelt … sonst sind Sie geliefert!

Haben Sie eine magische Katze? Eine unwiderstehliche, superintelligente, bildschöne kleine Sphinx, die Sie jetzt zuckersüß anschnurrt und Sie aus goldenen Augen anschmachtet, während sie ganz lässig mit der linken Vorderpfote der Schlafzimmertür einen winzigen Schubser gibt. Sie wollten doch gerade tief Luft holen und „Raus!" sagen – oder? Und warum sitzt Mischou jetzt mitten auf der satinbezogenen Daunendecke und wischt sich kurz verlegen mit der Pfote übers rechte Ohr? Tja … wenn Sie sich nicht durchsetzen können! Ach ja, da fällt Ihnen gerade ein, daß Sie heute schon den ganzen Tag kalte Füße hat-

Kapitel 13

ten. „Na gut, Mischou, zum allerletzten Mal! Und auch nur, weil du mir jetzt so angenehm die Füße wärmst. Aber ab morgen schläfst du auf dem Sofa nebenan!"

Mischou macht sich besonders weich und lang und federleicht ... so perfekt hat noch nie jemand Ihre Füße gewärmt, finden Sie, während Sie sich wohlig in den Schlaf fallen lassen.

Mischou schnurrt heute lieber nicht, sonst werden Sie am Ende noch einmal kurz halb wach und werfen sie doch noch hinaus.

Mischou liegt regungslos und federleicht auf Ihren Füßen ... und schmunzelt so, wie alle Katzen schmunzeln, wenn sie zum tausendsten Mal etwas durchgesetzt haben. Was heißt hier „durchgesetzt" – Mischou hat keine Sekunde lang daran gezweifelt, daß sie heute wieder in Ihrem Bett schläft. Wie immer.

Damit ist aber die Frage noch immer nicht beantwortet. Also: Gehört die Katz' ins Bett?

Nein, auf keinen Fall! Wenn Sie zuvor das Kapitel 11 vorsichtshalber dreimal gelesen haben, weil Sie es einfach nicht glauben können, daß ein Mensch reelle Chancen hat, das jahrelange Zusammenleben mit einer Katze heil zu überstehen.

Sie dürfen Ihre Katze wirklich nicht ins Bett lassen. Zumindest nicht, solange sie sich weigert, einen keimfreien Katzen–Overall zu tragen, der nur drei (mit durchlöchertem Filtervlies abgedeckte) winzige Öffnungen am Kopf hat: zwei für die Augen und eine, damit der Mieze nicht die Luft wegbleibt. Nachdem sie da nicht mitspielt – keine Chance! Die Katze gehört nachts in den Katzenkorb, ordentlich in Seitenlage und mit artig verschränkten Pfoten.

Haben Sie schon einmal darüber nachgedacht, was Sie sich alles an lebensgefährlichen Bazillen, Bakterien und Viren einfangen können, wenn Sie im Café sitzen? Wissen Sie so genau, daß der Mensch keine heimtückische, ansteckende Krankheit hat, der noch einmal herzhaft „Ha–tschiii!" in die großformatige Zeitung nieste, bevor er sie ordentlich zusammengefaltet auf den Tisch gelegt hat, an dem Sie anschließend saßen, um in ebendieser Zeitung den Wirtschaftsteil auf Seite 7 zu lesen?

Sicher sind Sie ein Fan von Michael Jackson. Seine Musik müssen Sie zwar nicht unbedingt haben, aber der Typ imponiert Ihnen einfach: Er geht nie ohne Mundschutz und Einweghandschuhe unter die Leute. Unvorstellbar, daß er eine Katze in sein Luxusbettchen lassen würde! Alles klar: Katzen gehören nicht ins Bett. Niemals!

Das steht für Sie fest, seit Ihnen damals vor 20 Jahren ein boshafter Schulfreund zum Geburtstag eine Scherzkarte schickte: Auf der Vorderseite schockte eine wilde, pechschwarze Katze mit ausgefahrenen Krallen und einer Sprechblase folgenden Inhalts: „Das Leben ist lebensgefährlich! Genieße es, solange Du kannst!“ Auf der Rückseite stand mit krakeliger Schülerschrift „Lieber Michi, alles Gute zum Geburtstag und ein langes Leben wünscht Dir Dein Lieblingsfeind Oskar.“ – Na ja, ein Kindheitstrauma … nein, Sie sollten wirklich keine Katze in Ihr Bett lassen. Falls Sie jemals eine haben sollten.

Ganz anders liegt die Sache, wenn Sie eine Frau sind und sich als Bodyguard, Schmusefreund, Beziehungshindernis und permanente Herausforderung einen ebenso unwiderstehlichen wie egozentrischen Alphakater mit Staralüren ins Haus genommen haben. In diesem Fall stellt sich die Frage „Gehört die Katz' ins Bett“ überhaupt nicht. Schließlich haben Sie jeden Abend andere Sorgen und dringlichere Fragen zu klären: Wird mir mein Minipanther wohl so viel Platz im Bett lassen, daß ich morgen nicht schon wieder völlig verspannt aufwache? Und wie schaffe ich es diesmal, daß ich ihm nicht die ganze Nacht lang die Pfote halten muß, damit er friedlich durchschläft? Und warum schnurrt er nur immer so laut, daß ich erst einschlafen kann, wenn er endlich in der REM–Phase von den entzückenden Miezen auf seinem Katzenvideo träumt, das er jeden Abend sehen will, bevor er endlich ins Schlafzimmer tigert. Und warum liegt er schon wieder quer

Kapitel 13

über mein Bett drapiert, daß für mich nur eine Ecke übrigbleibt? Ob ich heute vielleicht doch die Couch nehmen soll, damit ich endlich einmal durchschlafen kann? Aber vielleicht fühlt er sich dann ja einsam und kommt mir ins Wohnzimmer nach?

Sie sehen ja, jeder Mensch hat seine ganz speziellen Probleme mit Kätzchens fragenden Blicken an der Bettkante – falls überhaupt noch blickgefragt und nicht einfach belegt wird.

Vielleicht hilft Ihnen ja meine persönliche Erfahrung mit bettfixierten Katzen irgendwie weiter: Ich habe jahrzehntelang ständig mein Bett frisch bezogen, weil mein vierbeiniger Nachtgefährte manchmal wohl „brav" auf dem extra für ihn ausgelegten Badetuch eingedöst ist. Aber er dürfte immer nur ganz kurz auf diesem täglich frischen und extra zum Kuschelnest zurechtgebauschten Badetuch gelegen sein – sicher nur, um mich beim Einschlafen zu beobachten. Denn wann immer ich nachts einmal aufgewacht bin, hatte ich entweder eine Pfote in der Hand oder einen Katzenkopf (schnarchend!) an der Schulter, oder es waren vier schlafentspannte Pfoten um meinen Arm geschlungen. Oder ich schreckte hoch, weil ich Magendrücken hatte. Nein, es waren nicht die Magengeschwüre. Es war mein Paulchen, der im Morgengrauen fröhlich auf mir spazierenging, weil ihm wohl langweilig war – so ganz allein mit einem schlafen wollenden Menschen …!

Natürlich gehört die Katze NICHT ins Bett. EIGENTLICH. Ich habe mit Ärzten, Tierärzten und Psychologen darüber gesprochen. Ergebnis? Verwirrend. Nur die deklarierten Katzenfeinde unter ihnen und der eine Arzt, der in seinem ganzen Leben noch keinen Kontakt zu Katzen hatte, wenn man von einer Löwenjagd in Kenia absieht, waren strikt dagegen. „Hygienisch bedenklich!" oder „Baden Sie Ihre Katze jeden Tag?" oder „Tiere gehören niemals ins Bett!"

Alle anderen Befragten konnten sich kaum zwischen „Jein – es kommt darauf an …" und „Na ja, wenn man sehr oft die Wäsche wechselt und die Katze vielleicht eine eigene Decke hat …?" entscheiden. Nun wollte ich es aber wissen. Ein Griff nach dem Katzenlexikon sollte mir Klarheit verschaffen – ich schlug nach und fand unter dem Stichwort „Bettkatzen" folgendes: „Soll, darf man eine Katze im oder auf dem Bett schlafen lassen? Das ist eine uralte Streitfrage. Sehr viele Katzen schlafen am liebsten im Bett. Daran hindern kann man sie nur, wenn man sie konsequent aus dem Schlafzimmer aussperrt. Nötig ist es nicht. So ein schnurrender Miniaturtiger auf dem Bett verströmt Gemütlichkeit, und eine gesunde, gepflegte Hauskatze schleppt weder Krankheiten noch Schmutz in unsere geheiligten Schlafhöhlen." Tja, wenn es sogar im Katzenlexikon „abgesegnet" wird …?!

Im übrigen zweifle ich sehr daran, daß jemand seine Katze konsequent aus dem Schlafzimmer aussperrt, der dieses Buch hier lesen mag.

Das ist alles keine Antwort? Richtig.

Natürlich GEHÖRT die Katze NICHT ins Bett.

Aber bringen Sie ihr DAS doch einmal bei.

Kapitel 14

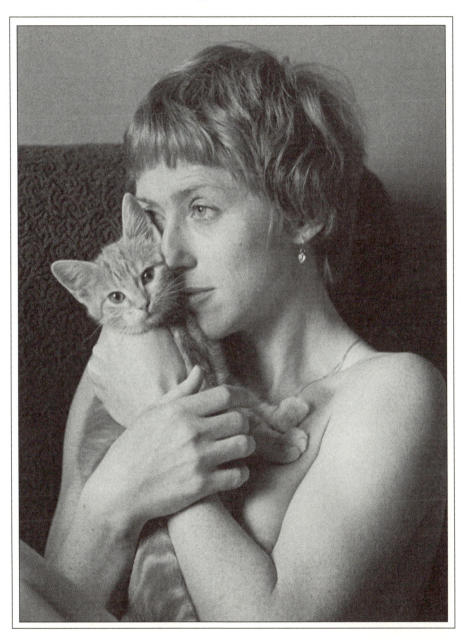

Single mit Katze –
Mit verschmusten
Egozentrikern
auf dem
Sofa

Single mit Katze – Mit verschmusten Egozentrikern auf dem Sofa

Das Glück ist eine Katze" ist nicht nur das Motto aller überzeugten Katzaholics, sondern auch der Titel eines Buchkapitels, das der Zoologe und Autor Gerd Ludwig jenem ganz besonderen Stellenwert der Katzen widmet, den sie im Leben vieler Menschen einnehmen. Weil man es kaum treffender formulieren kann, möchte ich hier daraus zitieren.

„Katzen sind selbstzufrieden und selbstgenügsam. Sie sind sich ihrer inneren Kraft bewußt, das bekundet jede ihrer Bewegungen, das demonstriert uns ihre Unbestechlichkeit Tag für Tag. Und doch können sie gleichzeitig voller Eifersucht sein. Eifersüchtig auf bevorzugte Artgenossen, auf Menschen, die ihnen die Mitte streitig machen. Das nimmt ihrer Selbstzufriedenheit nichts, aber es fügt unserem Bild der Katze neue Perspektiven und neue Bezugspunkte hinzu. In sich ruhen und doch auch krank vor Eifersucht, unbestechlich und doch auch bettelnd, voller Dankbarkeit und Hingabe, und doch auch spröde, abweisend und unnahbar. Alles zusammen eben Katze. Katzen weichen immer und überall ab. Sie gehen nicht neue, aber ihre Wege. Und sie verlassen uns trotzdem nicht. Sondern spornen unsere Neugier, Tatkraft und Phantasie an und treffen sich wieder mit uns an eben jenen Wegkreuzungen der Neugier und Phantasie. – Spricht es nicht für diese Katzen, daß wir sie uns aneignen oder anzueignen glauben,

Kapitel 14

und ganz offensichtlich und tatsächlich wir angeeignet, manchmal gar nur geduldet werden?"

Vielleicht halten Sie das jetzt für unrealistisch – diese Theorie, daß es häufig die Katzen sind, die sich „ihre Menschen aneignen" – und nicht umgekehrt. Die verkehrte Betrachtungsweise von überspannten Katzenfans, meinen Sie? Irrtum: Wenn eine Katze die Möglichkeit dazu hat, ist sie es, die den Kontakt zu einem Menschen aufnimmt, um ihn dann mit ihrem ganzen Katzencharme und ihren taktischen Spielchen zu bezaubern und ihm unmißverstandlich klarzumachen, daß sie ihn als „ihren Menschen" betrachtet, an den sie jetzt ihr Katzenherz verloren hat.

Natürlich kann sich ein Mensch dieser kätzischen „Partnerwahl" entziehen und das Tier einfach ignorieren, aber vermutlich wird das die Ausnahme bleiben, weil Katzen ohnehin nur den Kontakt zu Menschen aufnehmen, die ganz „auf ihrer Wellenlänge" sind und es kaum übers Herz bringen, eine so zielstrebige Katze abzuweisen, die doch offensichtlich alles versucht, um sich ein Plätzchen in ihrem Leben zu erkämpfen.

Bis jetzt haben Sie so etwas noch nie erlebt, daß eine Katze auf Sie zukam und mit allen ihren liebenswert-listigen Selbstdarstellungsversuchen signalisierte: „Hallo, Mensch, ich bin von dir begeistert – und du? Schau mich doch einmal genauer an, bin ich nicht einfach hinreißend? Du siehst doch ein, daß ich deine Katze werden muß …!" Unglaublich? Dann sind Sie aber langsam reif für diese Erfahrung.

Im Ernst: Das sind diese Momente zwischen Mensch und Katze, in denen man eine Vorstellung von der legendären Magie dieser kleinen Raubtiere bekommt. Wenn sie wie aus dem Nichts plötzlich vor einem stehen und mit unglaublich suggestiven Blicken und ihrer ebenso fordernden wie schmeichelnden Körpersprache den „Menschen ihrer Wahl" davon zu überzeugen versuchen: Du brauchst mich einfach! Gerade in Publikationen aus den letzten Jahren haben namhafte

Zoologen und Tierpsychologen immer wieder bestätigt, daß es tatsächlich der Eigenart und Verhaltensweise einer intelligenten Katze entspricht, ihren menschlichen „Wunschpartner" aufzuspüren und dann regelrecht zu umwerben, bis er immer mehr Interesse und Zuneigung für sie zeigt. Und recht häufig verläuft dann alles weitere ganz im Sinne der Katze – früher oder später zieht sie bei „ihrem Menschen" ein. Sicher, manche Leute bleiben gegen sämtliche kätzische Verführungskünste immun. Andere würden nur zu gern darauf eingehen und den unwiderstehlichen Minitiger mit nach Hause nehmen, wenn es die momentane Situation zuließe – aber was nützt es schon, wenn einem die faszinierendste Katze über den Weg läuft und man in wenigen Tagen abreisen muß, um für längere Zeit im Ausland zu bleiben. Oder wenn man gerade dabei ist, mit dem neuen Partner in eine gemeinsame Wohnung zu ziehen und der Traummann nicht nur einen Hund, sondern auch eine Katzenallergie hat. Dann dürfte auch dem größten Katzenfan nichts anderes übrigbleiben, als dieses süße Miezchen wieder wegzuschicken (oder an Freunde weiterzuempfehlen?), das sich gerade so nachdrücklich und clever um die begehrte Lebensstellung als geliebte Hauskatze beworben hat.

Apropos Traummann contra Katze: Diese Entscheidung könnte natürlich auch anders ausfallen, wie ich aus eigener Erfahrung weiß. Als vor einigen Jahren ein ganz besonders attraktiver Mann drauf und dran war, in meinem Leben die Hauptrolle zu spielen, sollte er sich natürlich auch mit meinem Kater Paulchen Panther anfreunden. Als es dann soweit war, konnte ich gerade noch im letzten Moment ein Blutbad verhindern – das heißt: nicht ganz, denn der Schöne und mein Biest befanden sich nach wenigen Minuten in akutem Kriegszustand, und der Mann, der am Vortag noch glaubhaft beteuerte, Katzen ganz besonders gerne zu mögen, blutete aus tiefen, langen Kratzwunden, nachdem er kurz mit Paul allein in meiner Wohnung war. Ich weiß bis heute nicht, was damals wirklich passiert ist, während ich nur rasch

Kapitel 14

etwas aus dem Auto geholt hatte. Jedenfalls fand ich meinen zornig fauchenden und knurrenden Paulchen vor, wie er mit wild gesträubtem Fell auf einem Schrank stand und böse funkelnd auf meinen Gast hinunterstarrte. Und der wirkte auch nicht gerade friedlich und entspannt, während er versuchte, mit einer Stoffserviette das Blut an seinen Händen und Armen zu stillen. Er behauptete, daß er Paul nur hinter den Ohren kraulen wollte, worauf er regelrecht ausgeflippt und „wie eine reißende Bestie" über ihn hergefallen wäre. Nun ja – Paulchen lebte damals seit vielen Jahren mit mir und hätte in diesem Zeitraum sicher schon öfter Grund zur Eifersucht gehabt – und die Gelegenheit, mit ausgefahrenen Krallen über jemanden herzufallen, was aber nie geschehen war. Er mußte also während meiner kurzen Abwesenheit ziemlich provoziert oder erschreckt worden sein. Deswegen fiel meine Antwort auch ganz unmißverständlich aus, als mein mit Wundsalbe und Pflastern versorgter Besuch allen Ernstes die Frage stellte: „Du wirst ihn doch hoffentlich weggeben, wenn wir zusammenbleiben – oder?" Als im nächsten Moment meine Wohnungstür unüberhörbar ins Schloß fiel, fuhr Paulchen Panther erschrocken hoch, um dann aber gleich erleichtert vom Schrank zu springen, einen kurzen Kontrollrundgang durch die Wohnung zu machen („Der ist doch wohl hoffentlich weg???") und sich danach demonstrativ auf den Platz zu legen, der vor wenigen Minuten noch von meinem Beinahe-Freund besetzt gewesen war. Es war seinem äußerst zufriedenen schwarzen Katergesicht ganz deutlich anzusehen, daß er seinen Triumph unbändig genoß. Mein kleiner Panther kommentierte den fluchtartigen Abgang seines ungeliebten „Rivalen" mit einem sehr erleichtert klingenden „Grrrhhh!" und setzte sein berühmtes Schmunzelgesicht auf, bevor er sich sorgfältigst die Pfoten putzte … er hatte ja sicher noch ein paar Blutspuren von seinen Krallen zu entfernen.

Zurück zur menschenumwerbenden Katze: Wie würden Sie denn damit umgehen, wenn Sie momentan weder Fernreisen planen noch

Single mit Katze – Mit verschmusten Egozentrikern auf dem Sofa

einen Traummann mit Hund haben – und wenn auch keine anderen katzenallergischen Angehörigen Ihr Leben mitbestimmen? Oder wenn Sie zum Beispiel gerade frisch entliebt, entlobt oder geschieden sind und nun Ihr Singleleben genießen? Nur manchmal fühlen Sie sich eben doch ein wenig einsam ... und eigentlich hatten Sie ja immer schon eine große Schwäche für kleine Raubtiere – dann sind Sie jetzt akut gefährdet, von einem ebenfalls einsamen Schnurrtiger umzingelt zu werden. Irgendwo wird er demnächst auftauchen und mit seinem umwerfenden Katzencharme zu Ihnen hochsehen, ein bißchen schnurren und gurren – und selbstverständlich gnadenlos süß sein! Was heißt hier „irgendwo" ... wie das Leben so spielt, werden Sie demnächst geradezu magisch von Orten angezogen, wo Ihnen mit großer Wahrscheinlichkeit Katzen über den Weg laufen könnten. Und dann steht plötzlich eine vor Ihnen, dreht ein paar elegante Schmeichelrunden um Ihre Beine und macht Ihnen auf kätzisch klar: „Miau, ich bin's, deine Traumkatze! Du findest keine schönere, also hör´ damit auf, weiterzusuchen. Wir beide werden uns herrliche Zeiten miteinander machen. Du nimmst mich doch gleich mit zu dir nach Hause?!"

Wetten, daß Sie kurz danach zur nächsten Zoohandlung unterwegs sind, um jede Menge Futter und ein Katzenklo mit allem Zubehör einzukaufen? Keine Frage, das ist der Beginn einer wunderbaren Freundschaft. Und einmal mehr hätte Gerd Ludwig mit seiner zoologisch korrekten, aber auch ziemlich katzophilen Aussage recht behalten, in der er feststellte, daß es meistens die Katzen sind, die sich ganz gezielt „ihre Menschen aneignen" – und nicht umgekehrt. Was ich übrigens nur bestätigen kann: Fast immer waren es die Katzen, die plötzlich bei mir auftauchten und ganz offensichtlich schon beschlossen hatten, mit mir die nächsten Jahre zu verbringen und gleich bei mir einzuziehen. Ob ich Familie hatte oder mich gerade ans Singleleben gewöhnte, schien für die jeweilige „Katze meines Lebens" keine

Kapitel 14

besonders entscheidende Rolle zu spielen – sie setzte ihr Vorhaben immer äußerst raffiniert, energisch und ziemlich rasch durch.

Obwohl sich dieses Kapitel hauptsächlich an LeserInnen richtet, die derzeit als Single leben, möchte ich die nächsten Seiten (mit Vorschlägen für einen erfolgreichen Start in eine für alle Beteiligten erfreuliche Mensch–Katze–Beziehung) natürlich auch allen anderen ans Herz legen, die demnächst eine Familienkatze ins Haus holen wollen. Denn auch der samtpfötige Spielfreund der Kinder oder die zärtliche Seniorengefährtin sollte natürlich die richtige Katze für die entsprechende Lebenssituation und „ihren" Bezugsmenschen sein.

Es hängt aber oft schon vom ersten Kontakt zwischen Mensch und Tier ab, ob dann ein sorgenfreies und wirklich erfreuliches Zusammenleben daraus werden kann. Es ist absolut nicht gleichgültig, welche Katze zu welchen Menschen ins Haus kommt – und auch das „Woher" sollte gut überlegt werden, wenn es mehr als eine unpersönliche Haustierhaltung mit dreimal täglich füttern und abends kurz streicheln werden soll.

Regel Nr. 1 für die „Anschaffung" einer Katze ist ebenso simpel wie wichtig: Bitte laufen Sie nicht Freitag abends knapp vor Geschäftsschluß los, um zur nächsten Zoohandlung zu hetzen und dort „irgendeine süße kleine Miezekatze" zu kaufen, weil Sie plötzlich Angst vor dem nächsten einsamen Wochenende bekommen! So etwas kann eigentlich nur schiefgehen, und es ist vorauszusehen, daß Sie selbst mit einer solchen überstürzten Blitzaktion genauso überfordert wären wie die Katze, die sicher nicht innerhalb weniger Stunden mit diesen neuen Lebensumständen zurechtkommen könnte. Sie würde sich verschreckt in eine Ecke verkriechen und nicht mehr wissen, wovor sie mehr Angst hat: Vor dem Dahinvegetieren als lebendes Schaufensterpüppchen oder als Käfig-Gefangene im Zoogeschäft – oder vor Ihnen, diesem fremden Menschen hier, mit dem sie noch nichts erlebt hat, außer von ihm angeschaut, kurz berührt, gekauft und in einen Transportkäfig gesteckt zu werden. Anschließend wurde sie von einer erschreckenden Umgebung in die nächste ebenso fremde gebracht, auch wenn sie sich noch so kläglich miauend dagegen wehren wollte. Gut, hier bei Ihnen scheint es ruhiger und freundlicher zu sein, aber alles riecht fremd, hört sich fremd an, sieht fremd aus. Stellen Sie sich doch einmal vor, wie diese hastig abgewickelte Eingewöhnungssituation aus der Katzenperspektive erlebt wird: Dieser Mensch hier ist zwar lieber zu mir als der Zoohändler, aber er nervt genauso. Ständig rennt er gestreßt herum und spielt den hektischen Tierpfleger. Seit ich aus dem Käfig heraus durfte, will er unentwegt irgendetwas bei mir durchsetzen! Als erstes gab es gleich Katzenklo-Training, dabei mußte ich doch überhaupt nicht! Und dann ab zum Füttern … unbedingt an diesem Platz hier, der scharf nach Spülmittel riecht – und ausgerechnet jetzt, wo mir von der Fahrt hierher noch ganz schlecht ist und ich ohnehin nichts hinunterbringen könnte! Jetzt bekomme ich auch noch Spielzeug aufgedrängt … was soll der Unsinn, das ist mir jetzt schnurzegal in meiner Panik. Und zwischendurch immer diese Zwangsbeglückung, die sie streicheln nennen! Ich kenne doch diese Hand noch gar nicht … und dieses blöde nagelneue Kissen auch nicht, auf dem ich nun unbedingt liegen soll, brrr … ist mir mies. Weiß dieser Mensch denn nicht, daß man Katzen zu nichts zwingen darf??? Obwohl – es sieht fast so aus, als würde er mich liebhaben. Aber warum sagt er dann ständig (viel zu laut für meine empfindlichen Ohren!) lauter lästige Dinge im Befehlston? „Das darf eine brave Katze nicht hinunterwerfen!" (Wer sagt denn, daß ich brav sein will?!) „Kratz bloß nicht an diesem Sofa!" und „Hier darfst du nie, nie, nie hinaufspringen!" Ja verflixt noch mal, was darf ich denn überhaupt? Und warum hat mich dieser Mensch dann unbedingt haben wollen und hierhergeschleppt???"

Unter solchen – aus menschlicher Sicht durchaus nachvollziehbaren – Einstandsbedingungen träumt der kleine kätzische Gast spätestens beim erschöpften Einschlafen vom zuvor noch verhaßten Zwinger in der Zoohandlung, in den er über Nacht immer hineingestopft wurde. Klar, das war Abend für Abend dieselbe erniedrigende Katzquälerei – aber die kannte man wenigstens schon und wußte mit seinem Gefängniswärter entsprechend umzugehen. Aber das hier? Kann man diesem Menschen denn trauen? Hier ist zwar alles schöner, weiträumiger und besser, aber vielleicht wird man ja morgen wieder auf den Ladentisch gestellt, vom Mäulchen bis zur Schwanzspitze kritisch begutachtet und dann verkauft.

Bitte lieber Katzenmensch in spe: SO NICHT!

Die Regel Nr. 2 für einen glücklicheren Start in das Singleleben mit Katze: Alles mit der Ruhe – lassen Sie es langsam angehen. Wissen Sie denn überhaupt schon, was Sie sich unter „Ihrer Katze" vorstellen? Soll es ein putziges Kätzchen oder lieber eine erwachsene Katze werden? Für Alleinstehende, die berufstätig und viel außer Haus sind, wäre wohl eine erwachsene Katze vernünftiger – sie ist sicher als tierischer Partner viel geeigneter als ein Tierbaby, das täglich die ganze Wohnung auf den Kopf stellt und „umräumt", bis Sie wieder nach Hause kommen.

Ideal wäre auch eine erste Kontaktaufnahme mit Ihrer zukünftigen Katze, bevor Sie bei Ihnen einzieht. So könnte sie sich an Ihre Stimme, Ihren Geruch, an Ihre Bewegungen und Berührungen gewöhnen, während sie vielleicht noch einige Tage in ihrer alten Umgebung bleibt. Wenn einer Katze der neue Bezugsmensch nach und nach vertrauter und wichtiger wird, kann sie beim Umzug schon angstfrei und entspannt sein. Der Einstand wird dann für Mensch und Tier weitaus leichter und erfreulicher ausfallen. Außerdem sollten Sie bitte mindestens zwei Tage und Nächte durchgehend zu Hause bleiben können, wenn Ihr samtpfötiger Mitbewohner einzieht. Damit ersparen Sie sich viel Streß und so manchen realen Schaden, und für die Katze wäre es ohnehin eine schlimme Zumutung, an einen fremden Ort gebracht und dort dann gleich alleingelassen zu werden. Auch der gemütlichste ältere Stubentiger hätte unter diesen Umständen erst einmal fürchterliche Angst, die (wörtlich wie sinngemäß!) ihre Spuren hinterlassen würde – im Katzengemüt mit großer Verstörung und sicher auch auf Ihrem Teppich, dem Sofa, dem Bett … oder wo auch immer sich die kätzische Panik geruchsintensiv bemerkbar machen würde.

Daß Sie sich für den Einstand Ihrer Katze genügend Zeit nehmen, ist genauso wichtig wie die entsprechenden praktischen Vorbereitungen, von der Anschaffung des Futters bis zur kuschelweichen „Eigentumsdecke", die aber nicht nach Kaufhaus, Plastiksack oder Weichspüler riechen sollte, sondern nach Mensch – also nach Ihnen, schließlich holen Sie ein Raubtier mit hypersensiblen Sinnen ins Haus. Besser als eine gekaufte Haustierdecke wird von Katzen ein flauschiges Badetuch angenommen, das Sie vielleicht am Vorabend am Körper tragen oder ins Bett mitnehmen sollten, damit es für Miezes Nase ein bißchen „nach Bezugsmensch duftet" – darauf schlummert man dann als Singlekatze friedlich, während Frauchen außer Haus ist.

Am besten, Sie machen sich gleich eine Einkaufsliste: Futtervorrat in verschiedenen Geschmacksrichtungen (bei Dosen), etwas Frischfleisch und Trockenfutter müßte für den Anfang genug Auswahl bieten – Sie wissen ja noch nicht, worauf Ihr neuer Schnurrtiger Appetit hat. Dafür brauchen Sie drei rutschfeste Futternäpfe (für Frisch– und Trockenfutter und Wasser), die vor dem ersten Auffüllen gründlich gewaschen sein müssen, aus Geschirr mit Eigengeruch frißt auch die hungrigste Katze kaum. (Die tägliche Reinigung bzw. ein Wechsel muß sein, also sollte Miezes Tafelservice pflegeleicht und appetitlich sein.) Ihrem Bodenbelag zuliebe wäre ein Tischset aus Plastik sicher eine gute Futterplatz–Unterlage, aber auch hierbei sollte der typische Eigengeruch von billiger Plastikware vermieden werden, sonst geht die Katze einfach nicht hin oder verschleppt eiligst ihre Futterhappen an einen geruchsneutralen Platz. Ganz wichtig: Das Katzenklo aus leicht

Kapitel 14

waschbarem Plastik und am besten mit abnehmbarem Rand oder mit „Dach–Überbau". Seine Maße sollten dem Platz entsprechen, an dem es stehen wird. Wählen Sie dafür bitte eine möglichst abgelegene Ecke, Katzen wollen unbedingt während ihrer einschlägigen Verrichtungen ungestört (und unbeobachtet!) bleiben, sonst richten sie sich anderswo ihren Kloplatz ein …! Das Katzenstreu soll geruchsbindend, kaum staubend und vor allem frei von Asbestzusätzen sein, die nachweisbar gesundheitsschädlich sind. Praktisch: Streusorten, die Klümpchen bilden, die man rasch und hygienisch unbedenklich „ausheben" kann – wofür Sie eine passende Gitterschaufel benötigen. Für Miezekatzes Körperpflege brauchen Sie Kamm und Bürste, beides aus weichem Material mit abgerundeten Borsten und Kammzähnen – zum Beispiel ein Babyset, auf jeden Fall darf nichts daran kratzen oder reißen. Für Tierarztbesuche und alle anderen „Reisetätigkeiten" wird eine Transportbox mit Luftfenster oder Gittertürchen benötigt. Die handelsüblichen kleinen Matratzen oder Pölster können Sie vergessen, viel zweckmäßiger ist ein mehrfach gefaltetes (und heiß waschbares!) Frotteehandtuch, es wird ja doch nicht lange trocken und sauber bleiben. Spielzeug? Anfangs reicht eine Viererpackung dieser kleinen Springbälle, mit denen Katzen alles anstellen können, worauf sie gerade Lust haben: Beutespiele, werfen, fangen, verstecken, springen und rollen lassen – und sogar im Mäulchen herumtragen.

Ein Kratzbaum – vielleicht mit Hochsitzen und Höhlen – kann Spaß machen, wird aber nicht von jeder Katze auch angenommen. Anfangs tut es auch ein stabiles Kratzbrett, zum Krallenschärfen brauchen Wohnungskatzen etwas aus Holz. Gerade sie sollten natürlich trotz „Stubenarrest" immer reichlich frische Luft und möglichst auch Sonne bekommen. Dafür wird die Anbringung von Katzensicherungen für geöffnete Kippfenster unbedingt notwendig sein. Ohne eingeklemmte Sicherung könnte es im wahrsten Sinn des Wortes sehr rasch für die Katze „um Kopf und Kragen gehen", wenn sie vor lauter Sehnsucht nach Luft, Wind und Auslauf ins halboffene Kippfenster steigt. Nachdem sich Katzen weder an modernen Fensterrahmen noch an den Scheiben festkrallen (und somit eventuell retten) können, bleiben sie meistens mit dem Kopf in der Kippe hängen, was fast immer zum qualvollen Tod führt. Sicher wären auch einsetzbare Katzenfenster ideal, ebenso eine Gitter- oder Netzsicherung für den Balkon. So könnte die Katze zu Hause und trotzdem „im Freien" sein.

Das Thema „Balkonwohnung mit Katze" war für mich jahrelang reine Nervensache, weil ich einerseits natürlich sehr um die Sicherheit meines tierischen Freundes bemüht war, andererseits brauchte ich aber für mein eigenes Lebensgefühl den freien Ausblick und hatte keine Lust, den Sommer „hinter Gittern" zu verbringen. Also blieb mir nichts anderes übrig, als Paulchen Panther bei offener Balkontüre auf Schritt und Tritt zu beobachten – ein entspanntes Sonnenbad bei geschlossenen Augen blieb also meistens ein Wunschtraum. Besonders, weil es mein Paulchen liebte, auf der Balkonmauer obenauf zu sitzen, sich vom Sommerwind durchfönen zu lassen und die Vögel anzuknurren, die ihm in nächster Nähe um die Ohren flogen – wir wohnten in der obersten Etage eines Hochhauses! Ständig mußte ich ihn also beobachten und auf ihn mahnend einreden, was ihm auch noch Spaß zu machen schien. Aber dann geschah eines schönen Sommertages ein kleines Wunder. Erst war ich arg erschrocken, weil er plötzlich wippend auf der Balkonmauer stand, aufgeregt mit dem Schwanz um sich schlug und ganz so aussah, als wollte er im nächsten Moment „Flugkater spielen". Ich stellte mich dicht hinter ihn, bereit, ihn sofort aufzufangen. Dann tat ich etwas, wovon ich übrigens dringendst abraten möchte (weil es viel zu gefährlich ist!), aber in unserem Fall schien es mir die einzig mögliche „Radikalkur" gegen Pauls Sprungabsichten zu sein: Da stand er nun auf dieser knapp 12 cm breiten Balkonmauer und schaute übermütig in den Abgrund hinunter, wo zu allem Überfluß in diesem Moment auch noch zwei Rehe aus dem Maisfeld da

Kapitel 14

unten auf die Wiese herauskamen, was Paul nicht entgangen war. Blitzschnell entschloß ich mich zur „Schocktherapie": Ich packte Paulchen ganz fest mit beiden Händen um den Körper und hielt ihn einen fürchterlichen Moment lang „frei schwebend" knapp außerhalb der Mauer über den Abgrund, schrie demonstrativ erschrocken auf und riß ihn an mich, um ihm möglichst drastisch die Gefahr auszumalen. Dann hielt ich ihn zärtlich umarmt, streichelte ihn und redete beruhigend auf ihn ein, während sein Herz noch wild klopfte, er kurz fauchte und die Krallen ausgefahren hatte. Als wir dann zusammen auf der Liegematte saßen, beruhigte er sich schnell wieder und ich erzählte ihm wie einem kleinen Kind, was nun alles hätte geschehen können, wenn er gesprungen oder abgerutscht wäre. Dabei fiel mir auf, daß Paulchen aufmerksam zuhörte, während er mir ganz ernst ins Gesicht sah. Und dann geschah das, was ich zuvor als „ein kleines Wunder" bezeichnet hatte. Paul ging langsam zur Balkonmauer hin, sah sich dabei mehrmals zu mir um, stand dann kurz an der Mauer „Männchen" und streckte demonstrativ die Pfoten bis ganz nach oben zur Kante. Dann drehte er sich wieder zu mir um und sah mich eindringlich an. Ich sagte ruhig und deutlich zu ihm „Paul, ich weiß, daß du mich vorher verstanden hast. Und du weißt, daß dir gleich etwas Schreckliches passiert, wenn du springst! Bitte laß es!" Er stand seitlich an die Mauer gelehnt da, sah mit großen Augen abwechselnd mich und die obere Mauerkante an, dann stand er noch ganz provokant (wie meistens kurz vor dem Absprung) Männchen und sah sich dabei immer wieder kurz nach mir um – als hätte er sich vergewissern wollen, daß ich weit genug entfernt war, um nicht eingreifen zu können. Die Spannung wurde langsam unerträglich. Ich redete mahnend auf ihn ein, daß er nicht springen soll, aber er ignorierte es und ging in aller Ruhe ein paar Schritte zurück, um eine bessere Anlaufentfernung zu haben – und setzte zum Sprung an. Ich wußte: Jetzt muß ich stillhalten, die Nerven bewahren und Paul seine trotzige „Demonstration" zu

Ende bringen lassen. Blitzschnell sah er sich noch einmal zu mir um und – hopp! – landete auch schon auf der Mauerkante und sofort mit einer halben Drehung wieder auf dem Boden des Balkons. Im nächsten Moment stand er vor mir, sah mich eindringlich an und sagte sein wohlbekanntes „Grrrut!" was etwa bedeutete: „In Ordnung, die Sache ist erledigt!" – „Du springst nie wieder auf die Mauer? Sicher?" – „Grrruuuttt!" kam es zum zweiten Mal schon etwas lauter, ungeduldiger und trotziger, bevor er in die Wohnung stolzierte. Damit war das leidige Thema erledigt, Paulchen Panther setzte nie mehr zum riskanten Sprung auf die Mauer an, so lange er lebte. In diesem Fall hatte unser stressiges Katze-Mensch-Machtspielchen ein Happy-End, aber es hätte natürlich auch anders ausgehen können – also bitte: Machen Sie es mir nicht nach, und verlassen Sie sich in ähnlichen gefährlichen Situationen vorsichtshalber doch nicht darauf, daß Ihr „Katzen-Einstein" aus Einsicht auf etwas verzichtet, worauf er eigentlich größte Lust hat. Sicher ist sicher!

Apropos – für Katzen mit „Ausgangsgenehmigung" lohnt sich bestimmt der Einbau von Katzenklappen in Türen oder Kellerfenstern. Dieses äußerst praktische Selbstbedienungs-Katzentürchen macht Sie und Ihren Schnurrtiger unabhängig, was die Ausgehgewohnheiten betrifft und es bietet der Katze jederzeit auch eine Fluchtmöglichkeit ins Haus, wenn es nötig werden sollte. Und Sie können unbesorgt schlafen, während sich Miez und Maunz um Mitternacht zur Vollmondparty treffen. Gute, absolut sichere Katzenklappen sind nicht ganz billig, aber die Investition lohnt sich wirklich.

Nach der gründlichen Vorbereitung für den Einzug Ihrer Katze steht eurer menschlich-tierischen Zweisamkeit eigentlich nichts mehr im Wege. Nur die Hauptsache fehlt noch – Sie sind ihr bis jetzt noch nicht begegnet, der „Katze Ihres Lebens", die es spielend schaffen wird, Ihr Herz zu erobern, um ab diesem Zeitpunkt mit Ihnen den Alltag und

Kapitel 14

das Sofa zu teilen. Natürlich sollten Sie die richtige Katze für diesen Lebensabschnitt finden, eine, die Sie von Anfang an richtig gern haben, die Sie begeistern kann und die Ihrem Lebensstil und Ihrer Gemütslage entgegenkommt. Und Sie wiederum sollten auch der richtige Bezugsmensch für diese Katze sein, den sie nicht nur akzeptieren und „riechen kann", sondern in den sie sich auch spontan auf kätzisch verliebt. Es gibt auch zwischen Mensch und Tier so etwas wie eine „Liebe auf den ersten Blick" – ganz sicher!

Eine solche ideale Mensch-Katze-Beziehung kann aber nur dann entstehen, wenn auch die Katze die freie Wahl hat, sich „ihren Menschen" auszusuchen und sich für ihn zu entscheiden – oder eben nicht. Auch wenn Ihnen die hübscheste Katze der Welt über den Weg laufen würde, hätte es keinen Sinn, sie zu sich zu nehmen, wenn sie nicht auf Sie zukommen mag. Sie muß die Möglichkeit bekommen, freiwillig den Kontakt zu Ihnen aufzunehmen oder Ihnen auszuweichen. Sie hat auch ein Recht darauf auszuprobieren wie es sich in Ihrer Nähe anfühlt. Tut es mir gut, von diesem Menschen gestreichelt zu werden?

Ist seine Art zu sprechen wohltuend und vertrauenserweckend – oder klingt seine Stimme viel zu hart und schrill? Oder ist sie Musik in meinen hypersensiblen Katzenohren? Ist seine Anwesenheit beruhigend, und macht es Freude, ihn zu beschnuppern?

Eine Katze muß natürlich auch die Gelegenheit dazu haben, ihre Zuneigung oder Ablehnung angstfrei zu zeigen. Was soll denn zum Beispiel so ein armes, verschrecktes Miezchen in einer Zoohandlung groß dagegen unternehmen können, wenn es einfach ausgewählt, in einen Tragekäfig gestopft und gekauft wird? Schon aus Angst hält es vermutlich still – vorsichtshalber, und weil das Kätzchen ja merkt, daß es gegen zwei Menschen in diesem Umfeld chancenlos ist. Außerdem wird es vielleicht meinen, es könnte irgendwie „unterwegs" auskommen und flüchten – oder es hofft, daß alles, was diesem Schrecken hier folgt, besser auszuhalten ist als dieses trostlose Leben zwischen Schaufenster und Zwinger.

Wir sollten uns diesbezüglich nichts vormachen: Fast allen Katzen, die man einfach kaufen kann, geht es genauso und um keinen Deut besser – ob sie nun im Zoogeschäft oder bei einem Züchter „auf Erlösung warten" müssen, ein glückliches, artgerechtes Leben kann es dort doch gar nicht sein. Überlegen Sie bitte in Ruhe, ob Sie eine Katze aus einer solchen Situation „befreien" wollen und sie deswegen kaufen möchten. Dabei können Sie allerdings nicht damit rechnen, daß diese Katze aus Zuneigung auf Sie zukommt, falls sie sich entsprechend freundlich verhält. Es wäre nur zu verständlich, wenn sie in einem solchen Moment aus purem Selbsterhaltungstrieb und Überlebenswillen „lieb ist". Vielleicht geht es ja gut in manchen Fällen, und Sie machen für dieses eingeschüchterte Tier das Beste aus der Situation. Aber ich muß gestehen, ich hätte kein gutes Gefühl dabei, mir einfach eine Katze zu kaufen und dann mit allen Mitteln zu versuchen, ein glückliches Haustier aus ihr zu „machen" – was heißt: ihr die Möglichkeit zu geben, eine ganz normale, lebensfrohe Katze zu werden. Das muß jeder zukünftige Katzenhalter für sich selbst entscheiden. Aber um unser Thema „Single mit Katze" weiterzuführen: In dieser Konstellation wäre sicher eine starke, intelligente und eigenwillige Katze weitaus entsprechender. Schließlich müßte sie zumindest tagsüber auch ganz gut allein zurechtkommen, und dabei kann es nicht schaden, wenn der zeitweise einsame Stubentiger viel mit sich und seinen „tierischen Interessen" anzufangen weiß – und nicht gleich mit dem Hungerstreik droht oder aus Trotz Polstermöbel zerfetzt, wenn der Mensch zu tun hat. Solche Katzenmimosen sind wunderbare Familienkatzen, die sich prächtig entwickeln, wenn immer jemand anwesend ist und sie im Mittelpunkt des familiären Geschehens stehen können. Aber für Singles? Wie wäre es zum Beispiel mit einem erwachsenen, stolzen Kater vom Typ „Samtpfoten-Boß"? Als tierische Singlepartner sind Alphakater oder

Kapitel 14

andere dominante Katzenpersönlichkeiten einfach ideal. Allein schon deshalb, weil sie dermaßen von sich überzeugt sind, daß sie ständig für Unterhaltung und Herausforderungen aller Art sorgen. Solche Kater fühlen sich als Mittelpunkt des Weltgeschehens und verhalten sich auch dementsprechend – das kann für den Bezugsmenschen nicht nur amüsant, sondern auch wirklich faszinierend und anregend sein und an einsamen Abenden durchaus einen (weniger amüsanten) menschlichen Partner ersetzen. Aber sosehr ich Ihnen einen „starken Typen" auf vier Pfoten empfehlen kann: Ganz so leicht ist es auch wieder nicht, einen superschlauen Kater-Macho oder eine aufregend geheimnisvolle magische Katze zu finden. Solche Traumkatzen müssen einem begegnen ... die gibt es weder im Zoogeschäft noch im Züchterkatalog – und wenn, dann ist es der ganz große Ausnahmefall.

Das möchte ich allen zu bedenken geben, die einem plötzlichen Impuls folgen und einfach losziehen wollen, um sich schnell „eine Katze zu besorgen". Es gibt dafür sicher viele Möglichkeiten, und ich möchte hier einige beschreiben, die (für Mensch und Katze) zu empfehlen sind – die einen mehr, die anderen weniger –, das kommt auf die individuelle Vorstellung an. Eine recht gute Möglichkeit wäre es, daß Sie von Katzennachwuchs bei Verwandten oder Bekannten erfahren und sich dort ein Tierbaby abholen. Achten Sie dabei aber bitte nicht nur darauf, daß das Kätzchen wunderschön ist und äußerlich Ihrer Idealvorstellung entspricht. Von Tierschutzvereinen hört man immer wieder, daß sich die Nachfrage der zukünftigen Katzenhalter ganz auffällig auf diesen Typ Katze festlegt, der gerade den aktuellen vierbeinigen TV–Stars aus der Katzenfutterwerbung entspricht. Derzeit sind zum Beispiel fast nur silbergrau-schwarze und rötliche Tigerkatzen gefragt – sehen Sie sich die einschlägigen TV-Spots an, und Sie wissen, warum ...! Klar sind diese Katzen-Models ganz besonders süß und drollig, aber die Ähnlichkeit mit ihnen sollte für Ihre Wahl nicht ausschlaggebend sein, diese besondere Attraktivität nützt eurem zukünftigen Mensch-Tier-Zusammenleben nichts. Schließlich sollte Ihre neue Katze auch von Ihnen begeistert sein, Ihnen vertrauen, sich gern von Ihnen anfassen lassen und von selbst auf Sie zukommen. Also in diesem Sinne – damit Sie mit Ihrer Katze glücklich werden und sie genauso mit Ihnen: Packen Sie bitte nicht einfach das aktuell hübscheste Katzenkind ins Körbchen, sondern lassen Sie sich und dem Miezchen ein bißchen „Beschnupperzeit", beobachten und berühren Sie jedes Junge aus einem Wurf und nehmen Sie dann am besten dieses Kätzchen mit, das Ihnen von sich aus am meisten entgegen kommt. Wenn der erste Kontakt mit allen Katzengeschwistern gleich gut funktioniert, steht natürlich auch einer Auswahl nach optischen Kriterien nichts mehr im Wege. Und vergessen Sie bitte nicht, vor dem Abschied die Mutterkatze sanft zu streicheln, wenn sie anwesend ist. (Es ist schon an anderer Stelle davon die Rede gewesen, wie sehr Katzen unter einer Trennung leiden – und wenn es schon sein muß, sollte man als Mensch fair damit umgehen!) Streicheln Sie die Mutter und sagen Sie ihr, daß es ihrem Kind bei Ihnen bestens gehen wird – (lachen Sie bitte nicht darüber, es ist Tatsache, daß Katzen so etwas verstehen!), schließlich nehmen Sie ihr immerhin ihr Baby weg, und das sollte man wenigstens so tierfreundlich wie nur möglich tun. Zum Abschied erkundigen Sie sich noch bei Ihren Bekannten nach eventuell schon erledigten Impfungen und nach besonderen (möglichen) Erbanlagen, also Eigenschaften oder auch Erkrankungen der Mutterkatze. Wenn es in etwa so ablaufen kann, wäre dieser Weg sicher eine ganz gute Möglichkeit, eine Katze nach Hause zu holen.

Die nächstbeste: Man kann im Frühling oder Herbst, wenn es überall am Land junge Kätzchen gibt, einmal am Wochenende in Ruhe ein paar Bauernhöfe aufsuchen und danach fragen, ob hier Jungtiere zu bekommen sind. Das beste daran: Sie könnten ein Kätzchen davor bewahren, getötet zu werden, was am Bauernhof durchaus üblich ist

Kapitel 14

(sonst hätte man wohl überall -zig Katzen, die alle kein gutes Leben hätten), aber mit Sicherheit selten so „human" geschieht, wie das Einschläfern bei einem guten Tierarzt. Auf sehr vielen Bauernhöfen im deutschsprachigen Raum (und sicher auch anderswo) werden Kätzchen noch immer ertränkt (der langsamste und qualvollste Tod) oder mit einer Hacke oder Schaufel erschlagen – oder so lange an eine Stallwand geworfen, bis sich „nichts mehr rührt". Für Katzenliebhaber ist allein diese Vorstellung unerträglich grausam – was meinen Sie, wie es für die betroffenen Katzen ist …?! Aber es ist eben eine tausendfach praktizierte Realität – und sehr viele Leute am Land denken sich kaum etwas dabei – sie sind mit dem Töten von Tieren aufgewachsen und haben einfach einen anderen (oder gar keinen) Bezug dazu. Ich habe es in meinen Jahren auf dem Lande (in verschiedenen Regionen zwischen Norddeutschland und der Südsteiermark) immer und immer wieder versucht, wenigstens im engsten Umfeld etwas daran zu ändern. Zum Beispiel, daß man vorbeugend etwas gegen den ständigen Katzennachwuchs unternimmt, der dann doch wieder ersäuft oder erschlagen wird – ich habe in diesen vielen Jahren genau zwei Bauernfamilien kennengelernt, die ihre Katzen kastrieren bzw. sterilisieren lassen – das war's! Wenn die Jungen erst einmal am Leben sind, werden oft ein bis zwei Kätzchen, die besonders stark und hübsch sind, als Mäusefänger (bzw. Nachfolgekatzen für die erwachsenen Tiere) behalten, und die anderen werden eben … siehe oben. Also, wenn Sie eines dieser Kätzchen aus solchen Überlegungen zu sich holen möchten, ist das sicher eine gute Idee. Nur müssen Sie in den meisten Fällen viel Geduld mit einem Landkätzchen haben, bis es zum freundlichen Stubentiger wird. Es braucht sehr viel Liebe und Nachsicht vom Menschen für die Zeit der Eingewöhnung und Anpassung an diese völlig fremde Lebensform. Und bitte denken Sie an einen baldigen Tierarztbesuch – Kätzchen vom Bauernhof werden kaum geimpft sein, und gerade sie brauchen es am notwendigsten, weil die

Wahrscheinlichkeit groß ist, daß es sonst bald Sorgen um Miezes Gesundheit gibt: Von Würmern über Katzenleukose bis zur tödlichen FIP ist leider alles möglich. – Aber wenn Sie das alles bedenken, kann die Fahrt aufs Land der Weg zu einer wunderbaren Mensch-Katze-Beziehung werden.

An letzter Stelle möchte ich die Möglichkeit empfehlen, eine Katze beim Züchter oder in der Zoohandlung zu kaufen. Natürlich, es ist eine übliche und häufig praktizierte Art, um ein Samtpfötchen ins Haus zu holen, aber gerade dabei gibt es eine ganze Menge zu bedenken. Der Weg zum Züchter wird ohnehin nur in Frage kommen, wenn Sie eine bestimmte Rassekatze suchen – (von Siam– bis Perserkatze usw.), und das ist wohl mehr eine Sache der eigenen Wünsche und Vorstellungen, – um die Katze als tierischen Partner geht es dabei sicher erst in zweiter Linie. Gut, Sie wollen also eine ganz bestimmte Rassekatze: Dann achten Sie bitte nicht nur auf ihre entsprechenden Papiere und den imponierenden Stammbaum, sondern auch auf den Eindruck, den der Züchter bzw. die Unterkunft der Katzen macht. Wenn Ihnen gefällt, was Sie zu sehen und hören bekommen, könnten zwar immer noch die Papiere der Katze gefälscht sein (kommt sehr häufig vor!), aber selbstverständlich gibt es auch viele seriöse Züchter, die ihre Katzen unter möglichst guten Bedingungen großziehen. Aber auch in diesem Fall sollten Sie am besten auf die Möglichkeit achten, unter mehreren Katzen zu wählen und (wie schon vorher beschrieben) auch der bevorzugten Katze die Chance geben, auf Sie zuzukommen und Sie als „ihren Menschen" anzunehmen. In jedem anderen Fall ist es reine Glückssache, ob Sie zu Hause mit ihrem vierbeinigen Mitbewohner viel Freude haben werden und ob die Katze Sie jemals wirklich mag und das auch zeigt. Man kann auch eine Menge Geld für eine wunderschöne Rassekatze auf den Ladentisch blättern und mit ihr dann seine „blauen Wunder" erleben: Wenn sie „nicht mit Ihnen kann", läßt sie sich wohl von Ihnen versorgen (was bleibt ihr auch anderes übrig?!), aber sie wird Ihnen ihr Leben lang den Rücken zuwenden, bei jeder Gelegenheit abweisend oder aggressiv reagieren und wahrscheinlich genauso unglücklich mit eurem gemeinsamen Leben werden wie Sie letztlich auch. Zumindest wird es eine kühle, maximal neutrale Mensch–Tier–Beziehung, und das ist nicht viel besser als gar keine.

Und was eine Katze aus der Zoohandlung betrifft: Wie schon zuvor erwähnt, wird das arme kleine Katzentier zur Ware degradiert und bis zu seinem Verkauf sehr oft unter widerwärtigen Umständen gehalten. Wenn unter dem kleinen Fellchen nicht das unbezwingbare Wesen eines Alphakaters auf seine Entdeckung lauert, werden Sie mit großer Wahrscheinlichkeit ein sehr eingeschüchtertes und zumindest anfangs verhaltensgestörtes Kätzchen mit nach Hause nehmen. Sie brauchen unendlich viel Tierliebe und Geduld, bis Sie eine „Katze vom Ladentisch" zu einer richtigen Katze werden lassen. Wenn Sie das vorhaben und so ein Zooladen-Kätzchen von seinem traurigen Schicksal befreien wollen: Alle Achtung – die Katze wird es Ihnen sicher danken, wenn sie erst einmal die diversen Schockerlebnisse überwunden hat.

Die schöne Geschichte hat aber auch eine Schattenseite: Angebot und Nachfrage sind auch in Zoohandlungen nicht voneinander zu trennen, was heißt: Solange es Menschen gibt, die dort Katzen kaufen, wird auch immer wieder für Nachschub an „Ware" gesorgt werden – ein Teufelskreis …! Eigentlich ist es ein unlösbares Problem, jeder Katzenfreund muß für sich entscheiden, ob und wie er damit umgehen möchte. Der wesentlichste Aspekt fällt beim Kauf in der Zoohandlung auf jeden Fall weg: Die Katze hat keine Chance, auf ihren Käufer freiwillig zuzugehen oder vor ihm zu flüchten. Sie ist eine Gefangene dieser Umstände und will nur entkommen – ob mit panischer Angst oder freundlicher Resignation, ist letztendlich nur eine Frage ihres Tiercharakters – und der Intensität ihrer momentanen Angst. – Sicher gibt es auch gute Zoohandlungen, in denen nur unter bestimmten

Bedingungen auch mal Kätzchen verkauft werden und der Ladeninhaber darauf achtet, daß es den Tieren so gut wie möglich dabei ergeht. Aber nach eigener (und fremder) gründlicher Recherche kann ich nur sagen: Das ist eher die Ausnahme! Fairerweise sollen hier aber alle guten und tierliebenden Zoohändler, die aus dem Thema „Ladenkatze" das Beste machen, ein herzliches, dickes DANKE zu lesen bekommen. Und: Bitte sehen Sie sich auch den Katzenkäufer etwas genauer an.

Bis auf die optimale Variante der Möglichkeit, zur richtigen Katze zu kommen (das Beste zum Schluß!) gibt es dann noch den Blick auf die Anzeigenseiten in den Zeitungen unter „Haustiere", „Katzen" oder vielleicht auch unter „Zu verschenken" und „Verschiedenes".

Schön für die Katze, wenn sie zu Ihnen kommen kann! Aber bitte beachten Sie auch unter diesen Umständen die Hinweise der letzten Seiten – und sehen Sie sich die Leute genauer an, die eine Katze anbieten: Es soll ja auch Tierfänger und andere skrupellose Geschäftemacher auf diesem Gebiet geben … und das nicht zu knapp! Sollte beim näheren Hinsehen einiges darauf deuten, wäre mit Abstand die beste Reaktion, wenigstens eines dieser Opfer übelster Geschäftemacherei erst mal von seinem traurigen Schicksal zu erlösen und mitzunehmen. Und als nächstes eine seriöse Tierschützergruppe oder den örtlichen Tierschutzverein zu informieren – und falls Ihr Eindruck ein besonders negativer war, sollten Sie sich die Mühe nehmen und Anzeige erstatten. Damit können Sie vielen Katzen so manches schreckliche Erlebnis oder sogar einen qualvollen Tod ersparen.

Ja, diverse „Tierecken" in einschlägigen Magazinen und TV-Sendungen wären auch noch zu erwähnen. Aber selbst für diese Möglichkeit gilt die Regel: Lassen Sie es auch zu, daß die ausgewählte Katze auf Sie gerne zukommt, oder lieber kehrtmacht. Wenn zwischen Mensch und Tier „die Chemie nicht stimmt", hat der ganze Aufwand nicht viel Sinn!

Kapitel 14

Zu guter Letzt soll nun die beste aller Möglichkeiten beschrieben werden, wie ein Mensch zu seiner Katze kommen kann.

Fahren Sie zum nächsten Tierheim. Wo es eines gibt, erfahren Sie bei jeder Tierschutzvereinigung, aus dem Telefonbuch, am Gemeindeamt, beim Stadtanzeiger – daran wird es also sicher nicht scheitern. Hier werden Sie auf der Suche nach der „Katze Ihres Lebens" mit größter Wahrscheinlichkeit fündig, denn da gibt es enorme Auswahl. Von Katzenkindern in allen Altersstufen und Fellfarben über wilde Burschen und süße Miezemädchen in den Jugendjahren bis zu cleveren, intelligenten und magischen Superkatzen beiderlei Geschlechts und mittleren Alters bis zur kuschelig-gemütlichen, ruhigen Seniorkatze werden Sie alles finden, was das katzenliebende Menschenherz begehrt. Natürlich dürfen Sie dort nicht nur vor irgendwelchen Zwingertüren oder „Schaufenstern" stehen, denn hier soll Sie ihnen ja begegnen, auf Sie zusteuern können, Sie „ansprechen" und umschmeicheln – die eine und einzige Samtpfote, die Sie gleich unbedingt mitnehmen möchten. Bestehen Sie also darauf, daß Sie die Räume betreten dürfen, in denen sich die Katzen aufhalten, gute Tierheime haben ja mehrere Katzenstuben oder ein Katzenhaus, in denen sich die Tiere frei bewegen können. Treffen Sie bitte nicht in den ersten Minuten schon Ihre Wahl, gehen Sie wirklich durch alle Räumlichkeiten und sehen Sie sich jede Katze an. Einige werden vermutlich kaum Notiz von Ihnen nehmen, sich abwenden oder lieber weiterschlafen wollen – das sollten Sie akzeptieren, weil es zwischen dieser Katze und Ihnen ohnehin nicht „funken" wird, auch wenn sie Ihnen noch so gut gefallen würde. Sprechen Sie dann auch die Katzen Ihrer engeren Wahl an, und streicheln Sie welche, nehmen Sie die eine oder andere vorsichtig auf den Arm. Und lassen Sie sich und allen in Frage kommenden Tieren genügend Zeit, daß ein ausführliches Beschnuppern und näheres Kennenlernen möglich ist. Und wenn hier und an diesem Tag vielleicht doch nicht Ihre Traumkatze auf Sie zukommen sollte, dann wäre es besser, ein anderes Mal wieder zu kommen oder ein weiteres Tierheim zu besuchen. Oder einfach ein paar Tage lang Ihre Eindrücke zu überdenken und die liebenswerteste Katze (aus Ihrer Sicht) doch noch einmal zu besuchen. Wenn aber eine auf Sie zusteuert, sich an Sie schmiegt und zu schmusen beginnt, nehmen Sie diese Katze unbedingt ein Weilchen in den Arm. Drückt sie ihr Köpfchen an Ihr Gesicht? Schnurrt sie immer lauter, je länger Sie mit ihr reden und sie streicheln? Will sie sich keinen Schritt mehr von Ihnen entfernen, wenn Sie sie wieder auf den Boden stellen? Plaudert sie – oder er – bereits auf kätzisch mit Ihnen? Dann hören Sie doch endlich genauer hin und verstehen Sie doch: „Hallo Mensch, ich bin's, die Katze deines Lebens!" Klar, daß Sie morgen die Einstands-Ausstattung besorgen und spätestens übermorgen wiederkommen, um Ihren schnurrenden Lebensabschnittspartner auf vier Pfoten endlich abzuholen.

Sie zweifeln noch etwas daran, daß Sie Ihrer magischen Katze begegnet sind? Ich nicht. Sonst wäre es ihr wohl kaum gelungen, Sie davon zu überzeugen, ab übermorgen ihr Singleleben mit dieser Katze zu teilen. Viel Glück!

Kapitel 15

Mit dir möcht' ich alt werden – Katzen als Seniorengefährten

Mit dir möcht' ich alt werden – Katzen als Seniorengefährten

Wer das geheimnisvolle Wesen einer Katze verstehen möchte und ihren erstaunlichen Eigenschaften auf die Spur kommen will, sollte sich dafür schon ein bißchen Zeit nehmen. Erst einmal die nötige Zeit, um die richtige Katze zu finden, mit der man gerne leben will, weil ihre spielerische Lebendigkeit vielleicht gerade das ideale Kontrastprogramm zur eigenen Gemütsverfassung bietet. Daß es eine Herausforderung bedeuten kann, die ideale Katze für die eigene, gegenwärtige Lebensform zu finden, war ja auch schon das Thema des vorigen Kapitels – aber es ist auf jeden Fall den Versuch wert, nicht bloß „irgendein nettes Haustier" anzuschaffen. Gerade für eine Phase des Alleinseins kann man in einer Katze einen „tierisch guten Partner" entdecken – so eine kleine imponierende Katzenpersönlichkeit, die es versteht, ihren Menschen spielerisch und herausfordernd von einem Tiefpunkt seines Lebens abzulenken. Katzen haben ein besonderes Talent dafür, als zärtlicher Depressionskiller zu agieren – sie bieten sich ihrem Bezugsmenschen immer wieder freiwillig als kuscheliges „Hausmittel" gegen die Angst vor der Einsamkeit an. Vor allem, wenn sie einen Menschen wirklich lieben, entwickeln sie ein nahezu therapeutisches Verhalten.

Wissen Sie, wie tröstlich es sein kann, wenn man schon beim Aufsperren der Wohnungstür von drinnen ein freudiges Begrüßungs-

Gurren hört, und wenn dann so ein liebevolles kleines Geschöpf mit großer Sensibilität wahrnimmt, wie es einem gerade geht? Eigentlich kann man doch gar nicht in eine Depression abstürzen, wenn eine liebevolle Katze mit aufmerksamen Blicken jede Reaktion verfolgt und sich schnurrend an ihren Menschen schmiegt, was ja auf kätzisch etwa heißt „Wie schön, daß du da bist!" Jede Form von liebevoller Zuwendung und Zärtlichkeit ist ein kleines Geschenk an die eigene Psyche, auch wenn diese Liebesbezeugung „nur" von einer Katze kommt. Nur? Aus langjährigen Beobachtungen und Erfahrungen mit einigen alternativen Therapieformen (und erst recht aus eigenen Erlebnissen) kenne ich den enormen Unterschied zwischen einem Singleleben mit Katze und dem völligen Alleinsein ohne stimulierende tierische Zuwendung. Wie heißt es so treffend auf wienerisch? „Beides probiert – gar kein Vergleich!"

Sicher trifft das für die Situation vieler alleinstehender Menschen zu – auch jüngere Leute können sich z. B. zu Beginn eines neuen Lebensabschnittes in einem fremden Umfeld isoliert fühlen und Vereinsamungsempfindungen ausgesetzt sein, und auch das heute so häufige Singleleben besteht nicht nur aus Hochgefühlen der Unabhängigkeit und persönlichen Freiheit. Aber sicher ist es für den älteren Menschen am schwierigsten, plötzlich mit der Angst vor Isolation und Vereinsamung konfrontiert zu sein und sich kaum noch daran erinnern zu können, was Lebensfreude bedeutet. Bestimmt trifft es alte Leute am empfindlichsten, mit einer Existenz ohne Lebenspartner und nahe Angehörige zurechtzukommen. Jüngere werden sich kaum langfristig mit dem Alleinsein abfinden – es sei denn freiwillig und unter dem Motto: „Laßt mich bloß in Ruhe, ich will jetzt einmal nur so leben, wie es mir gerade paßt!" Aber für so eine „Egotrip-Phase" wäre auch die Anwesenheit einer Katze bereits ein Hindernis – sie würde ja die Verantwortung für ein weiteres Lebewesen bedeuten – also auch eine Art von „Beziehung". Holen Sie sich also lieber keine Katze ins Haus, wenn Sie gerade Ihre Unabhängigkeit über alles stellen und um jede Form von Verpflichtung fürs nächste einen großen Bogen machen wollen. Dabei käme jedes Tier zu kurz, erst recht das besonders sensible Kommunikationstalent Katze.

Das langfristige Alleinsein ohne dieses spezielle Freiheitsbedürfnis ist in unserer Zeit also eher die häufigste Lebensform der älteren Generation geworden. Wo gibt es heute in unserem Kulturkreis noch intakte Großfamilien, in denen jung und alt unter einem Dach leben? Und selbst wenn es gelegentlich im ländlichen Raum noch als traditionelle Lebensform versucht wird, funktioniert es im seltensten Fall, weil die unterschiedlichen Bedürfnisse und Interessen zum Generationsproblem werden. Also ist selbst dort die Alterseinsamkeit zum Angstthema geworden.

Der alternde Mensch hat sein Berufsumfeld und die damit verbundenen zwischenmenschlichen Kontakte hinter sich gelassen, die Kinder sind längst aus dem Haus und mittlerweile selbst Eltern und leben irgendwo – und wenn es noch so nahe sein mag, ist es zu weit, um wirklich häufig da zu sein. Und wenn dann auch noch der Lebenspartner fehlt, wird das zeitweilig erholsame Alleinsein oft zur bedrückenden Einsamkeit. Jetzt wäre es höchste Zeit dafür, diesen Lebensabschnitt nicht als Endpunkt, sondern als Wendepunkt für die eigene Existenz zu betrachten.

Betrachten Sie es doch einmal so: Sie sind nicht in einer Einbahnstraße zum Abstellgleis unterwegs, sondern Sie haben jetzt endlich nach den vielen Jahren und Jahrzehnten voller Verpflichtungen und Abhängigkeiten die Möglichkeit, nur an sich selbst und Ihre eigenen Bedürfnisse zu denken. Sie sind nun vermutlich auch ruhiger und ruhebedürftiger geworden und haben immer seltener Lust auf mühsame Aktivitäten. Man könnte auch sagen: Endlich haben Sie Zeit, um einfach Zeit zu haben, für sich und alles das, wofür Sie vor einigen Jahren noch zu beschäftigt und abgelenkt waren. Es ist nicht das Ende vom Leben,

Kapitel 15

sondern das legitime Recht des Alters, daß man seine Ruhe haben darf. Daß dieser Zustand auch mit Einsamkeit verbunden ist, kann, aber muß nicht sein. Vielleicht verbringen Sie jetzt zu viel Zeit mit Negativbilanzen? Freunde? Ja, es sind weniger geworden, manche leben nicht mehr.

Und wie sieht es mit den unverbindlicheren Kontakten im Bekanntenkreis aus? Naja, die werden auch alle mühsamer, seit jeder ein bißchen eigensinniger und wunderlicher wird.

Verwandtschaft? Bis auf die üblichen Feiertagsbesuche und Familienfeste ist das eher ein trauriges Thema geworden! Jeder lebt halt nur sein Leben …!

Tiere? Prima! Haben Sie noch nie daran gedacht? Selbstverständlich muß man nicht darüber streiten, wer nun für die späten Jahre der beste Freund des Menschen ist. Jedem Pläsierchen sein Tierchen – und umgekehrt. Man sollte es sich wenigstens im Alter leisten, mit Begeisterung auf den Hund zu kommen, wenn man eigentlich schon immer einen haben wollte. Und wenn Ihnen mehr nach stimmungsmäßigen Höhenflügen mit Sittich, Papagei und Co. ist – warum nicht? Aber ganz besonders möchte ich Ihnen hier ans Herz legen: Kaufen Sie nicht die Katze im Sack – holen Sie sich lieber den hübschesten und verschmustesten Kater aus dem Tierheim. Dort gibt es mit Sicherheit so manchen besonders charmanten, samtpfötigen „älteren Herrn", der garantiert genauso entnervt ist vom jaulenden Jungvolk wie Sie selbst. Und bestimmt ist er ebenso einsam inmitten des Lärms und Gewühls rund um ihn – der möchte einfach nur seine Ruhe haben, gestreichelt, geliebt und gefüttert werden und ein bißchen gemütlich plaudern – Katzen können das! Für den zehnjährigen Kater Max dürfte das einjährige rollige Miezchen Kitty (das ihn im Vorbeitigern so gern in den Schwanz zwickt) sicher genauso entnervend und schwer auszuhalten sein wie für Sie das Mädel von nebenan mit ihrem Nasenring, den rübenroten Haaren und den polternden

Plateauschuhen. Also warum machen Sie nicht aus 1 + 1 = 2? Holen Sie sich doch endlich diesen unwiderstehlichen alten Knaben aus dem Tierheim ab, der sogar seinen Tigerstreifen-Anzug selber pflegt und Ihnen Abend für Abend zu Füßen liegen wird! Jetzt haben Sie doch genügend Zeit, um sich auf ein reizvoll-widersprüchliches Katzenwesen wie z. B. diesen schrullig-amüsanten Kater Max einzulassen.

Und außerdem wird er Ihrer Gesundheit förderlich sein und Sie so vital wie nur möglich halten – schon aus purem kätzischen Egoismus, schließlich will er ja noch ein gutgelauntes Frauchen haben, um mit Ihnen seine tierischen Späße treiben zu können! Und wenn es Ihnen dafür manchmal an Lebensenergie mangeln sollte, können Sie sich gleich von Ihrem freundlich schnurrenden Haustherapeuten energetisch aufladen lassen. Daß Katzen so etwas können, ist längst wissenschaftlich belegt.

Im Ernst, nun ist es auch schon auf breiterer Basis bewiesen und vielfach veröffentlicht worden, was echte Katzenfreunde in reiferen Jahren schon längst wußten: Miezekatzes Anwesenheit und ihre körperliche Nähe macht nicht nur Freude, sondern auch müde Seniorenherzen munter.

Das Kuratorium „Deutsche Altershilfe" veröffentlichte einen Bericht über den auffallend positiven Einfluß von Heimtieren (insbesondere der Katze) auf das Leben älterer Menschen. „Senioren, die mit Katzen leben, bleiben länger vital und genesen im akuten Krankheitsfall auch wesentlich rascher als andere. Sie bleiben bis ins hohe Alter lebensbejahender, ausgeglichener, heiterer und aktiver – die ständige körperliche Nähe einer Katze hilft den Blutdruck zu senken, stabilisiert den Kreislauf wie auch die seelische Befindlichkeit. Positive soziale, präventive, therapeutische und rehabilitative Effekte konnten eindeutig festgestellt werden."

Weiters hätte eine Studie aus dem Jahr 1996 ergeben, daß verwitwete

Kapitel 15

alte Menschen, die mit einer Katze zusammenleben, weitaus besser mit dem Verlust ihres Lebenspartners zurechtkommen als andere. Nach der ersten akuten Trauerphase lebten die befragten Menschen durch ihre samtpfötige Betreuung noch einmal richtig auf – oder wie es eine 87jährige Dame aus Hamburg ganz konkret formulierte: „Nach dem Tod meines Mannes fiel ich erst in Depression und später in eine Lethargie, die ich auf eine sehr negative Art regelrecht zu pflegen begonnen habe. Ich ließ mich in jeder Hinsicht gehen, stand einfach nicht mehr vom Bett auf, obwohl ich dafür weder zu kränklich noch zu schwach war. Ich wurde vollkommen teilnahmslos und brach sämtliche Kontakte zu Bekannten und den Angehörigen ab. Einige Wochen lang ging ich weder ans Telefon, noch reagierte ich darauf, wenn jemand an der Tür geklingelt hat. Meine Zugehfrau kam zweimal die Woche, machte das Nötigste im Haushalt und füllte den Kühlschrank auf, aber sogar mit ihr wollte ich nichts mehr zu tun haben. Das dürfte die gute Frau auf die Idee gebracht haben, mit meiner Verwandtschaft Kontakt aufzunehmen und denen Bescheid zu sagen, daß ich zu verkommen begonnen habe und nur mehr im Bett herumlag, um auf das Sterben zu warten. Jedenfalls kam eines Tages die Zugehfrau in Begleitung meiner Enkeltochter, und die hat mich vor die Alternative gestellt: Oma, willst du ins Gitterbett, auf den Friedhof, oder darf ich mir etwas für dich ausdenken, was dir noch mal so richtig neue Lebensfreude bringt? Ich dachte zum ersten Mal ernsthaft nach und kam zu dem Schluß, daß ich mir doch noch gerne helfen lassen möchte. Allerdings wußte ich zu diesem Zeitpunkt noch nicht, was meine Enkeltochter vor hatte. Tags darauf stand sie mit großem Gepäck in der Tür, das sich als Katzentoilette, Streu, eine Tasche voll Dosenfutter und einem Korb mit äußerst lebendigem Inhalt herausstellte – ein wunderhübscher rötlicher Tigerkater sprang heraus. Seitdem meine letzte Katze vor einigen Jahren gestorben war, wollte ich eigentlich keine mehr zu mir nehmen. Aber dieser rostrote ‚Sammy‘ war Liebe auf den ersten Blick. Nachdem

284

er direkt aus dem Tierasyl kam, gefiel es ihm bei mir ebenfalls sofort – und ab seinem Einzug ging es mit mir wieder bergauf. Sammy macht mich wieder glücklicher und hält mich den ganzen Tag bei Laune. Hoffentlich haben wir noch ein paar gute Jahre vor uns."

Auch in der außerhäuslichen Altenpflege, also z. B. im Seniorenheim, haben sich Katzen als Gefährten ganz besonders bewährt. Es gibt immer mehr wirklich gute Heime und Seniorenstifte, die den Miteinzug des vorhandenen, gewohnten vierbeinigen Lieblings ermöglichen – was sicher der Idealfall ist, Menschen wie Tieren wird der oft im wört-lichen Sinn „tödliche" Abschiedsschmerz und die Folgen der erzwun-genen Trennung erspart! Die zweitbeste Variante ist die bereits vielfach praktizierte Einführung von „Etagenkatzen". Das sieht in der Praxis so aus: Pro Stockwerk oder Abteilung des Seniorenheimes gibt es ein Katzenpärchen (tierärztlich versorgt, kastriert usw.), das entweder von einem Bewohner mitgebracht wurde oder aus dem Bekanntenkreis oder einem Tierheim stammt. Die Katzen haben (meist mit Ausnahme des Eßzimmers) Zutritt zu allen Räumlichkeiten, dürfen auch „ausge-borgt" und in die einzelnen Appartements oder Zimmer mitgenom-men werden und schlafen dann meist auf den Sofas eines Gemeinschaftswohnraumes, dessen Toilettenbereich dann auch als Platz für das Katzenklo dient. Die Senioren haben die Möglichkeit, nach Lust, Laune und gesundheitlicher Verfassung die Katzen selbst zu versorgen, oder andernfalls die Pfleger darum zu bitten, die aber ohne-hin zur Sicherheit der Katzen in jedem Fall darauf achten, daß sie regelmäßig in jeder Hinsicht gut versorgt werden. Der therapeutische Effekt und die Freude der Bewohner an den Tieren wiegt die Mehrarbeit auf jeden Fall auf.

„Man konnte sich gar nicht vorstellen, wie die alten Leute wieder auf-blühen und so aktiv wie nur möglich werden, seit wir hier die Katzen haben", meinte eine Schwester in einem süddeutschen Seniorenstift. „Wir haben ja viele Bewohner, die fast nur mehr dahindämmern und

Kapitel 15

kaum noch ansprechbar waren. Setzt man ihnen die Katze ans Bett oder läßt man sie in einen gemeinsamen Wohnraum, kommen sofort die positivsten Reaktionen – eine große Freude am Streicheln des weichen, warmen Fellchens ist das mindeste – sie werden lebhafter, und vor allem sprechen sie mit den Tieren, es ist für alle Beteiligten eine Freude." Tatsächlich ist die positive Auswirkung der „Tiere als Cotherapeuten"-Aktion auch in wissenschaftlichen Untersuchungen und in den Aufzeichnungen des Pflegepersonals nachgewiesen worden. Besonders demente Patienten, die kein zusammenhängendes oder auch nur irgendwie mitteilsames Gespräch mehr führen konnten, versuchen plötzlich mit den Katzen logische, ausführliche „Gespräche".

Außerdem steht fest, daß beim Streicheln in den meisten Fällen erhöhte Blutdruck– und Pulswerte sinken, Herzrhythmusstörungen seltener werden und vor allem sedierende Medikamente in weitaus geringerer Dosierung gebraucht werden. Viele Seniorenheimleitungen hatten anfangs Bedenken wegen der Hygiene, aber nach guter Absprache mit den noch vitaleren Bewohnern und durch konsequente Hilfe des Pflegepersonals ist eigentlich überall dieses eventuelle Hindernisargument entkräftet worden, die Freude über die Katzen und die Therapieerfolge mit Hilfe der Katzen überwiegen ganz eindeutig.

Ganz besonders große Erfolge sind bei psychisch kranken alten Menschen festgestellt worden, wenn Katzen „zur Mitarbeit gebeten" werden.

Weltweit wurden bis jetzt die imponierendsten Heilerfolge durch vierbeinige Cotherapeuten in Amerika, Kanada, Skandinavien, England und nun auch Deutschland festgestellt. In Österreich geht man noch etwas zaghafter damit um, obwohl sich auch hier schon einige Seniorenheime um kätzische Mitarbeit bemühen, die auch für den psychiatrischen Bereich eingeführt werden soll und in Einzelfällen schon im Versuchsstadium läuft. Die Begeisterung des Pflegepersonals hält sich allerdings in Grenzen. „Es ist zwar wunderschön, wenn man sieht, wie die alten Leute wieder viel aktiver und freundlicher sind, wenn die Katzen hereingelassen werden. Aber natürlich reißt sich keiner von uns um den Job, die Katzenklos in Ordnung zu halten und das Putzpersonal ständig daran zu erinnern, die Futterschüsseln extra zu säubern und die Polstermöbel in den Gemeinschaftsräumen täglich staubsaugen zu lassen, sie wissen ja … die Katzenhaare sind ja kaum in den Griff zu kriegen." Dazu der Kommentar einer jungen Krankenschwester: „Da bürste oder sauge ich schon lieber einmal selbst die Sofas ab, wenn ich statt völlig teilnahmslosen, resignierten und depressiven alten Leuten plötzlich gutgelaunte, muntere mit glücklichen Augen sehe!" Der Mehraufwand, den die Katzen erfordern, wäre längst durch den therapeutischen Effekt aufgehoben, meinte diese Krankenschwester in einem Altenheim. „Seit wir die Katzen hier haben, zeigen viele Leute besseren Appetit, weil sie angeregter sind und sich allein schon deswegen mehr bewegen, weil sie gern hinter den Katzen her sind, um sie in ihre Zimmer zu locken, um für eine Weile wieder einmal ‚eine eigene Katze' zu haben. Manche weinen vor Freude, wenn sie die Katze am Schoß haben und mit ihr kuscheln können, das allein kann schon seelische Blockaden lösen. Dafür wird jetzt viel seltener aus Einsamkeit geweint, und wir können bei einigen Patienten ganz auf Sedativa verzichten, seit die Katzen im Einsatz sind."

Also wenn das alles zusammen nicht dafür ausreicht, daß man sich Katzen ins Haus holt, um dann seinem speziellen Liebling ins samtige Ohr sagt: „Mit dir möcht ich alt werden!" – was dann?

Kapitel 16

Einfach mit ihr reden – Das Geheimnis der Katzensprache

Einfach mit ihr reden – Das Geheimnis der Katzensprache

Haben Sie wirklich gedacht, daß Miezekatze nur „Miau!" ruft oder die kätzischen Burschen bloß schauerlich jaulende Katergesänge anstimmen, wenn sie auf Brautschau gehen? Irrtum! Katzen haben eine geheimnisvolle und äußerst vielfältige Lautsprache, die früher auch so einiges zu ihrem Ruf beigetragen hat, daß sie wohl magische Geschöpfe sein müßten.

Allerdings: So mysteriös sind die „Vokabeln" der Katzensprache auch wieder nicht, daß sie für einen Menschen nicht zu erlernen oder zu verstehen wären. Russisch ist sicher schwerer …!

Wenn mein geliebter Kater Paulchen Panther zum Beispiel wenig Lust auf ein bestimmtes Futter hatte, sah er mich nicht nur ziemlich „angeödet" an, sondern kommentierte es auch unmißverständlich mit einem lauten „Bääähhh!" Wenn ich ihn doch noch zum Fressen überreden wollte, verstand er keinen Spaß mehr und schlug einfach mit der rechten Vorderpfote voll ins abgelehnte Futter, um dann einen Schritt zurückzutreten, sich mit befriedigter Miene die Bescherung anzuschauen, die „beschmutzte" Pfote auszuschütteln und mir dann zuzumurmeln „Brrr …!" – was hieß: „Das hast du jetzt davon, jetzt darfst du den Küchenboden saubermachen und mir ein neues Abendessen servieren – also warum nicht gleich?!" In diesem Zusammenhang erzielte er bei mir auch die besten „Erziehungserfolge", nachdem ich

Kapitel 16

wenig Lust hatte, dauernd zu wischen, wenn dem Herrn Kater wieder mal der rechte Appetit aufs neue Dosenfutter fehlte, griff ich sofort blitzartig nach dem Napf, wenn ich dieses trotzige „Bääähhh!" zu hören bekam.

Ganz anders hat es geklungen, wenn er nach irgend etwas ganz besonders gierig war, egal, ob es um feine Häppchen oder ein begehrtes Spielzeug ging. „Wuuuhhh …!" hat er dann sehnsüchtig gestöhnt und dabei die Augen flehentlich nach oben „verdreht". Mit diesem „Wuuuhhh" konnte er mich spielend um die Pfote wickeln, das klang immer so zuckersüß-sehnsüchtig, daß ich es kaum schaffte, das Gewünschte zu verweigern.

Ließ ich mir zuviel Zeit, wenn Paulchen eiligst hinausgelassen werden wollte, rief er zuerst drängelnd „Mack-mack!", und wenn ich dann noch immer nicht in Richtung Türe unterwegs war, kam ein halb nachsichtiges und halb ungeduldiges Seufzen! Dieser Kater seufzte doch tatsächlich tief, laut und deutlich „Hhhmmm …" und machte dazu ein Gesicht im Sinne von „Lieber Himmel, bist du wieder einmal langsam! Wie lange soll ich denn hier noch warten?!"

Paulchen Panther war zwar für mich ein Wunderkater, aber kein Katzenwunder, auch unzählige andere Samtpfoten teilen unmißverständlich mit, was sie wollen, wie und wann – und so weiter. Und selbstverständlich wird auch gemotzt und getrotzt, wenn der Mensch einmal etwas verlangen sollte, worauf Majestät Katze momentan überhaupt keine Lust hat. Das kann nach „Ickhhh!" und „Woahhh!" und „Pfuttt!" klingen und ist auch genauso gemeint.

Glauben Sie bitte nicht, daß es sich hier um die überbewertende Auslegung ganz normaler Miau-Variationen durch einen rettungslos verkatzten Menschen geht. Es wird von Zoologen wie von Tierpsychologen längst bestätigt: Katzen können sprechen, ihre Verständigungsmöglichkeiten gehen bei weitem über alle anderen „Tiersprachen" hinaus. Eines steht allerdings fest: Wenn Sie kein Wort zu Ihrer Katze sagen, wird sie sich auch eher zum schweigsamen Typ entwickeln. Aber je mehr man mit seinem Haustiger ins Plaudern kommt, desto heftiger, vielfältiger und informativer wird zurückgeplaudert. Und wann immer Sie einer wirklich intelligenten Katze auf ihre „Bemerkungen" antworten, wird sie wieder etwas daraus lernen und demnächst ihren kätzischen Sprachschatz neuerdings erweitert haben.

Natürlich muß sich ein Mensch, der liebevoll mit seiner Katze lebt, ein bißchen Mühe geben, um ihre diversen Aufforderungen, Mitteilungen, Warnhinweise, Flirtschwätzchen und lautmalerischen Wutausbrüche genauer zu verstehen. Aber mit etwas Beobachtungsgabe, Geduld und Einfühlungsvermögen können nach wenigen Wochen schon ganz brauchbare „Dialoge" zwischen Mensch und Tier entstehen.

Um etwas klarzustellen – hier ist nicht von der reinen Lautsprache wie Miauen, Knurren, Fauchen oder dem „verliebten" Gurren die Rede. Um Roman Berger zu zitieren, der das allerneueste (und wirklich sehr informative) Buch „Und Katzen sprechen doch" verfaßt hat: „Inzwischen hat man wissenschaftlich belegen können, daß Katzen mit ihrer Stimme weit mehr als hundert verschiedene Töne produzieren können, von denen das menschliche Ohr aber nur rund 20 wahrnehmen kann, denn der Mensch hört nur etwa bis 20 kHz, während die Katze Schall bis 60 kHz aufnehmen kann. Außerdem: Katzen reden nicht mit jedem! Ebenso wie Sie manche Menschen sofort mögen und andere wiederum nicht, empfindet auch die Katze. Sie hat halt ihre bevorzugten Gesprächspartner, und andere, mit denen sie lieber nicht reden möchte." Professor Leyhausen ging nach intensivster Forschungsarbeit davon aus, daß sich Katzen untereinander in einem ganz speziellen Dialekt verständigen. Sie müssen sich das etwa so vorstellen, wie wenn ein Mensch innerhalb seiner Familie redet, „wie ihm der Schnabel gewachsen ist", der sich außer Haus dann aber weitaus gepflegter oder in gehobener Umgangssprache ausdrückt.

Kapitel 16

Wenn eine Katze ganz besonders in ihren Bezugsmenschen „verliebt" ist, wird sie ihn als Oberkatze empfinden und mit ihm sowohl rein kätzisch als auch in „auf Menschenverstand übersetztes Kätzisch" sprechen. Wie das im einzelnen vor sich geht und wie Sie am besten dieses Mensch-Katze-Beziehungs-Esperanto erlernen und verstehen können, ist in einschlägigen Büchern nachzulesen, die sich speziell mit der Katzensprache beschäftigen. In Roman Bergers genanntem Buch gibt es sogar kätzische Vokabeln zum Üben und Tests, die Sie machen können, um zu erfahren, ob es zwischen Ihnen und Ihrem Stubentiger wohl keine Verständigungsschwierigkeiten mehr gibt. Das ist nicht nur eine besonders informative, sondern auch eine ausgesprochen amüsante Lektüre.

Also: Überprüfen Sie doch einmal am nächsten Wochenende in aller Ruhe den (sicher umfangreichen) Sprachschatz Ihrer Katze und versuchen Sie wenigstens, die erste Lektion in „Kätzisch für Menschen" zu lernen. Falls Sie mit einem Kater leben (die haben meiner Erfahrung nach plaudermäßig noch mehr drauf als die Damen), werden Sie binnen kürzester Zeit seine coolen Machosprüche von den drängelnden Durchsetzungdiskussionen unterscheiden können und auch das plötzlich infantile Babygeschwätz verstehen, für das er sich nicht zu fein ist, wenn er die Mutterinstinkte „seiner" Menschenfrau ansprechen will, um Verbotenes durchzusetzen.

Also – viel Spaß mit Ihrer Plaudertasche auf vier Pfoten!

Kapitel 17 – Nachwort

„Hallo, Mensch!"

„Hallo, Mensch!"

Schön, daß Du es jetzt weißt: Wir Katzen sind ganz besondere Geschöpfe, magisch, mystisch und einfach fabelhaft.
Ob wir nicht vielleicht doch auch manchmal Tiere wie alle anderen sind? Also bitte …!
Als wahrer Katzaholic solltest Du unseren Lieblingsspruch kennen: „Als Gott den Hund erschuf, hat er nur geübt … wir aber sind vollkommen!" (Sorry, Ihr lieben Kläffer, es muß ja nicht unbedingt zutreffen, aber wir hören es einfach zu gern.)
Nachdem Du dieses kätzische Motto verinnerlicht hast, können wir auch wieder ganz normal miteinander reden.
Wir möchten Dir ein paar Tips geben, damit wir einander bestens verstehen. Und außerdem brauchst Du dann viel seltener Pflaster, Salbe und alle diese Dinge, nach denen Du schreist, wenn wir leider die Krallen zeigen mußten.
Hiermit überreichen wir Dir die 10 Gebote für den Umgang mit uns Katzen:
1. Laß unsere Bekanntschaft langsam und sanft angehen, übertriebenes Getue, Streß und Zugriffe aller Art finden wir entsetzlich!
2. Störe niemals eine Katze im Schlaf! (Siehe „Pflaster, Salbe …")
3. Trage NIE, NIE, NIE eine Katze am Nackenfell! Es soll ja sogar Tierärzte geben, die das noch nicht kapiert haben: Das darf und kann

Kapitel 17 – Nachwort

nur Mama Katz' – von Menschenhand tut es uns grausam weh!

4. Vermeide allzu hastige, laute und erschreckende Bewegungen im gemeinsamen Haushalt – wir sind leicht zu irritieren. (Siehe „Pflaster, Salbe, Hausapotheke …")

5. Gott schuf die Katze mit Krallen und säbelartigen Eckzähnen – alles klar …?

6. Necke uns nicht, unser Humor hat Grenzen, wenn Dein Spaß auf unserem Fell ausgetragen wird!

7. Halte den Lärmpegel in Grenzen, wir haben die empfindlichsten Ohren der Welt! Auch laute Musik verursacht tatsächlich echte Schmerzen. Also wenn Du schon Krach machen mußt, dann tu es hinter verschlossenen Türen oder laß uns vorher hinaus.

8. Schlage NIE, NIE, NIE eine Katze! Wir vergessen keinen einzigen groben Übergriff auf unsere Gemütsverfassung und unseren Luxuskörper. Gegen uns haben Elefanten überhaupt kein Gedächtnis – und glaube: Wir schlagen zurück. Immer! Das kann dauern …!

9. Halte bitte unsere Näpfe und das Katzenklo supersauber – wir sind Hygienefans und äußerst empfindlich.

10. Liebe und verstehe uns nach bestem Wissen und Gewissen, sei zärtlich, sensibel und rede viel mit uns – und wir werden Dich (fast) so vergöttern, wie Du uns. Sicher!

Hast Du noch Fragen? Frage leise und aufmerksam, dann wird Dir jede Katze entsprechend antworten. Allerdings solltest Du auch gelegentlich Deine Hausaufgaben machen und ein paar Vokabeln büffeln – Kätzisch für Anfänger müßtest Du eigentlich beherrschen.
Alles klar? Wenn nicht: Fange hier gleich wieder bei Seite 1 an!

Also dann … auf unsere wunderbare, liebevolle, aufmerksame, verständnisvolle, einfühlsame, zärtliche und äußerst erfreuliche Katze-Mensch-Beziehung! Miau.

Quellenverzeichnis

Gisela Bulla: Katzenlexikon, Hamburg 1998

Gerd Ludwig: Die Geheimnisse des Katzenlebens, Hamburg 1996

Paul Leyhausen: Katzenseele, Wesen und Sozialverhalten, Stuttgart 1996

M. Oldfield Howey: Die Katze in Magie, Mythologie und Religion, Wiesbaden 1997

Elizabeth Marshall Thomas: Das geheime Leben der Katzen, Hamburg 1996

Thomas Stearns Eliot: Old Possums Katzenbuch, London 1939

Roman Berger: Und Katzen sprechen doch, München 1999

Catharine L. O'Shea and Michael J. O'Shea: The 50 Secrets of Highly Successful Cats, New York 1994

Pam Johnson: Katzenpsychologie, Stuttgart 1999

Oder:

Pam Johnson: Twisted Whiskers. Solving your Cat's Behavior Problems, California 1994

Sabine Hackmann: Lieblingstier Katze, Dedenhausen 1996